Parasit Staat

Alexander Kreis

Parasit Staat

Impressum

Text: Alexander Kreis
Coverumsetzung: Verlagshaus Schlosser
Satz und Layout: Verlagshaus Schlosser
ISBN: 978-3-96200-401-9
Druck: Verlagsgruppe Verlagshaus Schlosser
D-85551 Kirchheim • www.schlosser-verlagshaus.de
Printed in Germany

Inhaltsverzeichnis

Teil II

Vorwort

Dieses Buch zerstört Ihren Aberglauben an den Staat. Aber bevor die konstruktive Zerstörung beginnt, darf ich Sie beruhigen und eindringlich bitten, sich zu entspannen. Mir ist der Umstand vollkommen bewusst, dass die Vorstellung, ein Leben ohne „Vater" Staat zu führen, zu spontaner Verlustangst führen kann. Wer soll die Lücken füllen, die der Staat an unzähligen Stellen hinterlassen würde? Wer übernimmt all diese grundsätzlichen Aufgaben, die durch den Staat heute so selbstverständlich, neutral und zuverlässig erledigt werden? Wer baut unsere Straßen? Wer macht unsere Gesetze? Wer verhindert Sodom und Gomorra?

Mit Hilfe dieses Buches werden Sie viele Grundsätze, aber auch explizite Antworten auf diese Fragen erhalten. Einer dieser Grundsätze ist, dass der Staat heute Aufgaben hat, für die auch tatsächlich Bedarf besteht und es gibt keinen Grund zu der Annahme, dass diese Aufgaben nicht durch private Unternehmen übernommen werden könnten. Denken Sie z. B. an die ehemals staatliche Post, die Telekom, etc. Sie dürfen sich nicht der Angst ergeben, dass durch die Abschaffung des Staates dauerhaft Lücken bestehen bleiben. Solche Lücken werden wahrscheinlich gar nicht erst entstehen, denn der Bedarf an einer Leistung ist ein Geschäftsmodell und daher wird irgendwer, früher oder später, in diese Lücke hineinstoßen. Vielleicht fragen Sie sich, warum wir den Staat dann überhaupt abschaffen sollten, wenn der Bedarf für seine Leistungen doch da ist? Auch hierzu wird dieses Buch erschöpfende Antworten liefern, ich verspreche es. Hier sei nur die erste Anmerkung erlaubt, nämlich, dass niemand ein Zwangskunde sein sollte. Jeder sollte selbst entscheiden ob und auf welche Schule sein Kind geht und auch natürlich nur für diese Schule bezahlen müssen. Heute zahlen aber alle Steuerzahler für alle staatlichen Schulen, egal, ob sie ein Schulkind haben oder nicht. Selbst wenn jemand seine Kinder auf teure Privatschulen schickt, zahlt er weiterhin für die staatlichen Schulen. Diese Zwangszahlungen, multipliziert auf sämtliche staatlichen Zuständigkeiten und Einrichtungen, haben unendlich viele negative Implikationen. Die unverschämte Höhe des Spitzensteuersatzes und die mangelhafte Qualität der Leistungen dieser Staatsmonopole, sollen hier nur als Spitze der Spitze des Eisbergs erwähnt sein.

In der Hoffnung, Ihnen die Verlustangst zumindest grob nehmen zu können, möchte ich, am Beispiel des staatlichen Katasteramtes, das zugrundeliegende Muster beschreiben. Der Bedarf für die Vermessung und Verwaltung von Liegenschaften ist nicht von der Hand zu weisen, ich denke darin herrscht Einigkeit. Aber warum muss der Staat das machen und warum muss ein einfacher Mieter, der kein Wohneigentum besitzt, Steuern für das Katasteramt bezahlen? Auch in einer libertären Gesellschaft würde der Bedarf an der Vermessung und Verwaltung von Liegenschaften nicht von heute auf morgen verschwinden. Es wäre aber das Einfachste auf der Welt, wenn der private Energieversorger diese Aufgaben übernehmen würde. Energieversorger müssen ohnehin Wasser- und Gasleitungen legen und das Kartenmaterial dafür bereithalten. Warum also nicht einfach die Aufgabe des Katasteramtes in eine Katasterabteilung bei den Energieversorgern verlegen? Was wären die Vorteile? Nur noch Menschen mit Eigentum müssten für diese Leistungen bezahlen und diese Leistungen wären preiswerter und hochwertiger, denn es würde Wettbewerb geben, weil jeder Energieversorger in der Region diese Informationen bereithalten müsste. Nachteile? Ich sehe keine.

Wenn Sie das noch überhaupt nicht beruhigt und sie weiter an riesige Lücken glauben, die der Verlust des Staates reißen würde, dann gehen Sie aber bitte auch den konsequenten Umkehrschluss. Führen Sie sich den „Verlust“ von sämtlichen Steuern und Kriegen vor Augen. Allein die Beendigung aller Kriege sollte Sie, irgendwo in Ihrem Inneren, beruhigen. Aber keine Sorge, ich werde Ihnen auch alle weiteren Sorgen bzgl. des „Staats-Verlustes" nehmen und es werden sämtliche „Lücken" am Ende dieses Buches geschlossen worden sein.

Am 22.09.2011 zitierte Papst Benedikt XVI. den heiligen Augustinus im Deutschen Bundestag mit den Worten: „Nimm das Recht weg, was ist dann ein Staat noch anderes als eine große Räuberbande?". Sie finden diese Rede auf YouTube und niemals konnte ich einem Kirchenmann mehr zustimmen als in diesem Fall. Wenn die Mafia raubt und mordet, dann heißt es Raub und Mord. Wenn der Staat Menschen gewaltsam enteignet und tötet, dann nennt er es Besteuerung und letztes Mittel der Exekutive oder Verteidigung der Demokratie. Die Bevölkerung erkennt diese Wortakrobatik als solche nicht, denn den Handlungen der Staatsbediensteten liegt augenscheinlich eine Legitimation zugrunde, die diesen Raub und Mord legal zu machen scheint. Diese scheinbare Legitimation nennt man „Ideologie".

Der unschätzbare Vorteil des Libertarismus ist, dass der Libertarismus keine Ideologie ist! Aber was ist der Libertarismus dann?

Ich möchte Ihnen diese zentrale Feststellung bzw. Frage sofort anhand einer Veranschaulichung erläutern. Damit unternehme ich einen ersten Versuch, Ihre Perspektive zum Libertarismus, so Sie überhaupt schon eine Perspektive dazu haben, zu verändern. Viele weitere dahingehende Ansätze werden folgen.

Stellen Sie sich jetzt bitte einen Granitblock, in etwa der Größe eines Einbaukühlschrankes, vor. Der kantige Granitblock steht akkurat auf einem Sockel im Atelier eines Steinmetzes. Sie sind dieser Steinmetz und Ihre Herausforderung besteht darin, aus dem Block einen Adler mit gespreizten Flügeln zu machen. Der wunderbare, anti-ideologische Gedanke an diesem Bild ist nun der, dass sich der Adler bereits seit Anbeginn der Zeit in diesem Granitblock befindet. Ihre Aufgabe ist es also nicht, den Adler in diesen Granitblock hinein zu hämmern, sondern im Gegenteil, Ihre Aufgabe ist es, den Adler von dem ihn umgebenden Schmutz zu befreien, indem Sie das überflüssige Granitgestein entfernen. Um es zu verdeutlichen, vergegenwärtigen Sie sich bitte, dass Sie den Adler, wenn Ihr Werk vollendet sein wird, kein einziges Mal mit dem Meißel berührt haben werden. Wenn Sie am Ende die fertige Figur auf dem Sockel betrachten, dann haben Sie diese Figur lediglich von Schmutz befreit. Nicht mehr, aber definitiv auch nicht weniger! Bitte lassen Sie diesen Gedanken einen Moment auf sich wirken, denn der Wechsel zu dieser Perspektive ist fundamental wichtig für das weitere Verstehen.

Ich versuche Ihnen mit diesem Bild meine zentrale Grundüberzeugung zu vermitteln, nämlich, dass der Libertarismus der immer dagewesene Urzustand ist. Eine Ideologie zeichnet sich vor allem dadurch aus, dass Sie künstlich ist, d. h. sie musste zunächst von jemandem erfunden werden. Marxismus, Stalinismus, Hitlerismus, Maoismus zeigen diesen Umstand bereits in Ihrem Namen an. Aber auch Sozialismus, Faschismus, Kommunismus, Feminismus, Gender-Mainstreaming, etc. sind zu gewissen Zwecken herbei erdachte Ideologien. Diese Ideologien sind der Schmutz, von dem Sie Ihren Geist befreit haben werden, wenn Sie eines Tages wieder libertär geworden sind. Ja, auch Sie waren schon mal libertär, denn jeder Mensch wird ideologielos, d. h. libertär in seine Kindheit hinein geboren. Sie haben das leider vergessen und auch ich musste mich daran erst wieder mühsam „erinnern".

Was ich mit diesem Buch versuche, ist also genau nicht, Ihnen eine Ideologie zu verkaufen. Es ist sehr schade, dass die Begriffe Libertarismus, Voluntarismus und Kapitalismus Ismen sind, denn dieser Umstand macht es für den Normalbürger schier unmöglich zu erkennen, dass es sich bei Ihnen eben nicht um Ideologien, sondern um Anti-Ideologien, handelt. Im Fall des Kapitalismus würde ich sogar so weit gehen, dass man hier Absicht der Sozialisten, allen voran Karl Marx, unterstellen muss. Ja, ich will damit sagen, dass Marx den Begriff des Kapitalismus erfunden und geformt hat, um einen begrifflichen Gegenpol und Sündenbock, für alle negativen Konsequenzen seiner eigenen Ideologie, zu schaffen. Ich gehe so weit zu sagen, dass es den Begriff „Kapitalismus" niemals gebraucht und gegeben hätte, hätte es den Sozialismus niemals gegeben. Ich behaupte, der Begriff des Kapitalismus wurde nicht von Kapitalisten erfunden, um den Kapitalismus zu verteidigen. Ich behaupte, der Begriff wurde von Sozialisten erfunden, um den Sozialismus, nach dem Motto „Angriff ist die beste Verteidigung", zu verteidigen. Bitte versuchen Sie den Gedanken zu verstehen. Ein Ismus, der die Abwesenheit sämtlicher Ideologien beschreibt, d. h. sich durch die Freiheit von sämtlichen Ideologien definiert, ist keine weitere Ideologie. Libertarismus ist die singuläre Anti-Ideologie und nein, eine Anti-Ideologie ist keine Ideologie, genauso wie Einbildung auch keine Bildung ist.

Libertarismus bedeutet also, in allererster Linie, die vollkommene ideologische Freiheit. Dieses Buch soll Ihnen bei der Herausforderung behilflich sein, ideologischen Schmutz und Ballast von Ihrem Geist zu entfernen. Sie dürfen mir glauben, da hat sich einiges angesammelt und Sie wissen es wahrscheinlich nicht einmal. Sie sollen niemandem folgen, selbstverständlich auch mir nicht. Sie sollen unabhängig und selbstverantwortlich werden und ich möchte an dieser Stelle nicht eine Sekunde den Eindruck erwecken, als sei das eine leichte Aufgabe. Je nach Ihrem Werdegang und Ihrer Motivation stehen Sie vielleicht bereits kurz davor. Vielleicht sind Sie einer der Wenigen, die immer libertär geblieben sind. Wahrscheinlicher ist jedoch, dass Ihre persönliche Ideologisierung irgendwann um Ihr zehntes Lebensjahr herum begonnen und niemals aufgehört hat. Ich begründe diese Annahme und die entsprechenden Auswirkungen, sehr ausführlich, in einem der allerersten Kapitel dieses Buches.

An dieser Stelle also abschließend ein allererstes Fazit. Libertarismus ist keine weitere politische Ideologie. Sie müssen demnach eigentlich nichts Neues dazu lernen und das sollte Sie wirklich sehr entspannen. Der Libertarismus beschreibt den Urzustand des menschlichen Zusammenlebens, die Abwesenheit von jeglicher politischer Indoktrination. Der Libertarismus eliminiert, wenn Sie es zulassen, alle ideologischen Irrwege aus Ihrem Geist und ersetzt dieses Labyrinth durch absolut nichts. Das Besondere am Libertarismus ist also nicht der Libertarismus. Der Libertarismus selbst ist am Ende des Tages tatsächlich gar nichts. Das Besondere am Garnichts ist aber genau die Erkenntnis, dass Garnichts genau das ist, was man braucht. Garnichts zu brauchen bedeutet frei zu sein!

Welche Ideologie braucht ein Adler? Welche Ideologie brauchten Sie als Kind? Welcher Ideologie folgen Sie eigentlich heute und vor allem, warum? Politiker aller Länder erklären den Menschen seit Jahrhunderten, dass ein zivilisiertes Zusammenleben, in dieser vielbevölkerten und komplexen Welt, nur durch ihre bestimmte Ideologie möglich ist. Wann wurde dafür jemals ein Beweis erbracht? Mich erinnern all diese Ideologievertreter eher an Einsteins berühmte Definition von Wahnsinn: „Wahnsinn ist, immer und immer wieder das Gleiche zu versuchen und dabei jedes Mal ein anderes Ergebnis zu erwarten". Nein, unser gemeinsames Ziel muss sein, die Menschheit von diesen Geisteskrankheiten zu heilen und zu bewahren. Der Libertarismus ist beides! Er ist Heilmittel und Impfstoff zugleich. Bitte betrachten Sie ihn nur so. Der Libertarismus soll keine Ersatzkrankheit sein. Nicht die Pest anstatt der Cholera. Kein Kranker wünscht sich eine andere Krankheit herbei. Er wünscht sich Gesundheit.

Würde ein Außerirdischer vom Planeten Libertarion auf die Erde kommen und diese Zeilen hier lesen, dann würde er fragen: „Warum machen Sie so viele Worte um etwas so Banales wie Freiheit?". Meine Antwort wäre, in Kurzform: „Weil den Menschen beigebracht wurde, dass sich die Bedeutung des Begriffes Freiheit auf Ihren Körper beschränkt. Sie glauben, dass sie frei seien, solange sie sich nicht in einem Gefängnis befinden und von einem Land ins andere reisen dürfen". Das ist, meiner Meinung nach, der erbärmliche Geisteszustand, der Granit-Block, in dem sich die Menschen auf diesem Planeten befinden. Genau das, würde ich so unglaublich gern verändern. Hammer und Meißel liegen in diesem Moment sprichwörtlich vor Ihren Augen und in Ihren Händen.

Einleitung

Lassen Sie uns in der Zeitgeschichte bitte einmal weit zurückgehen. Was war zuerst da? Der Mensch, der Privatbesitz und der freie Handel oder der Staat, die Besteuerung und die Regulierung? Was meinen Sie?

Natürlich haben die Menschen bereits Jahrtausende lang friedlich miteinander gelebt und Waren ausgetauscht, lange bevor es so etwas wie einen Staat gab. Selbstverständlich waren es viel weniger Menschen als heute und natürlich hatten diese auch Streit und es kam zu Mord und Totschlag. Aber dennoch war der politische bzw. wirtschaftspolitische Urzustand der gesamten Menschheit der Libertarismus bzw. der Kapitalismus. Die Menschheit hat sich, aufgrund des fehlenden Staates, niemals gegenseitig ausgelöscht. Selbstverständlich gab es auch zu diesen Zeiten immer Regeln und Bestrafung bei deren Missachtung. Diese Regeln und Bestrafungen waren aber nicht die Sache eines unbeteiligten Dritten, sondern diese Regeln und Bestrafungen kamen aus den Menschengruppen selbst heraus. Genauso, wie es heute in einem Sportverein oder in einer Clique funktioniert. Wer den Vereins-Beitrag nicht bezahlt, der fliegt raus. Wer mit der Freundin des besten Freundes schläft, der muss sie heiraten (Witz). Dazu braucht man heute keinen Staat und damals brauchte man natürlich auch keinen. Sie werden am Ende dieses Buches, hoffentlich neben vielen anderen, eine zentrale Erkenntnis gewonnen haben: Der Staat begründet seine Existenz, mit der vermeintlich exklusiven Bereitstellung von Lösungen zu Problemen, die ohne ihn, gar nicht erst existieren würden.

Durch den Fortschritt und den freien Handel wurde die Menschheit zahlreicher und das Wirtschaftsleben produktiver und komplexer, wohlgemerkt, ohne Staat. Es bildeten sich, auf natürliche

Art und Weise, größere Gruppen. Historiker der Moderne haben diesen Gruppen unterschiedliche Bezeichnungen gegeben, z. B. Stämme oder Clans. Wichtig ist dabei auf ein besonderes Merkmal dieser Gruppen hinzuweisen und zwar die Tatsache, dass die Zugehörigkeit zu dieser Gruppe zunächst noch freiwillig war und zwar beiderseitig. Ein Stinkstiefel konnte verstoßen werden und ein Abenteurer konnte losziehen und sich einer anderen Gruppe anschließen oder den einsamen Wolf markieren. Aber die Tendenz ging zur Gruppe, da der Wohlstand in der Gruppe, am Ende des Tages, für alle steigt. Nicht zuletzt wegen dem Prinzip der Arbeitsteilung und Spezialisierung. Hier soll kein Friede-Freude-Eierkuchen-Szenario geschildert werden. Es gab zu dieser Zeit keine Krankenversicherung und keine Rente, zumindest keine gesetzliche. Wer nicht aufgepasst hat, der ist unter die Räder gekommen, keine Frage. Aber es gab eine zentrale Sache und eine andere zentrale Sache gab es nicht. Es gab die mentale und körperliche Freiheit und es gab keinen externen Zwang.

An dieser Stelle muss kurz der Begriff der Autorität eingeführt und differenziert betrachtet werden. Es gibt die Autorität des Experten, z. B. der Uhrenmachen oder der Proktologe. Sie kennen den Satz: „Er gilt auf seinem Gebiet als Autorität". Es gibt aber auch die Autorität der Herrschaft, z. B. der Diktator oder der Parlamentarier. Warum diese Unterscheidung sehr wichtig ist, folgt im nächsten Abschnitt.

Mit dem Wachstum der Clans entstand mit der Zeit eine Wettbewerbssituation um bestimmte Territorien, z. B. Flussgebiete, Meereszugänge, fruchtbare Böden usw. Es kam deshalb zu ersten Auseinandersetzungen zwischen den Clans. Es dürfte in den Bereich der Mythen und Legenden gehören, dass Kriege wegen schönen Frauen geführt wurden, denn diese Begründung, zur Ermordung von Mitgliedern fremder Clans, dürfte kaum hinreichende Motivation gewesen sein, aber das nur nebenbei. In diesen ersten Kriegen und Schlachten taten sich gewisse Individuen besonders hervor und diese wurden so zu Experten auf einem bislang nicht dagewesenen „Fachgebiet“, nämlich dem des Krieges. Es entstanden also Autoritäten, im Sinne des Expertentums, im Fach Krieg. Aber diese Autoritäten waren zunächst noch keine Autoritäten im Herrschafts-Sinn. Sobald die Auseinandersetzung mit dem Nachbar-Clan beendet war, kehrten alle Kämpfenden wieder zu ihren eigentlichen Berufen zurück. Der Bedarf nach einem stehenden Heer war damals noch weit entfernt und die Bezahlung eines solchen Heeres oder einer Polizei wäre auch nicht möglich gewesen. Steuern existierten noch keine. Jeder Kampf wurde aus reiner Selbstmotivation, vielleicht auch Solidarität, geführt, aber niemand wurde für das Kämpfen bezahlt. Es ist vollkommen denkbar, dass nur ein ganz kleiner Teil des Clans überhaupt zum Kämpfen bereit war, z. B. die Fischer, da sie den Zugang zu den besten Angelplätzen für sich erobern wollten. Den Tischlern und Schustern war das vielleicht vollkommen egal und so kämpften sie vielleicht nur aus verwandtschaftlicher Solidarität mit. Oder eben auch überhaupt nicht. Gekämpft wurde aus Eigenmotivation, freiwillig und ohne Bezahlung.

Wie diese Kriege im Einzelnen ausgesehen haben und wie die Gewinner mit den Verlierern umgegangen sind, das vermag ich natürlich nicht zu sagen. Aber man kann sich sicherlich vorstellen, dass den Menschen durch diese Kriege ein bislang unbekannter Bedarf erwachsen ist: Der Bedarf nach Schutz. Der Bedarf nach Schutz stellt, sowohl in der Tierwelt, als auch in der Zivilisation der Menschheit, einen außerordentlichen Schlüsselbegriff dar. Das werden wir in diesem Buch noch häufiger feststellen. Behalten Sie den Wunsch nach Schutz und den dazu im Widerspruch stehenden Wunsch nach Freiheit, immer im Hinterkopf.

Stellen Sie sich also vor, Sie lebten in so einem Clan und Sie haben es zu einem gewissen Vermögen gebracht. Den letzten Krieg hat Ihr Clan mit Ach und Krach gewonnen, aber Sie haben gehört, dass der Nachbar-Clan keine Ruhe geben wird. Sie sind unsicher, ob Sie bei der nächsten Auseinandersetzung nicht vielleicht alles verlieren werden. Wäre Ihr Bedarf nach Schutz nicht vollkommen logisch, in dieser Situation? Was also tun Sie? Sie können in den Nachbar-Clan oder einen weit entfernten Clan umsiedeln, aber erhöht das dauerhaft Ihre Sicherheit? Sie können Ihr Hab und Gut nehmen und in die Einsamkeit auswandern, aber ist das sicherer und ist Einsamkeit das, was Sie wollen? Sie könnten aber auch einen Teil Ihres Vermögens opfern und den aus dem letzten Krieg hervorgegangenen Kriegsexperten fragen, ob er Sie, im Falle eines Angriffs des Nachbar-Clans, beschützt. Genau mit dieser Idee, d. h. mit diesem Schutzbedarf, führen Sie eine neue Berufsgruppe in die Geschichte der Menschheit ein. Eine Berufsgruppe, die uns noch sehr viel „Spaß" in diesem Buch bereiten wird und zwar die Berufsgruppe der Söldner. Auch bekannt als Soldaten oder Menschen, die gegen Bezahlung kämpfen und töten.

Ist gegen Söldner und Soldaten folglich generell etwas Schlechtes zu sagen? Nein, grundsätzlich erst einmal nicht. Aber das trifft ebenso auf Monopole, Waffen und Morphium zu. All diese Begriffe haben eine negative Konnotation, zugegeben. Aber das liegt nur daran, weil sie zu Missbrauch einladen. Sind Sie deshalb generell abzulehnen? Ich möchte das an dieser Stelle noch nicht vorwegnehmend beantworten, denn dieser Spannungsbogen wird später, in einem andern Kontext, aufgelöst. Die Antwort geht aber in die folgende Richtung: Man kann als Libertärer niemals für plumpe Verbote sein, denn Verbote implizieren die Anwesenheit einer herrschenden Autorität. Aber das ist genau das Gegenteil von libertär. Von daher kann man als Libertärer auch nicht für ein Verbot von Söldnern oder Monopolen plädieren. Man muss sich entspannen, so seltsam das an dieser Stelle klingen mag. Die Abwesenheit von ideologischen Zwängen, die Freiheit und der, der Freiheit innewohnende Wettbewerb, entziehen dem Söldner und dem Monopol die Möglichkeit des dauerhaften Missbrauchs von ganz allein. Ebenso macht genau dieser Wettbewerb das Entstehen bzw. das dauerhafte Bestehen von Monarchien und Diktaturen unmöglich. Ich werde Ihnen das später noch beweisen. Bitte vertrauen Sie mir hier für einen Moment.

Das hier beschriebene Geschäftsverhältnis, zwischen Ihnen und dem Söldner, kommt relativ unschuldig daher. Warum? In erster Linie, weil der Grundinstinkt des Menschen zu Recht der ist, dass jeder Mensch jedes Mittel einsetzen darf, um sich und sein Hab und Gut zu verteidigen. Dieser rudimentäre Verteidigungs-Grundsatz war immer und wird immer der libertäre Grundsatz sein. Er wird heute leider massiv gestört, da es heute eine Institution gibt, die meint definieren zu müssen, was tatsächlich Ihr Hab und Gut ist. Aber auch dazu kommen wir später. Die Unschuld des Verhältnisses zwischen Ihnen und dem Söldner hat aber noch einen viel wichtigeren Aspekt, der Ihnen so wahrscheinlich gar nicht in den Sinn kommt. Es handelt sich dabei um die Tatsache, dass der Söldner in einem Wettbewerbsverhältnis mit anderen Söldnern steht bzw. von Ihrer Bezahlung abgeschnitten werden kann, wenn er sich z. B. als unzuverlässig herausstellt. Kurz gesagt, Sie können den Söldner feuern. Wenn der Söldner Interesse daran hat, weiterhin für Sie als Söldner zu arbeiten, dann wird er Ihnen wegen der Kündigung kein blaues Auge verpassen. Denn kein anderes Clan-Mitglied wird diesen Schläger als Beschützer anheuern. Bitte verstehen Sie dieses Prinzip! Söldner eines Clans können nicht einfach, aufgrund ihrer körperlichen Überlegenheit, zu Tyrannen werden. Jeder Söldner hat, aufgrund der Wettbewerbssituation, den Druck eine korrekte Leistung zu erbringen und zwar für seinen aktuellen Auftraggeber, aber auch für seine potentiellen zukünftigen Auftraggeber. Er kann also auch nicht, wie die Axt im Walde, im sturen Sinne seines aktuellen Auftraggebers handeln. Er muss stets im Hinterkopf behalten, dass dieser eines Tages versterben wird und er einen neuen Auftraggeber bzw. Kunden benötigt. Diesen Erwägungen liegt keine wirtschafts-politische Ideologie zugrunde, bitte verstehen Sie das unbedingt. Hier ist kein externer Dritter im Spiel, der vorgibt für soziale Gerechtigkeit sorgen zu müssen. Diese Gedanken kommen dem Söldner von ganz alleine, früher oder später. Wenn sie ihm nicht kommen, dann geht er bankrott und muss sich wieder einem anderen Beruf widmen. Genau das ist auch richtig so. Wettbewerb und drohender Bankrott sind die natürlichen Regularien im Kapitalismus. Mehr braucht es nicht.

Leider ist unsere gesellschaftliche Entwicklung nicht einfach so weiter verlaufen. Die Menschheit ist, verheerender Weise, an irgendeiner Gabelung falsch abgebogen und hat zugelassen, dass die Söldner eine autoritäre Herrschaftsklasse etablieren. Man wird vielleicht eines Tages mit einer Zeitmaschine exakt an den Ort und Zeitpunkt zurückkehren können, an dem das passiert ist, wer weiß. An irgendeiner Stelle, vielleicht noch nicht einmal mit böser Absicht, muss eine Söldnertruppe das Geschäftsmodell mit Angst und Schutz für sich entdeckt haben. Vielleicht zunächst wirklich im guten Glauben und mit allerbesten Absichten. Aber dann kam vielleicht eine Periode des langen Friedens und die Auftraggeber hatten keinen Bedarf mehr für den Schutz der Söldner. Diese neue Generation von Söldnern war berufsmäßig leider bereits alternativlos. Der Rest der Geschichte ist nun einfach zu erraten. Dass die Geschlechter der Adligen und Könige über Jahrhunderte aus Ritterfamilien rekrutiert wurden, ist bekannt. Aus Söldnern wurden Raubritter und aus Raubrittern wurden Lords, Fürsten und Könige. Der Bedarf nach Schutz wird, seit vielen Jahrhunderten, künstlich erzeugt durch Angst, Angst und noch mehr Angst, so einfach ist das. Das Prinzip des erzwungenen Schutzes kennt man von der Mafia: Bezahle dein Schutzgeld, dann wirft auch niemand mehr deine Fensterscheiben ein. Genau dieses Prinzip gilt bis heute auch bei unserem geliebten Staat. Bezahle deine Steuern, dann kommt auch niemand der dich ins Gefängnis steckt. Diese modernen Angst-Schutz-Prinzipien sind alle abgeleitet aus dem ursprünglichen Angebot der ersten Clan-Söldner und dem Schutz durch deren Burgmauern.

Was hätten die Menschen überall auf der Welt gegen die Söldnertruppen tun sollen? Nun, damals gab es zwei Optionen. Mit den Mistgabeln kämpfen und gleichzeitig die Bezahlung der Söldner einstellen. Beides wurde auch gemacht oder zumindest versucht. Es gab immer wieder in der Geschichte blutige Bauernaufstände und Revolutionen. Aber die Menschen waren, damals wie heute, zu blind um die politische Einbahnstraße zu erkennen. Sie sind immer und immer wieder auf die Lügen derer hereingefallen, die versprochen haben, die besseren Beschützer zu sein, es beim nächsten Mal besser als die Vorgänger zu machen.

Unwissenheit und Angst waren und sind die größten Gegner der Menschheit. Das liegt an unserer Fähigkeit bzw. unserem Wunsch in die Zukunft zu blicken. Der Mensch und sein Bewusstsein von einer ungewissen Zukunft und dem Bedürfnis, diese Ungewissheit so gut abzusichern wie nur möglich, macht uns anfällig für Versprechungen aller Art. Es handelt sich immer noch um den ursprünglichen Wunschgedanken, der den Beruf des Söldners überhaupt erst erschaffen hat. Wir wollen das, was uns heute gehört auch morgen noch haben. Am liebsten sogar mehr als das. Dafür sind wir bereit einen Teil abzugeben. Aber wer beschützt uns vor den Beschützern? Hierauf gibt es nur eine Antwort und zwar den Wettbewerb unter den Beschützern selbst. Sobald es Anzeichen gibt, dass dieser Wettbewerb gestört bzw. eliminiert wird, muss der Alarm losgehen. Diesen Alarm hat die Menschheit zu hören verlernt. Die moderne Menschheit läuft herum mit Stöpseln in den Ohren und Scheuklappen auf den Augen. Sie kennen das Bild mit den drei Affen? Das sind die Menschen heute, in Bezug auf die Gefahren, die von den aktuellen „Beschützern" ausgehen.

Wie ist es also heute, im Jahr 2020, um den Wettbewerb der Beschützer bestellt? Gibt es ihn überhaupt noch? Ja, es gibt ihn noch, gerade so. Es sind ca. 200 Wettbewerber auf dem Markt, aber sie werden heute nicht mehr Söldner oder Clan-Kämpfer genannt. Heute nennen sich die Clans und Stämme Länder oder Staaten. Die Söldner nennen sich Polizei und Armee. Aber selbst deren Entwicklungen sind noch nicht zu Ende. Es entstehen aktuell neue Superstrukturen wie die EU-Armee, internationale Geheimdienste und auch die NATO wird immer weiter ausgedehnt. Der Wettbewerb, um die Gunst der Kunden (heute Steuerzahler), existiert immer noch. Aber er ist durch die Zerstörung des Geldsystems, durch die künstlich erzeugte Angst durch Kriege und durch sozialistische Umverteilungsmechanismen, bis zur Unkenntlichkeit verzerrt worden. Darauf werde ich später, jedoch nicht mehr in diesem Kapitel, weiter eingehen. Wir steuern auf die Eine-Welt-Regierung zu. Um was es dabei geht, ist die vollkommene Eliminierung des Wettbewerbs der vermeintlichen Beschützer.

Die letzte Insel der Hoffnung in dieser Hinsicht waren die Unvereinigten Staaten von Amerika. Wenn es in der Moderne jemals eine Chance auf dauerhaften Kapitalismus gegeben hat, dann im Amerika zu der Zeit der 13 unabhängigen Staaten, d. h. vor der Ratifizierung der Verfassung und den Bill of Rights. Die Ratifizierung der US-Verfassung sollte offiziell den Kapitalismus bewahren, aber natürlich ist genau das Gegenteil passiert. Auch hier gilt wieder die Unschuldsvermutung, aber gut gemeint bedeutet eben leider auch hier, nicht gut gemacht. Sie kennen diesen Spruch: „Macht korrumpiert, absolute Macht korrumpiert absolut". Der Versuch, eine Regierung durch Gesetze zu zügeln, die sie selbst verfasst und verabschiedet, ist der irrsinnige Versuch dem Wolf den Schutz der Schafe anzuvertrauen. Das ist der Irrweg, die Einbahnstraße, auf der die Menschheit immer weiter geht. Die Zeit, den Rückwärtsgang einzulegen, ist mehr als überfällig.

Es geht mir hier in der Einleitung nicht darum, den Märchenonkel zu spielen. Ich wollte nicht einfach eine frei erfundene Verwandlungsgeschichte, vom lieben Söldner zur bösen imperialen Machtelite, erzählen. Es geht darum darzustellen, dass der Libertarismus und sein Urprinzip keine Visionen aus Absurdistan sind. Ich wollte zeigen, dass Libertarismus der Zustand war, aus dem die Zivilisation und der Wohlstand, auf dem heute alles basiert, überhaupt erst entstehen konnten. Eine Zivilisation, die seit Jahrhunderten im Zerfallsprozess ist.

Nein, es ist nicht andersherum, wie immer behauptet wird. Es ist nicht so, dass der Kapitalismus, im Zuge der Industrialisierung, wie eine Seuche über das Land kam und die Menschheit seither aussaugt, wie ein Parasit seinen Wirt. Das genaue Gegenteil ist der Fall. Die kapitalistische Zivilisation ist der Wirt. Der Parasit heißt „Staat". Das sollte hier, in einem kurzen historischen Abriss, dargestellt werden.

Teil I

Kapitel 1 – Warum schreibe ich dieses Buch?

Die ablehnende Gegenreaktion, mit der man sich als Libertärer immer wieder konfrontiert sieht, basiert auf einem reflexartig einsetzenden Horrorszenario im Kopf des Gesprächspartners. Die Grundlage für diesen Horror, ist die instinktiv antizipierte Auslöschung von gewohnten, scheinbar Sicherheit spendenden Strukturen und Rahmenbedingungen. Rahmenbedingungen, deren Zerstörung der Libertäre radikal, am liebsten von heute auf morgen, zu fordern scheint. In mit Panik erfüllten Augen, kann man die Szenerie des Zuhörers erkennen: Auf dem Kopf liegende Autos, brennende Gebäude, aufgerissene Straßen, plündernde Straßengangs und mordende Horden, die durch die Ortschaften ziehen. Mittendrin, einsam, schutzlos und verlassen, er, der letzte Normalbürger. Hoffnungslos verloren, in dem nun real gewordenen Inferno der libertären Utopie. Spoiler Alarm: Kein Libertärer, kein Voluntarist und kein Kapitalist wünscht oder fordert so etwas. Weder „Mad Max" noch „The Walking Dead" beschreiben die Zielarchitektur des Libertarismus. Libertäre wollen kein Blut sehen, im Gegenteil. Überlegen Sie mal, welche Ihnen bekannte „Institution" erklärt welcher anderen regelmäßig den Krieg? Und wenn Sie an Plünderungen und brennende Autos denken, kommen Ihnen da spontan libertäre Demos in den Sinn? Fakt ist, Libertäre haben nichts mit der Antifa zu tun! Spoiler Ende.

Gleichzeitig ist es aber schon richtig, dass der Libertäre von einer Welt ohne Staat träumt, weil der Staat, in seinen Augen, die Wurzel allen Übels ist. Während der staatsgläubige Wähler, der Etatist, häufig noch einverstanden damit ist, dass der Staat Mängel aufweist,

z. B. im Schulwesen und im Straßenbau, so ist für ihn der Rückbau oder gar die Abschaffung des Staates, keineswegs ein valider Lösungsansatz. Bitte beachten Sie, in privat geführten Diskussionen über Politik, die geringe Anzahl der echten Staatsbefürworter. Also Freunde und Bekannte in Ihrem Umfeld, die den Staat mehr loben als kritisieren.

Ich habe die Beobachtung gemacht, dass die meisten Menschen sehr gut darin sind zu erkennen, dass etwas falsch läuft. Auch sind viele in der Lage, dieses Etwas korrekt zu benennen und zutreffend zu kritisieren. Allerdings ist das Benennen und Kritisieren ja auch der ungleich einfachere Teil. Worin die meisten Menschen absolut grottenschlecht sind, ist das Aufzeigen von ebenso validen Lösungsansätzen. Das manifestiert sich leider darin, dass die Menschen, die ich Kritik am Staat üben sehe, immer nur eine Lösung parat haben und diese lautet: „Noch mehr Staat". Die Menschen kritisieren den Staat, z. B. für zu hohe Steuern und deren Verschwendung. Gegen diese Kritik ist ja auch wirklich nichts zu sagen. Ein Gruß nach Berlin! Die Lösung, in den von mir erlebten Diskussionen, ist dann aber nicht die Reduzierung der Steuern und die konsequente Privatisierung der jeweiligen staatlichen Einrichtungen. Im Gegenteil, es werden mehr Regulierungen gefordert, mehr Staatsbedienstete, die den Laden endlich aufräumen sollen. Zusätzliche Aufsichtsbehörden, die die bestehenden Behörden kontrollieren sollen. Mehr Lehrer, mehr Polizei, mehr Überwachung, mehr Gesetze, mehr Geld für Straßen, Krankenhäuser, Militär. Sehen Sie den Fehler? Das Problem mit zu hohen Steuern, zu viel Bürokratie und Ineffizienz „löst" der „staatskritische Etatist" mit mehr Steuern und mehr Bürokratie. Die grundsätzliche Richtung stimmt einfach nicht. Sie ist paradox.

Warum fällt den Menschen diese paradoxe Haltung nicht auf? Meiner Meinung nach, weil sie in einer mentalen Einbahnstraße gefangen sind. Es ist nicht nur die Marschrichtung, sondern vor allem auch die Blickrichtung, die eine Umkehr für den Staatsgläubigen nahezu unmöglich macht. Woher kommt das nur? Meiner

Überzeugung nach kommt es daher, dass die Ursprünge unserer zivilisatorischen Entwicklung sehr weit zurückliegen. Der zurückgelegte Weg der Menschen, vom Ursprung bis zum heutigen Status Quo, bleibt absichtlich unbeleuchtet. Haben Sie z. B. irgendwelche Kenntnisse über die unbeschreiblich erfolgreiche Wirtschaftspolitik in Deutschland, zu der Zeit von Wirtschaftsminister Ludwig Erhard? Nein? Sehr gut, das sollen Sie nämlich auch nicht. Während die vor uns liegende Einbahnstraße, namens Sozialismus bzw. Sozialdemokratie, mit Neonscheinwerfern ausgeleuchtet wird, sind die vergangenen, freiheitlich-kapitalistischeren Zeitalter umso dunkler, je weiter sie zurückliegen.

Tauschen Sie, wann immer Ihnen irgendwelche historischen oder aktuellen Veröffentlichungen dazu über den Weg laufen, den Begriff Kapitalismus 1:1 durch den Begriff Sozialismus und umgekehrt. Sie werden der Wahrheit, bei den meisten Büchern und Artikeln über diese Themen, deutlich näherkommen. Die Perspektive ist, im Main Stream, exakt um 180 Grad verdreht. Bevor sich auf dieser Welt irgendetwas zum Guten verändern wird, muss das erst einmal eine kritische Masse an Menschen verstehen. Deshalb schreibe ich dieses Buch, nur aus diesem Grund.

1.1 Warum sind Sie, wie Sie sind?

Ohne es an dieser Stelle bereits mit bestimmter Sicherheit sagen zu können, möchte ich behaupten, dass dies das wichtigste Kapitel dieses Buches ist. Die Wichtigkeit kommt zustande, weil sowohl die Beantwortung der konkreten Frage: „Warum Sind Sie, wie Sie sind?“, vor allem jedoch der Gesamtkontext, rund um Fragen solcher Art, zentral ist. Was meine ich mit „Fragen solcher Art“?

Ich vermute Ihre spontane Reaktion auf die Frage „Warum sind Sie, wie Sie sind?“ lautet: „Hä, wieso? Wie bin ich denn?“. Vielleicht war Ihre spontane Reaktion, als Sie die Frage eben hier als Überschrift gelesen haben, nicht so. Aber gehen Sie kurz in sich. Stellen Sie sich vor, ein Bekannter oder gar ein Unbekannter, hätte Ihnen diese Frage auf der Straße gestellt. Wie hätten Sie spontan reagiert? Sie wären vermutlich überfordert gewesen, denn Sie hätten zunächst einmal nicht gewusst, in welchem Kontext diese Frage zu verstehen gewesen wäre. Politisch, religiös, charakterlich? Daher hätten Sie wahrscheinlich mit einer Gegenfrage geantwortet, z. B. „Wie meinst du das?“ oder vielleicht „Hä, wieso? Wie bin ich denn, deiner Meinung nach?“. Der Grund für Ihre Überforderung liegt aber weniger in der unkonkreten Fragestellung. Er liegt eher darin, dass wir Menschen es nicht schaffen, die Entstehung unseres Ichs, unseres Charakters, unserer unzähligen Einstellungen und Meinungen durchgängig zu hinterfragen und entsprechende Begründungen, für deren Entwicklung, vorzuhalten. Niemand kann auch nur ansatzweise jede Entstehung seiner Einstellungen und Meinungen bewusst mitschneiden, mental vorhalten und dann auf Abruf darstellen und herleiten. Genau das, Darstellung und Herleitung, verlangt aber die Frage nach dem Warum. Genau deshalb ist die Frage nach dem Warum in sämtlichen Lebensbereichen extrem herausfordernd und die umfängliche Beantwortung der Frage so erhellend.

Es ist aber noch viel dunkler um uns bestellt, als man hier schon vermuten möchte. Es ist leider nicht nur so, dass wir allergrößte Probleme mit der Beantwortung solcher Warum-Fragen haben. Nein, unsere Probleme fangen bedauernswerter Weise weiter vorne an. Sie beginnen bei der simplen Notwendigkeit zu erkennen, dass es an unzähligen Stellen dringend geboten wäre, diese Warum-Frage zu stellen. Die hier eingangs gestellte Frage „Warum Sind Sie, wie Sie sind?“ ist also nur eine, zugegeben eine der elementarsten, Warum-Fragen, welche sich jeder stellen sollte. Auch ich kann diese Frage, hier und für Sie, natürlich nur teilweise beantworten. Das Warum geht aber selbstverständlich über die Frage nach Ihnen und Ihren Meinungen hinaus. Kurzum, es geht einfach um alles.

Es geht prinzipiell um die Frage bzw. um die tausendfach zu stellende Frage „Warum ist Dieses und Jenes in der Welt so, wie es ist?“. Natürlich kann ein Buch hierzu keine umfassenden Antworten liefern, aber wie bereits angedeutet, geht es erst sekundär um die Antworten. Primär geht es darum, ein Bewusstsein dafür zu entwickeln, dass da vielleicht eine Frage existieren könnte, wo man sich heute mit dem Status Quo zufriedengibt oder sich lapidar mit der Äußerung „das ist halt so“ abfindet. Die unzähligen, nicht gefragten Fragen nach dem Wieso, Weshalb, Warum, sind allesamt versteckt in einem Schwarzen Loch. Aber glauben Sie mir, dieses Schwarze Loch existiert und es ist voller unentdeckter Informationen und Energien. Wenn Sie, wie ich, sich diesem Schwarzen Loch erst einmal genähert haben, dann werden Sie davon magisch an- und hineingezogen. Die Frage- und Antwortsuche ist spannender als jeder Krimi und bereichernder als es Geld jemals sein könnte. Aber nochmal, die Warum-Fragen sind verborgen, weil wir einfach zu viele Dinge in unserem Leben als selbstverständlich hinnehmen. Es braucht viel Mut und Übung aus dieser Komfortzone auszubrechen. Darüber hinaus muss man leider häufig mit der negativen Konsequenz zurechtkommen, dass man seine Mitmenschen mit Fragen nervt. Fragen, die für sie keinerlei Beantwortung bedürfen, ja längst beantwortet und selbstverständlich erscheinen. Dies gilt für keine Art von Fragen mehr, als für die Warum-Fragen und genau deshalb, werden sie so selten gefragt und noch seltener zufriedenstellend beantwortet.

Bevor ich gleich auf die, tatsächlich auf Sie persönlich zugeschnittene, Beantwortung der nun etwas konkreteren Frage komme „Warum sind Sie politisch so, wie Sie sind?“, möchte ich Ihnen, als Vorgeschmack, ein Beispiel für eine Warum-Frage und deren Antwort geben. Diese Frage haben Sie sich so vielleicht noch nie gestellt. Die Frage lautet „Warum hat der Staat das Recht mein Einkommen zu besteuern?“. Vielleicht ist Ihnen diese Frage an anderer Stelle schon einmal über den Weg gelaufen, aber haben Sie sich die Frage jemals befriedigend beantworten können? Hat Ihnen jemals jemand, Sie selbst eingeschlossen, eine bessere Antwort darauf gegeben als „Das ist halt so“ oder, meine Lieblingsantwort: „Weil der Staat so viel für uns tut, z. B. Straßen baut und das kostet halt alles Geld“? Achten Sie an dieser Stelle bitte nochmal auf die Frage. Die Frage lautet nicht, „Wozu besteuert der Staat mein Einkommen?“. Die Frage lautet, „Warum hat der Staat das Recht dazu?“ Wenn Sie dieser Frage noch nie in Ihrem Leben begegnet sind, dann ist doch auch hier zu allererst die Frage zu stellen, „Warum nicht?“. Ich überlasse ihnen die Beantwortung, aber vielleicht erkennen Sie bereits das Prinzip der Warum-Fragerei.

Also, „Warum hat der Staat das Recht mich zu besteuern?“ und „Warum sind Sie politisch, wie sie sind?“. Die Antwort auf die erste Frage ist recht simpel und kurz: Der Staat hatte das Recht nie, er wird es niemals haben und er kann es auch niemals bekommen. Für die detaillierte Beantwortung verweise ich an dieser Stelle auf das hervorragende Buch von Larken Rose „Die gefährlichste aller Religionen“. Die Zusammenfassung seiner Antwort, bzgl. dieser speziellen Frage, ist die, dass keine Privatperson das Recht hat eine andere Person zu besteuern. Sie werden mir hier zustimmen, denn wenn ich morgen zu Ihnen an die Haustüre komme und von Ihrem Einkommen 50 % Steuern verlange, dann werden Sie mich auslachen und wegschicken, denn ich besitze natürlich nicht das Recht, Sie zu besteuern.

Durch den politischen Prozess der Wahlen übertragen Privatpersonen, wie Sie und früher auch ich, gewisse Rechte und Zuständigkeiten von sich selbst auf andere Menschen. Diese anderen Menschen nennen wir Politiker und diese repräsentieren das Gebilde namens Staat. Es ist aber eine unwiderlegbare Logik, dass eine Person nur ein Recht übertragen kann, welches die Person zuvor auch selbst besessen hat. Wenn ich also gestern nicht selbst das Recht hatte Sie zu besteuern, dann kann ich dieses Recht natürlich auch heute nicht auf eine andere Person oder Institution übertragen. Was ich nicht habe, das kann ich auch nicht übertragen. Auch die Teilnahme an einer politischen Wahl gibt mir nicht eine Sekunde lang das Recht Sie zu besteuern, oder? Ich gehe also ohne das Recht in das Wahllokal, auch dort erhalte ich das Recht nicht, aber durch ein Kreuz auf einem Stück Papier, übertrage ich das Recht an den Staat. Wie soll das gehen? Es ist unmöglich! Das ändert sich auch dann nicht, wenn 60 Millionen weitere Personen an einer Wahl teilnehmen und versuchen dem Staat ein Recht zu übertragen. Ein Recht, welches keine einzige dieser Personen jemals hatte, heute nicht hat und niemals haben wird. Ich hoffe, Sie erkennen die Banalität in dieser Logik. 1 x 0 = 0 und 60 Millionen x 0 = 0. Wenn die Anzahl der Personen ausschlaggebend wäre, dann müsste ich nur eine ausreichende Menge an Leuten zusammentrommeln und würde, nach der Logik des Staates, irgendwann zu dem Recht der Besteuerung Ihres Einkommens gelangen. Das ist keine Raketenwissenschaft, sondern genauso simpel, wie es hier klingt. Die Schwierigkeit ist hier nicht die Antwort und genau darum geht es in diesem Kapitel! Es ist die Warum-Frage auf die kein Mensch kommt und auf die natürlich auch kein Mensch kommen soll. Da die Beantwortung so einfach und so entlarvend daherkommt, sollte die Frage besser verborgen bleiben.

Die zweite Antwort, die Antwort auf die Frage: „Warum sind Sie politisch so, wie Sie sind?“, ist etwas länger. Aber glauben Sie mir, es lohnt sich. Wahrscheinlich erwarten Sie jetzt eine komplizierte, sozialpsychologische Antwort, die in die Untiefen Ihrer Psychologie hinabsteigt. Aber ich kann Sie beruhigen. Sicher gibt es auch solche Antworten und diese mögen so manchem vielleicht fundierter und überzeugender vorkommen, als die von mir bereitgestellte. Ich trage meine Antwort allerdings schon so lange mit mir herum und ich bin so überzeugt von ihr, dass ich sie hier unbedingt zu Papier bringen muss.

Die Antwort liegt, Sie werden es kaum glauben, in Ihrem erlebten Schulunterricht im Fach Geschichte. Bevor Sie jetzt reflexartig die Hände über dem Kopf zusammenschlagen, bitte lesen Sie einfach weiter. Sollten Sie im Fach Geschichte kein Ausnahmeschüler gewesen sein, dann dürften Sie Folgendes über sich und Ihren historischen Lernerfolg im Fach Geschichte, denken: „Ein schulischer Lernerfolg im Fach Geschichte liegt quasi nicht vor." Wenn ich mit dieser Annahme auch nur einigermaßen richtig liege, dann passen Sie jetzt bitte ganz genau auf. Denn, je richtiger ich mit meiner Annahme liege, umso falscher liegen Sie mit der Ihren! Sie sind nur aus einem Grund politisch so, wie Sie sind und zwar, weil Sie im Geschichtsunterricht genau das gelernt haben, was Sie lernen sollten. Weitere 99,9 % der Deutschen, deren Eltern und Lehrer eingeschlossen, haben genau das ebenso in Perfektion getan, ohne es tatsächlich zu bemerken.

Versetzen Sie sich zurück in die erste Stunde Geschichtsunterricht, wahrscheinlich in der fünften Klasse. Womit hat der Geschichtsunterricht begonnen, wissen Sie es noch? Richtig, mit der Wiege der Demokratie in Athen. Sie waren zu diesem Zeitpunkt ca. zehn Jahre alt. Ihr Körper und Geist weiß und unschuldig wie ein Blatt Papier und dennoch rammte man Ihnen, in der allerersten Stunde Geschichtsunterricht, einen Pflock mit den dicken Druckbuchstaben „DEMOKRATIE" ins Hirn. Begleitet wurde das Ganze von Abscheulichkeiten wie Unterdrückung, Sklaverei, Klassengesellschaft usw. und von da an war der Grundstein für Ihren politischen Werdegang gelegt.

Im Anschluss ging es in den weiterführenden Schulklassen dann jahrelang weiter und man quälte sich pubertierend durch den Schulalltag. Es blieb einfach nichts im Kopf hängen, naja, fast nichts. Denn da war tatsächlich doch noch etwas Prägendes im Geschichtsunterricht. Da gab es nämlich, so quasi kurz nach dem dunklen Mittelalter, einen Sonnenkönig. Einen absolut durchgeknallten Franzosen, der seine Untertanen in absoluter Armut verrecken ließ, während er im ungezügelten Prunk zu Hofe lebte. Erinnern Sie sich, Versailles und so? Ja, Sie erinnern sich, geben Sie es zu. Der Begriff der absolutistischen Monarchie ist Ihnen, irgendwo im Hinterstübchen noch geläufig. Parallel war weiterhin Pubertät angesagt und währenddessen gab es im Geschichtsunterricht so leidige Themen, wie die Französische Revolution, Napoleon, die Industrialisierung, so ein Typ namens Bismarck und dann war da plötzlich das Thema Erster und Zweiter Weltkrieg. Was davon hängengeblieben ist, das ist der Begriff der „Diktatur", richtig? Abschließend kamen dann unsere Freunde, die demokratischen Amerikaner aus dem Land der unbegrenzten Möglichkeiten. Gegenüber standen ihnen unsere Feinde, die kommunistischen Russen aus dem dunklen und kalten Osten. Et voilà, wir haben das Ziel des Geschichtsunterrichts erreicht. Je nach Geburtsjahrgang, mit dem geteilten oder frisch wiedervereinten, demokratischen Deutschland.

Also noch einmal die Frage: „Warum sind Sie politisch, wie Sie sind?". Ist der Groschen schon gefallen? Der Trick ist genauso simpel, wie der Trick mit der Besteuerung durch den Staat. Man rammt dem 10-jährigen einen Demokratie-Pflock ins Hirn, spannt ein Drahtseil von der Akropolis in Athen bis zur Berliner Mauer. Entlang dieses Drahtseils reiht man nebeneinander die bösen Monarchen und die noch böseren Diktatoren auf. Man schmückt das Ganze mit mittelalterlicher Tyrannei, blutiger Revolution, Nationalsozialismus und Kommunismus. Enden tut man, selig und erleuchtet, dort, wo man bereits begonnen hatte. Bei der

Erlösung durch die, über alle Zweifel erhabene und heiliger als heiligen, Demokratie!

Was jetzt? Glauben Sie immer noch, Sie hätten aus dem Geschichtsunterricht nichts mitgenommen? Glauben Sie, es ist ein Zufall, dass es in Klasse 5 in Athen mit der Demokratie beginnt und in Deutschland, mit ebendieser, endet? Glauben Sie, Sie, Ihre Eltern, Ihre Lehrer oder Ihr Bürgermeister hätten als Schulkind und danach irgendeine andere Wahl gehabt, als die Demokratie als einzige valide Regierungsform zu identifizieren, ja zu glorifizieren? Glauben Sie, das war ein unvoreingenommener und ergebnisoffener Lernprozess? Meine Meinung: Keine Chance! Diese Indoktrination (anders kann man es nicht nennen, wenn über Generationen, Millionen von Kindern und Jugendlichen die identische politische Agenda erzählt bekommen) kennt und kannte kein Entrinnen. Genau deshalb sind Sie politisch so, wie Sie sind: Ein abergläubischer Demokrat.

Wie mag das wohl in anderen Ländern sein, fragt man sich? Ob die Sowjets in einem ostdeutschen Geschichtsbuch zu DDR-Zeiten auch so böse dargestellt wurden? Ich möchte diesen Geschichtsexkurs mit zwei bedeutenden Zitaten schließen. Das erste lautet: „Die herrschende Geschichte ist die Geschichte der Herrschenden." Es bedeutet, dass die Darstellung der historischen Personen und Ereignisse in den Geschichtsbüchern an Schulen und Universitäten von denen manipuliert werden, die gerade aktuell an der Macht sind. Im Falle Deutschlands, Europas, dem Westen, nennen Sie es, wie Sie möchten, sind das im Jahre 2020 immer noch die NATO-Mächte, also die USA. In der Sowjetunion waren es, bis zum Fall des Eisernen Vorhangs, die Mächte des Warschauer Paktes. In China ist es die kommunistische Volkspartei bis zum heutigen Tag.

Das zweite Zitat lautet: „Wer die Vergangenheit beherrscht, der beherrscht die Zukunft und wer die Gegenwart beherrscht, der beherrscht die Vergangenheit." Dieses Zitat bedeutet im Prinzip dasselbe, wie das erste Zitat. Es geht nur dahingehend etwas weiter, als dass es darauf aufmerksam macht, dass die Mächtigen die Vergangenheit nutzen, um die Zukunft zu kontrollieren. Wie das geht? Nun, wenn Sie der Meinung anheimfallen, dass Frau Merkel in der Vergangenheit gut regiert hat, dann werden Sie Frau Merkel auch in Zukunft wählen, oder? Das ist nur logisch. Alles, was man also tun muss, Tag für Tag, ist, dafür zu sorgen, dass eine positive Berichterstattung über Frau Merkels aktuelle und vergangene Politik in den Mainstream-Medien kommt. Ich frage Sie, hören Sie im Mainstream etwas Anderes? Punktuell vielleicht, aber diese „Merkel-Kritik" macht die (Hof-)Berichterstattung ja gerade so pseudoseriös. Zur ausführlichen Rolle der Medien kommen wir noch.

Bevor ich in Polemik versinke, gehen Sie bitte noch einmal in sich. Reflektieren Sie meine Antwort zum Recht des Staates bzgl. der Besteuerung. Überlegen Sie nochmal, ob meine Darstellung Ihres geschichtlichen Lernerfolges zutreffend ist oder ob das für Sie ein misslungener Hütchentrick meinerseits war. Wenn nein, dann überlegen Sie mal, wie viele Menschen auf dieser Welt eine vollkommen andere politische Weltanschauung haben, als die Demokratieanhänger hier im westlichen Abendland. Wir sind ca. eine Milliarde Menschen, wenn wir die USA und Europa großzügig aufaddieren. Es gibt über eine Milliarde Chinesen, eine weitere Milliarde Inder und eine weitere Milliarde Afrikaner. Kurzum: Wir Europäer sind nicht nur zahlenmäßig, sondern auch religiös und politisch eine Minderheit. Aber wir gehen politisch indoktriniert durch die Welt und halten die Demokratie für eine heilige Kuh, die nicht angetastet werden darf. Glauben Sie, die Chinesen sehen das bzgl. ihrer kommunistischen Ideologie anders? Glauben Sie, der hinduistische Inder stellt die Demokratie über das Kastenwesen?

Sie sind kein Demokrat, weil die Demokratie alternativlos ist! Sie sollen genau das glauben und Sie glauben das seit Ihrem 10. Lebensjahr, mehr oder weniger, dogmatisch. Global gesehen ist das Gegenteil der Fall. Wenn Sie ab und an Politiker in Talkshows zuhören, dann dürften Sie meine Einschätzung teilen, dass die hier geschriebenen Worte, für diese Damen und Herren, wie Ketzerei klingen.

Bitte beobachten Sie die Argumentationsketten dieser Herrschaften einmal, wenn sie von einem Oppositionspolitiker oder einem unabhängigen Fachmann in die Ecke gedrängt werden. Zu Beginn von politischen Debatten geht es häufig noch um die Sache. Es werden Argumente ausgetauscht. Sobald der Politiker aber in die Enge gerät, wird die Sachebene reflexartig verlassen. Eher früher als später kommt eine der bekannten Diffamierungen. Welche das ist, ist themenabhängig. Geht es um Feminismus, kommt der Vorwurf der chauvinistischen Gesinnung. Geht es um Migration, kommt die alt bewährte Rechtskeule. Sie kennen das sicherlich. Aber bitte schauen und hören Sie das nächste Mal ganz genau hin, wenn auch die Taktik der Diffamierung nicht greift, z. B. wenn der Feminismus-Kritiker eine Frau ist oder vielleicht sogar eine Frau mit Migrationshintergrund. Sehr wahrscheinlich kommt dann in etwa folgender Satz: „Wenn wir diesen Gedanken weiter denken und diesen, von Ihnen skizzierten, Weg weitergehen, dann ist die Demokratie in Gefahr!" Boom! Das ist er dann, der rhetorische Notausschalter. Der rettende Schleudersitz, der letzte Emergency Exit, den Politiker aller Parteien nutzen, sobald sie überhaupt nicht mehr weiterwissen. Ich kann das leider nicht beweisen, aber ich bin vollkommen davon überzeugt, dass diese Strategie in unzähligen, von Steuergeldern finanzierten, Seminaren trainiert wurde. Um das Gegenüber kalt zu stellen. Um den Zuschauer und Zuhörer davon zu überzeugen, dass man im Grunde auf der guten Seite steht. Um das Gegenüber, wenn es jetzt noch einen Schritt weitergeht und weiter widerspricht, mit dem personifizierten Bösen gleichzusetzen. Man kann in einer politischen Diskussion fast alles tun und selbst die angeblich rechtsextremen Politiker aus dem hellblauen Thüringen, dürfen weiter im Fernsehen auftreten. Aber haben Sie jemals, auch nur ein einziges Mal, einen deutschen Politiker öffentlich Kritik an der Demokratie üben gehört? Das haben Sie nicht und das werden Sie auch nicht, denn das ist der politische Super-Suizid.

Meine Aufforderung an Sie, sich politisch zu hinterfragen, endet jedoch nicht hier, bei der Demokratie. Das tut mir aber auch nicht leid, denn ich bin ja der Überzeugung, dass ich Ihnen am Ende des Tages, einen gigantischen Gefallen tue. Auch, wenn ich damit vielleicht Ihr komplettes Wertesystem ins Wanken bringe. Ich fordere Sie daher auf, jetzt noch weiter zu gehen und sich noch eine weitere Warum-Frage zu stellen bzw. stellen zu lassen. Diese Frage lautet: „Warum brauchen wir überhaupt einen Staat und eine ideologieverseuchte Regierungsform?" Kann es sein, dass wir Menschen, vor lauter Bäumen den Wald nicht mehr sehen? Kann es sein, dass wir es, vor lauter Hin und Her um die Frage der unterschiedlichen Regierungsformen Demokratie, Republik, Monarchie, Diktatur, etc., verpasst haben, unterwegs mal den Kopf zu heben? Zu erkennen, dass all diese Formen immer nur noch mehr Unfreiheit und Leid über uns gebracht haben. Von Sozialist Churchill persönlich, stammt angeblich das Zitat: „Die Demokratie ist die schlechteste aller Regierungsformen, außer allen anderen, die bisher versucht wurden." Man mag von Churchill halten, was man will, aber dieses Zitat ist erhellend. Natürlich hat auch Churchill den Elefanten im Raum nicht gesehen und auch nicht sehen wollen. Oder wie ich es Ihnen gern vermitteln möchte, er hat die Warum-Frage nicht gesehen. „Warum brauchen wir denn überhaupt eine Regierungsform?" Oder so ähnlich: „Warum glauben wir überhaupt, einen Staat haben zu müssen?"

Mit dieser Frage kommen die 10-jährigen Fünftklässler dieser Welt, plötzlich, alle als Erwachsene, wieder in einem virtuellen Klassenzimmer zusammen. Ich bitte Sie, sich das für einen Moment klar zu machen. Vollkommen unabhängig von einer Antwort auf diese Frage. Genau das ist der Grund, warum Sie politisch so sein sollen, wie Sie sind. Damit Sie sich diese Frage niemals stellen. Das gilt für Sie, egal auf welchem Kontinent Sie momentan leben und in welchem politischen System Sie aufgewachsen sind. Diese

Frage könnte die Weltbevölkerung vereinen und genau das ist es, was auf keinen Fall passieren soll. Sie kennen den imperativen Leitsatz der Mächtigen seit Jahrhunderten: „Teile und herrsche!“ Keine Teilungen haben mehr Leid über die Menschheit gebracht, als die der religiösen und die der politischen. Ebenso, wie der Aberglaube an die traditionellen Religionsbräuche durch die Aufklärung gebrochen wurde, so muss der Aberglaube an die real existierenden Regierungsformen gebrochen werden. Die Aufklärung ist leider unvollendet geblieben und der Aberglaube ist, von Religion und Kirche, vollständig übergangen auf Politik und Staat. Das ist ein unendlich trauriger Fakt und man fragt sich, wie das passieren konnte. Ich werde im Verlauf dieses Buches versuchen hierzu noch weitere Antworten zu geben. Im Grunde liegt die Antwort im Bedürfnis des Menschen nach Sicherheit. In der Bereitschaft, im Zuge dieses vermeintlichen Sicherheitsgewinns, Stück für Stück, Teile seiner Freiheit und Selbstverantwortung abzugeben. Ein warnendes letztes Zitat in diesem Kapitel lautet daher: „Wer bereit ist, seine Freiheit zu opfern, um seine Sicherheit zu bewahren, der wird am Ende beides verlieren.“

Warum sind Sie politisch, wie Sie sind? Ich hoffe, Sie haben, zumindest auf diese eine erste Warum-Frage, eine befriedigende Antwort bekommen. Im Verlauf dieses Buches werden Sie viele weitere Anhaltspunkte zu diesen Themen finden. Ich hoffe, Sie haben Interesse daran und lesen weiter!

1.2 Warum bin ich so sauer?

Die Grundmotivation für dieses Buch ist die, dass sich in mir viel Wut aufgestaut hat. Diese Wut muss aus mir heraus und hinein in dieses Buch. Dieses Buch ist sozusagen mein literarischer Sandsack und es tut unheimlich gut, sich an ihm abzureagieren. Man könnte auch sagen, dass dieses Buch eine Maßnahme zur Eheerhaltung ist, denn nach so mancher politischen Unterhaltung, hat mir meine Frau eine gesteigerte Aggressivität vorgehalten. Man selbst bemerkt seine, nach außen kehrende, Aggressivität häufig nicht oder zumindest nicht so stark. Ich halte mich selbst für einen ausgeglichenen und faktenorientierten Menschen, aber meinem Umfeld komme ich, offensichtlich mehr und mehr, wie ein emotionsgeladener Vulkan vor. Es ist nicht übertrieben zu sagen, dass mich meine Frau dazu gedrängt hat, dieses Buch endlich zu beginnen.

Woher kommt meine Wut? Ich beschäftige mich seit meinem 40. Lebensjahr, d. h. seit ungefähr neun Jahren, sehr intensiv mit den Themen Wirtschaft, Politik und Geschichte. Begonnen hat das mit einer intensiven, monatelangen Lektüre über das Day-Trading, d. h. Online Kauf und Verkauf von Finanzinstrumenten im Minutentakt. Dieser trockenen Studienphase über Trading-Psychologie, -Strategie und Chart-Technik, folgte die wahrscheinlich erbärmlichste und kürzeste Karriere, die ein Day-Trader je hingelegt hat. Innerhalb weniger Tage verlor ich einen schmerzhaften Geldbetrag, über den ich bis heute nicht offen sprechen möchte, so tief sitzt die Scham. In diesen vielen Büchern über das Day-Trading war immer mal wieder die Rede von zwei Dingen. Erstens, dass viele Trader tiefe Schmerzen erleiden mussten, bevor sie wirklich erfolgreich wurden. Zweitens, dass etwas mit unserem Geldsystem nicht stimmt. Während ich den ersten Punkt glücklicherweise nicht weiterverfolgt habe, habe ich mich umso mehr für die Funktionsweise unseres Geldsystems interessiert. Es gibt mittlerweile sehr viele gute Bücher über unser Falschgeldsystem, sodass ich es an dieser Stelle mit einem dringenden und sehr preiswerten Buchtipp belasse: „Vom Falschgeldsystem zum freien Marktgeld" von Gerd-Lothar Reschke.

Bevor Sie jetzt aber denken, meine Wut wäre geldbasiert, oh nein, keineswegs. Meine Reise ging intensiv weiter, vom Geldsystem zum allgemeinen Wirtschaftssystem. Dann, für mich heute logischerweise, über Politik zu Geschichte und wieder zurück zur Wirtschaftspolitik. Aber selbst an diesem Punkt war da noch keine echte Wut in mir. Es war vielmehr Begeisterung und Dankbarkeit für das neu Erlernte und man kann beinahe sagen, Fassungslosigkeit über das früher falsch Gelernte. Meine Wut kam aber letztlich erst hoch, als ich erkannte, wie hilflos und erfolglos ich darin war, anderen Menschen die Augen zu öffnen. Es war und ist für mich absolut inakzeptabel, dass Menschen mit hinreichender Intelligenz, alle notwendigen Informationen offen und verfügbar vor sich haben und den Betrug dennoch nicht sehen können. Ich habe mich dann sehr lange mit dem Betrug selbst beschäftigt und zwar auf allen Ebenen. Das Geldsystem ist damit gar nicht gemeint, denn das Geldsystem ist dabei nur ein technisches Element. Der eigentliche Betrug findet natürlich auf der mentalen Ebene statt, wie bei jedem guten Zaubertrick auch. Aber, im Gegensatz zu einem Zaubertrick, sind die Menschen bei diesem „Trick" nicht in der Lage, den Trick zu verstehen. Selbst dann nicht, wenn ich den Trick von Anfang bis zum Ende offenbare. Der Grund dafür ist, dass es sich nicht um einen einfachen Trick handelt, sondern um einen Trick, der unter Hypnose stattfindet.

Ich bin so sauer auf fast Alles und Jeden, weil ich nicht in der Lage bin, die Menschen aus ihrem hypnotischen Staatsaberglauben heraus zu holen. Dabei ist es für mich, als einen derjenigen, die es selbst dort herausgeschafft haben, so unglaublich trivial, diese billigen Tricks zu sehen. Heute weiß ich, dass es in erster Linie nicht darum geht die Tricks zu verstehen, sondern aus der Hypnose heraus zu kommen. Ich kann dem Hypnotisierten die Funktionsweise der staatlichen Zaubertricks tausendmal erklären. Solange er nicht aus seinem Aberglauben aufwacht, wird er nicht glauben, dass es sich hier überhaupt um faulen Zauber handelt. Eine wichtige Rolle in diesem Umfeld spielen natürlich auch die lieben Propaganda Medien und deren Vorherrschaft bzgl. der Deutungshoheit. Leider spielen sie immer noch die maßgebliche Rolle unserer indoktrinierten Gesellschaft. Aber zu den Medien, vor allem auch den alternativen, komme ich später noch ausführlicher.

Um Ihnen zu verdeutlichen, was ich mit Aberglaube/Hypnose und den Zaubertricks meine, komme ich nochmal auf mein Lieblingsthema „Besteuerung" zurück. Solange ein Mensch an den Staat und dessen Notwendigkeit glaubt, wird er folgerichtig davon überzeugt sein, dass der Staat eine legitime Daseinsberechtigung hat. Dass diese den Staat dazu berechtigt, Steuern zu erheben. Das ist der Aberglaube, die Hypnose, in der sich dieser Mensch befindet. Wäre dieser Glaube an eine legitime Daseinsberechtigung nicht da, dann gäbe es für mich keine Notwendigkeit den Zaubertrick mit den Steuern zu erklären. Der Mensch würde sofort und von ganz allein erkennen, dass der Staat und Steuern illegaler Raub sind. Da der Etatist (Staatsgläubiger) seinen Aberglauben jedoch für die Realität hält, ist es für mich ein hoffnungsloses Unterfangen, ihm den Zaubertrick mit der unmöglichen Übertragung des Enteignungsrechts eines einzelnen Bürgers auf den Staat, zu erklären. Der Etatist versteht zwar die Grundlogik, nämlich dass man kein Recht übertragen kann, welches man selbst nicht besitzt. Sein Hypnosezustand verbietet ihm jedoch zu erkennen, dass diese Logik die Besteuerung zu Raub macht, denn der Staat kann für ihn natürlich kein Räuber sein, wenn er rechtens ist.

Immer wieder erkenne ich den Aberglauben in den Augen meiner Bekannten, wenn ich sage: „Der Staat existiert nicht." Meistens werde ich daraufhin gefragt, wie ich das denn nur meinen würde. Ich sage dann, dass der Staat genauso wenig existiert, wie Gott oder der Weihnachtsmann. Die Leute denken dann immer, ich würde das abstrakt oder irgendwie anders meinen, aber ich versichere ihnen wie Ihnen: Ich meine es ganz genau so, wie ich es sage. Natürlich existieren Staatsgebäude, Staatsbedienstete und Gesetze. Aber es existieren auch Kirchen, Priester und die Bibel, aber heißt das ernsthaft, dass Gott existiert? Es existieren geschmückte Weihnachtsbäume, Geschenke, Weihnachtslieder und Feiertage, aber heißt das wirklich, dass der Weihnachtsmann existiert? Der Staat, Gott und der Weihnachtsmann existieren in unseren Köpfen. All die anderen, hier aufgeführten Dinge, sind reale Gebäude, Rollen und Bräuche, die als Repräsentanten dieser Illusionen erfunden wurden. Aber, die Existenz eines Weihnachtsbaums macht den Weihnachtsmann nicht real. Ebenso macht die Existenz eines Parlamentsgebäudes den Staat nicht real. Warum sind nur so unfassbar wenige Menschen in der Lage, dieses einfachste Prinzip zu verstehen? Ich bin wirklich sehr verzweifelt, dass Menschen so unfähig bei der Nutzung ihres Verstandes sein können. Wer sagt, er glaube der Staat sei real, der sagt auch, er glaube das Christkind sei real.

Was Gott angeht, so können sich die Menschen heute leichter von ihm lösen. Vielleicht, weil er irgendetwas Wesenhaftes an sich hat bzw. haben sollte. Da man dieses Wesen aber niemals gesehen hat, geht es für so manchen vielleicht etwas einfacher. Aber sollte man sich vom Staat dann nicht noch leichter lösen können? Er ist noch nicht einmal ein vorstellbares Wesen und er hat auch keinen Sohn auf die Erde geschickt oder sonst etwas. Nehmen wir für eine Sekunde an, Sie könnten sich vorstellen, nicht mehr zu glauben der Staat sei real und die Handlungen seiner Schergen seien daher auch nicht legitim. Welchen Unterschied würde das machen? Da es offensichtlich kein Problem ist, wenn Millionen von Menschen auch heute noch an Gott oder an den Weihnachtsmann oder an die Liebe glauben, warum ist es für mich dann so eine große Sache, wenn Menschen an den Staat glauben? Nun, es ist deshalb so eine große Sache, weil die Menschen, die nicht an den Staat glauben, unter dem Zwang und der Knechtschaft dieses Staates leben müssen. Bitte verstehen Sie mich richtig, ich will Ihnen nicht verbieten an irgendetwas zu glauben. Aber jeder staatsgläubige

Wähler gibt dem System seine Stimme. Dadurch zwingt er mich und jeden anderen Libertären automatisch mit unter die Mehrheitsherrschaft in unserem Sklavensystem namens Demokratie. Das tut weder Gott, der Weihnachtsmann, der Teufel, die Liebe und auch sonst kein Aberglaube. Kein anderer Aberglaube zwingt mich, Gesetze zu befolgen, die ich für Schwachsinn halte. Kein anderer Aberglaube zwingt mich, Steuern zu bezahlen für Dinge, die ich nicht will und nicht brauche. Kein anderer Aberglaube zwingt Menschen meines Landes, in andere Länder zu fliegen und dort Menschen zu töten. Es ist richtig, der Aberglaube an Gott hat all das früher auch getan, aber diese Zeiten sind vorbei. Die Zeit des Staates und dessen Herrschaft ist noch nicht vorbei und das macht mich wirklich stinksauer!

Ich hatte eingangs gesagt, dass ich nicht möchte, dass Sie irgendwem folgen und dass Sie auch mir nicht folgen sollen. Natürlich ist es mein Wunsch, dass Sie libertär werden, aber vielleicht haben Sie keine Idee wie das geht. Aber ganz ehrlich, daran wird es nicht scheitern. Libertär zu werden geht in 30 Sekunden. Stehen Sie jetzt auf, wo auch immer Sie gerade sind. Laufen Sie zum nächsten Spiegel, schauen Sie sich in die Augen und sagen Sie zu sich: „Ich bin libertär." Fertig. Glückwunsch. Sie sind libertär, ganz im Ernst! Es ist wie mit dem Rauchen. Aufzuhören ist der einfache Teil. Nicht wieder anzufangen ist der schwere. Aber ich will Ihnen den Druck nehmen. Falls Sie nicht schon libertär sind, dann lassen Sie sich entspannt Zeit bis zum Ende dieses Buchs. Ich komme in einem späteren Kapitel darauf, warum es überhaupt Sinn macht, libertär zu sein und Sie werden sehen, es lohnt sich wirklich. Eigentlich ist das die Untertreibung dieser Zeitrechnung. Libertär zu sein ist in Wahrheit die einzige Art, für die es sich überhaupt lohnt Mensch zu sein. Denn alles andere ist etatistische Sklaverei innerhalb eines Aberglaubens.

Etwas weiter oben in diesem Kapitel hatte ich erwähnt, dass es den Menschen heute leicht fällt sich von Gott abzuwenden. Versetzten Sie sich bitte in die Zeit von Galileo Galilei und Nikolaus

Kopernikus. Was glauben Sie, welche Schwierigkeiten die Menschen im Umgang mit diesen beiden mittelalterlichen Verschwörungstheoretikern hatten. Diese beiden Aluhutträger hatten doch tatsächlich die Behauptung gewagt, die von Gott erschaffene Erde wäre nicht das Zentrum des Universums. Sie würde sich um die Sonne drehen und nicht umgekehrt. Dieser Schock muss Jahrzehnte, wenn nicht Jahrhunderte, angedauert haben und dennoch sind die Menschen, nach und nach, in der Aufklärung angekommen. Sie haben sich ein neues Weltbild angeeignet. Die heutige Menschheit, mit all ihren Möglichkeiten der Informationstechnologie, sollte doch spielerisch in der Lage sein, den Staats-Aberglauben zu erkennen und von sich zu werfen. Aber nein, es gelingt kaum einem. Das bringt mich wirklich so nah an den Rand der Verzweiflung, dass ich manchmal vor Wut platzen könnte.

Ob dieses Buch auch nur einen einzigen Menschen libertär macht? Ich weiß es natürlich nicht. Über jeden Einzelnen würde ich mich natürlich wahnsinnig freuen. Dieses Buch dient aber nicht ausschließlich Ihrer Bekehrung. Es dient auch meiner Erleichterung und dieses Kapitel hat dazu eine Menge beigetragen.

1.3 Warum haben wir so wenige Freunde?

Abgesehen von der Familie, gruppiere ich die Menschen, die ich kenne in drei Gruppen ein. Die erste Gruppe sind Menschen, die ich mehr vom Sehen her kenne und auch eher beiläufig grüße. Die zweite Gruppe sind Menschen, die ich als Bekannte bezeichne, deren Namen ich meisten auch kenne oder mal kannte und mit denen ich mich auch hier und da mal unterhalte. Die dritte Gruppe sind Freunde, d. h. Menschen, mit denen ich mich verabrede, die ich auf meinen Geburtstag einlade usw. Auch ich unterscheide prinzipiell nochmal zwischen „guten Kumpels" und „besten Freunden", aber für den Moment soll das ein und dieselbe Gruppe sein. Ich erspare mir jetzt die Google-Suche nach der durchschnittlichen Anzahl von Freunden, die der Durchschnittsdeutsche so hat. Ich gehe einfach mal von mir aus und ich würde sagen, ich komme so auf ca. 20 Personen. Nehmen Sie sich einen Moment und überlegen Sie, was Ihre Zahl wäre. Vielleicht nur 5? Oder vielleicht eher 50? Irgendwie sowas, oder? Aber jetzt überlegen Sie einmal, wie viele Leute Sie im Verlauf Ihres Lebens kennengelernt haben? Das waren sicher hunderte, wenn nicht tausende. Und jetzt überlegen Sie einmal, wie viele Menschen Sie nicht kennengelernt haben, obwohl Sie sie hätten kennenlernen können?

Worauf ich hinaus will ist, dass nur ein winziger Bruchteil der potentiellen Menschen, denen Sie in Ihrem Leben jemals begegnet sind, bei Ihnen als Freunde hängengeblieben ist. Warum ist das so? Es geht jetzt nicht darum, das zu werten oder Ihnen das Gefühl zu geben, unbeliebt zu sein. Es geht hier erneut darum, eine wichtige Warum-Frage zu stellen. Eine, die Sie vielleicht noch nie interessiert hat: „Warum haben Sie so wenige Freunde?" Ich lasse dieser Frage gleich noch eine zweite Warum-Frage folgen: „Warum sind Ihre Freunde fast alle so, wie Sie?" Vielleicht gehe ich an diesem Punkt etwas zu weit und schließe zu sehr von mir auf andere. Bitte gehen Sie Ihre Freunde einmal, einen nach dem anderen, durch. Haben Ihre Freunde in etwa Ihr Alter, Ihr Geschlecht, Ihre Hautfarbe, Ihren Glauben, Ihre Vermögensverhältnisse, Ihre sexuellen Neigungen? Also bei mir ist das so und ich halte das nicht für einen Zufall. Ich möchte in diesem Kapitel erläutern, dass ich diesen Umstand nicht einfach nur darauf zurückführe, dass ich eben mit diesen Menschen aufgewachsen bin. Die Antwort, dass es schlicht logisch sei, dass ich mich mit Menschen meinesgleichen intensiver beschäftige, ist für mich nicht hinreichend. Im Gegenteil. Müssten mich nicht Menschen, die anders sind als ich, viel mehr interessieren und ich deshalb den engen Kontakt zu ihnen suchen? Auch das Argument der gemeinsamen Kindheit zieht nicht. In der Tat ist es vielmehr so, dass ich weniger als eine Handvoll meiner Freunde aus meiner Kindheit kenne. Die meisten sind mir erst viel später, im Erwachsenenalter, über den Weg gelaufen und ich habe sie mir aus „gesellschaftlichen Gründen" ausgesucht. Dennoch sind sie mir alle irgendwie ähnlich. Warum ist das so?

Ich glaube, die Ursache für dieses Phänomen liegt sehr nahe an der Antwort zu der Frage unserer politischen Einstellung. Ich meine das jetzt aber nicht so flach nach dem Motto: Der Demokrat sucht sich Demokraten als Freunde. Ich meine es viel tiefer und zwar erneut in der uns, seit der Kindheit begleitenden Indoktrination. Es geht erneut um das imperative Prinzip des „Teile und herrsche!" Ja, ich behaupte, dass wir es anerzogen bekommen, uns nur mit Menschen eng zu umgeben, die mit unseren erlernten Wertvorstellungen konform gehen. Wir bekommen diese Wertvorstellungen ab einem gewissen Alter von allen Seiten in unser Hirn gestopft und wir können uns dagegen nicht wehren. Wir können uns vor allem deshalb nicht wehren, weil wir den Vorgang als solchen gar nicht bewusst erleben. Die Indoktrination geschieht einfach mit uns und zwar während der Kindheit in der Schule und später durch die Medien. Wenn wir dann ein gewisses Alter erreicht haben, dann suchen wir uns unsere Freunde eben nicht mehr wertfrei aus, sondern eben nach diesen eingetrichterten Wertvorstellungen. Es geht uns überhaupt nicht mehr rein um innere Sympathie, sondern um diesen beschissenen äußerlichen Status. Die Antwort bzgl. der geringen Anzahl der Freunde ist also wahrscheinlich eine Funktion davon, wie eng und wie hoch wir diese gesellschaftlichen Eintrittshürden, für potentielle Freundschaftskandidaten, hängen.

Aber hängen wir diese Hürden selbst so hoch? Definieren wir die zugrunde liegenden, gesellschaftlichen Parameter tatsächlich selbst? Welche Hürden sind das im Einzelnen? Wer definiert sie und ihre Höhe? Und dann natürlich die alles entscheidende Frage: „Warum und zu welchem Zweck werden diese Hürden überhaupt gelegt?" Wem nützen diese Hürden? Qui bono?

Das Prinzip des „Teile und herrsche!" stammt aus dem alten Rom und zielt seit jeher auf eine einfache Strategie ab: Je kleiner dein Gegner ist, umso einfacher lässt er sich kontrollieren. Eine kleine Gruppe, unter zahllosen anderen Gruppen, ist schwach. Nicht nur wegen der zahlenmäßigen Größe, sondern auch wegen der Zweifel und der Unentschlossenheit, die durch andere Gesellschaftsgruppierungen und deren Meinungen entstehen. Ein Staat hätte es ungleich schwerer, gegen ein geschlossenes Volk anzukämpfen. Es wäre jedem Staat schlicht unmöglich, egal wie gut er auch bewaffnet wäre, denn ein vereintes Volk ist um ein Vielfaches größer und entschlossener. Es mit Waffen zu bekämpfen, wäre nicht nur Massenmord, es wäre auch anschließend niemand mehr da, auf dessen Unterstützung man bauen könnte. Daher setzten Herrscher seit jeher sehr viel daran, Uneinigkeit in ihrem eigenen Volk zu generieren. Wir Individuen bekommen das gar nicht bewusst mit, aber die Herrscherklasse erfindet immer wieder neue Linien, entlang derer die Bevölkerung geteilt wird. Die bekanntesten und ältesten dieser Linien sind:

Religion A vs. Religion B, Nationalität X vs. Nationalität Y, Partei Schwarz vs. Partei Rot, Mann vs. Frau, jung vs. alt, arm vs. reich, links vs. rechts, schwarz vs. weiß, homo vs. hetero, Unternehmer vs. Arbeiter, Kapitalist vs. Sozialist, etc.

Diese Liste ließe sich sicherlich noch um einiges weiter fortführen. Insbesondere, wenn man sich die Mühe machte, international nach solchen gesellschaftlichen Trennlinien zu suchen. Auch innerhalb vieler dieser Gruppen gibt es häufig Untergruppierungen. Der Islam unterscheidet sich beispielsweise in mehrere Hauptreligionen und diese wieder in Unterreligionen. Ebenso das Christentum. Nationalitäten und politische Parteien gibt es auch weit mehr als zwei. Noch schlimmer ist es aber um die Linien bestellt, die gar nicht genau definiert sind, z. B. wann ist man gerade noch jung und noch nicht alt? Was bedeutet eigentlich links und rechts? Wenn links sozialistisch bedeutet, bedeutet rechts dann kapitalistisch? Lassen wir diese Frage für ein späteres Kapitel offen. Dennoch, haben Sie sich diese vielen Linien, entlang derer wir alle unser Wertesystem ausrichten, schon einmal so kompakt vor Augen geführt? Und können Sie sich selbst hier überall zuordnen, ohne hier und da in Selbstzweifel zu geraten?

Was hat das jetzt alles mit unseren Freunden und deren Auswahl zu tun? Naja, ganz einfach. Ich nehme jetzt einfach einmal an, Sie sind männlich, weißer Europäer, ca. 40 Jahre alt, konservativ, wenig religiös und relativ gut situiert. Nun seien Sie bitte ehrlich zu sich. Haben Sie Interesse an einer engen Freundschaft mit einer 70-jährigen Muslima? Oder interessiert Sie eine Freundschaft mit einem 20-jährigen Afrikaner? Beide sind in Deutschland, spätestens seit 2015, einfach anzutreffen. Wenn Sie also Interesse an diesen Bekanntschaften haben, dann würde mich interessieren, was Sie in der Vergangenheit davon abgehalten hat, diese Bekanntschaften zu suchen. Es gibt dafür zwei Gründe. Der erste ist die Angst vor dem Fremden. Der zweite ist die Abnormität dieser Personen in Bezug auf Ihr fremdgesteuertes Wertesystem.

Die Angst vor dem Fremden ist ein natürlicher Schutzinstinkt und gegen diesen ist absolut nichts zu sagen. Wenn ein muslimisches Mädchen nach Deutschland geflüchtet ist und es geht allein auf der Straße spazieren, dann wäre es unnatürlich, wenn es nicht die Straßenseite wechseln würde, würden ihm vier weiße Halbstarke entgegenkommen. Das Mädchen kann nicht einschätzen, wie sich die Jugendlichen in unmittelbarer Nähe verhalten werden. Um es nicht darauf ankommen zu lassen, wechselt es die Straßenseite, bevor es zu der Situation kommt. Das ist ein vollkommen natürliches Verhalten und dieser Instinkt in Ihnen stirbt nicht, auch wenn Sie 180 Jahre alt sind.

Etwas anderes ist es, wenn man Menschen nicht nahe an sich heranlassen möchte, einfach weil Sie nicht „ins Bild" passen. Dieses „Bild" ist nämlich kein instinktiv entstandenes Bild. Es ist ein absichtlich geformtes Bild, entlang einer unsichtbaren Kette aus Werten. Diese Werte suchen wir uns nicht selbst heraus, zumindest nicht vollständig und nicht vollkommen bewusst. Sie werden uns antrainiert und wir sind nicht geübt darin, diese Werte zu hinterfragen und ggf. abzulehnen. Es geht den Herrschern bei dieser Indoktrination in erster Linie überhaupt nicht darum, uns alle gleich zu trainieren. Im Gegenteil. Es geht nicht um die Werte selbst, sondern darum, dass wir alle möglichst viele unterschiedliche Werte für uns abbilden. Diese unterschiedlichen Werte sind dabei aber nicht zu verwechseln mit natürlichen Neigungen, die uns zu wertvollen Individuen machen. Nein. Hier geht es darum, Menschen gegeneinander zu polarisieren.

Es soll nicht ein „Mann und Frau" entstehen, sondern ein „Mann gegen Frau". Der Feminismus sagt nicht: „Mann ist gut und Frau ist gut." Er sagt: „Mann ist ein Arsch und will nur mit Frau ins Bett und Frau soll gar nicht erst an eine Freundschaft denken. Freundschaft existiert zwischen Mann und Frau nicht!" Das funktioniert leider doppelt gut. Denn die Frau verinnerlicht es und weil der Mann weiß, dass die Frau es verinnerlicht hat, versucht er eine neutrale Annäherung erst gar nicht. Auf diese Weise hat es die Feminismusbewegung geschafft, jeden Kontaktversuch eines Mannes als „Anbaggern" zu diffamieren. Deshalb sprechen Männer keine Frauen mehr an. Sie haben kaum noch das Selbstbewusstsein dazu und wollen nicht als „Aufreißer" abgestempelt werden. Die Frauen verstehen aber selbst die Welt nicht mehr. Sie würden gern angesprochen werden und beschweren sich über die Männer. Männer hätten ihren Mut verloren und seien Schlappschwänze geworden. Die Teilung entlang der Linie

Mann und Frau, ist das Paradebeispiel für den Erfolg der Teile-und-herrsche-Strategie in Deutschland.

Ich möchte mit diesem Kapitel erreichen, dass Sie sich Ihrer eigenen Position und Ihrer Wertvorstellungen bewusst werden. Wer sind Sie und welche Werte können Sie bei sich identifizieren? Sind diese Werte natürlichen oder künstlichen Ursprungs? Sie müssen dazu nicht nur in Ihre Schulzeit zurückgehen. Um das zu erkennen, müssen Sie vor allem auch Ihr Elternhaus erforschen. Welche Werte wurden Ihnen dort mitgegeben? Welchen Beruf haben Sie erlernt und wer hat Sie beeinflusst, diese Wahl zu treffen? Ich bin z. B. Ingenieur geworden, weil meine Mutter das so wollte. Ich wusste auch, dass ich meinen Vater und meinen Großvater damit stolz machen würde. Mein ganzes Leben hätte vollkommen anders verlaufen können, hätte ich mich damals nicht so stark beeinflussen lassen und mehr auf mein Inneres gehört. Das meine ich jetzt auch wieder vollkommen wertfrei, wie überhaupt alles in diesem Kapitel. Es geht um die pure Erkenntnis.

Ich fordere Sie abschließend auf, sich von Vorurteilen zu befreien, wenn Sie erkennen, dass Ihre Wertvorstellungen mit solchen behaftet sind. Ich rate dringend dazu, sich mit „fremdartigen" Menschen näher zu beschäftigen und nicht immer nur mit gleichartigen Menschen in engem Kontakt zu stehen. Ich versuche seit einigen Jahren mich intensiver mit Menschen zu beschäftigen, die mir im ersten Moment „schräg" vorkommen. Ich habe mit solchen Charakteren beste und schlechteste Erfahrungen gemacht. Wer z. B. sagt, er werde sich grundsätzlich nicht mit einem Nazi unterhalten, weil dieser ein faschistischer Ignorant sei, der ist selbst der größere Ignorant. Wer sagt, er werde sich grundsätzlich nicht mit einem Christen unterhalten, weil dieser ein religiöser Ignorant sei, der ist selbst der größere Ignorant. Wer sagt, er werde sich grundsätzlich nicht mit einem Libertären unterhalten, weil dieser ein ideologiefeindlicher Ignorant sei, der ist selbst der größere Ignorant. Ich sage nicht, dass Sie gezwungen sind, eine enge Freundschaft mit einem der drei hier genannten Beispiel-Charaktere zu beginnen.

Was ich sage ist, dass Sie weder Ihr eigenes Bewusstsein, noch das des Nazis, des Christen oder des Libertären, erweitern, wenn Sie sich nicht wenigstens auf ein Gespräch einlassen können. Sie sollten diese Gespräche suchen und als gegenseitige Lernmöglichkeit sehen. Seien Sie nicht so überheblich und glauben Sie nicht, Sie könnten von anderen Menschen nichts lernen. Auch Menschen, selbst Sozialisten aller Couleur, die auf eine falsche Bahn geraten sind, können Ihnen und mir etwas beibringen. Glauben Sie nicht?

Auch ich habe zugegebenermaßen ein komisches Gefühl dabei, wenn ich mir vorstelle eine 70-jährige Muslima als gute Freundin zu haben. Aber ich denke, das ist wie mit dem Radfahren ohne Stützräder. Am Anfang fühlt es sich komisch an, aber dann ist es ein tolles und bereicherndes Abenteuer. Vielleicht auch nicht, das kann man natürlich nicht generell wissen. Dennoch bin ich überzeugt, dass ich mehr und bereichernde Freunde hätte, wäre ich, vom Anfang meines Lebens an, offener mit Menschen umgegangen. Menschen, die auch mal nicht „ins Bild" gepasst haben. Als Libertärer will ich das unbedingt nachholen und zumindest in meiner Geisteshaltung bin ich dazu sehr offen und bereit.

1.4 Ein exemplarischer Randgruppenkonflikt

Wenn man allein die vielfältigen Randgruppen in Deutschland und deren potentielle Interessenskonflikte betrachtet, dann kann man bereits an den dort aufeinandertreffenden Widersprüchen verzweifeln. Eine globale Betrachtung mag man dann schon gar nicht mehr in Betracht ziehen. Ich möchte in diesem Kapitel daher den anderen Weg beschreiten und zwei explizite Randgruppen herausnehmen. Den Rentner auf der einen und den Mittdreißiger auf der anderen Seite.

Es handelt sich hierbei auf den ersten Blick nicht wirklich um Randgruppen und daher will ich die beiden Protagonisten etwas weiter beschreiben. Der hier beschriebene Rentner ist männlich, kinderlos und Besitzer einer abbezahlten Immobilie. Ferner ist er glücklicher Bezieher einer staatlichen und einer Firmenrente. Der 35-jährige ist ebenfalls männlich, selbstständig, hat ein Kind und plant evtl. ein zweites. Er hat einen hohen Kredit für ein Eigenheim am Laufen und seine Rente ist mindestens 30 Lichtjahre weit entfernt. Was Ihnen vielleicht auffällt ist, dass meine Protagonisten beide nicht am Hungertuch nagen und so ist dieses Kapitel, ja eigentlich das gesamte Buch, keine Geschichte über arm und reich. Arm und reich ist nur eine von vielen Linien, entlang derer unsere Gesellschaft bewusst geteilt wird, aber dazu in einem der kommenden Kapitel mehr. Die hier von mir betrachteten Konflikte, die zwischen dem Rentner und dem 35-jährigen existieren, beziehen sich auf deren unterschiedliche Wahrnehmung der aktuellen Politik im Hinblick auf ihre Zukunft. Versuchen Sie sich abwechselnd in die Position des einen und dann in die des anderen hinein zu versetzen und zwar im Zusammenhang mit den politischen Reaktionen der Regierung, auf die im Frühjahr 2020 entstandene Corona-Krise.

Die Situation des Rentners ist relativ schnell erklärt. Die Rente kommt pünktlich auf das Konto, daran besteht für ihn kein Zweifel. Die Immobilie ist längst bezahlt und von daher existieren keine finanziellen Ängste. Um etwaige Folgen für Kinder braucht sich der kinderlose Rentner keine Sorgen zu machen. Selbst wenn wir kurz annehmen, der Rentner in diesem Beispiel hätte Kinder, so wären diese längst erwachsen und auf sich selbst gestellt. Um was sich der Rentner Sorgen machen muss, das ist seine Gesundheit, denn er gehört zur sogenannten Risikogruppe. Es leuchtet daher ein, dass er die Lockdown Maßnahmen der Regierung für gut befindet. Am Ende läuft es für den gut situierten Rentner auf eine zeitliche Belastungsprobe hinaus. Ein paar Wochen durchhalten und danach geht es weiter. Motto: „Es ging uns immer gut und nach Corona wird es uns weiter gutgehen. Da kann man ein paar Wochen Lockdown schon mal aushalten." In einer ähnlichen Situation befinden sich viele Singles, die einen relativ kleinen Haushalt führen. Beim allgemeinen „Zurückschrauben" im Rahmen eines Lockdown, müssen sie weitestgehend nur an sich selbst denken. Auch im Fall von Kurzarbeit hat es ein mietender Single, gegenüber einem verschuldeten Familienvater, finanziell deutlich einfacher zu überleben. Aber es geht um viel mehr, als um Gesundheit und Finanzen. Das erkennt so mancher Rentner aber nicht. Daher nun zum Familienvater.

Für den selbstständigen und verschuldeten Familienvater sieht die Situation vollkommen anders aus. Nicht nur, aber eben auch finanziell. Was den Familienvater im ersten Moment umtreibt ist nur der eine Gedanke: „Wie halte ich den Laden hier am Laufen?" Seine Gesundheit kommt erst ganz zum Schluss. Zuerst kommt die Ernährung der Familie und die Fortzahlung der Rechnungen, allen voran der Immobilienkredit. Wenn er an „Zurückschrauben" denkt, dann denkt er nicht an das Zurückschrauben bei sich, denn da ist schon gar nichts mehr, was er zurückschrauben könnte. Durch den massiven Umsatzrückgang seines Unternehmens, hat er, bereits nach der ersten Woche Lockdown, alle seine privaten Ausgaben auf null zurückgefahren. Jetzt geht es aber an das schmerzhafte Sparen bei Frau und Kind. Der Lockdown ist für ihn keine Frage der Ausdauer, sondern eine tägliche Frage der nackten Existenz.

Während sich der Rentner in eine Art spontanen Winterschlaf verkriechen kann, muss der Familienvater offensiv mit der Situation umgehen. Er muss sofort handeln und dringend alternative Einkommensquellen auftun. Das ist in einer solchen Situation schier unmöglich. Das o. g. Motto des Rentners und dessen Durchhalteparole ist für ihn eine glatte Provokation. Während sich der Rentner, absolut passiv, in eine Art Kokon verhüllen kann, dreht der Familienvater fasst durch und verliert sich im Aktionismus, zumindest mental.

Aber es geht um mehr als das! Selbst wenn es der Familienvater, trotz dieser kritischen Situation, schafft, den Kopf zu heben und darüber nachzudenken, was diese politischen Maßnahmen perspektivisch für seine Familie und seine Kinder bedeuten, dann müssen ihn weitere Ängste beschleichen. Welche Rechte hat sich der Staat hier aus dem Nichts angeeignet? Welche Folgen kann das für meine Rechte haben? Wird der Staat diese Sondermaßnahmen wieder zurücknehmen oder wird er sogar noch nachlegen? In welcher Welt werden meine Kinder aufwachsen, wenn der Staat so dermaßen durchregiert? Sind wir auf dem direkten Weg in den Faschismus? Wie kann ich das, für mich und meine Kinder, verhindern? Wie kann ich mich wehren?

Diesen, in die Zukunft gerichteten, Blick hat der Rentner so nicht. Er braucht ihn für sein Leben nicht mehr und das kann man dem Rentner auch wirklich nicht vorwerfen. Rentner hatten diesen Weitblick auch bei so vielen anderen Themen nicht, z. B. Einführung des Solidaritätszuschlags, Einführung des Euro, Beitritt zur EU, Gründung der EZB, Bürgschaften für Griechenland, Atomkraftausstieg, Öffnung der Grenzen 2015, Dieselverbot usw. Es geht hier aber keineswegs darum, dem Rentner, der eigentlich nur seinen verdienten Lebensabend verbringen will, ein asoziales und egoistisches Verhalten vorzuwerfen. In erster Linie geht es darum aufzuzeigen, dass wir polarisierte Randgruppen, inmitten unter uns, haben. Dass jeder von uns zu einer oder mehrerer dieser Gruppen gehört. In zweiter Linie geht es darum zu zeigen, dass es nicht immer Arme und Reiche sind, die gegenteilige Sichtweisen auf die Dinge haben. Am Wichtigsten bei all dem ist doch aber, dass wir leider in einer Welt leben, in der diese Randgruppen sich gegenseitig nicht in Ruhe lassen können. Sie können es nicht, weil sie über den Staat miteinander zwangsverheiratet sind.

Was den Familienvater und den Rentner verbindet, ohne dass ihnen das bewusst ist und ohne dass sie dagegen irgendetwas tun könnten, das ist der Staat. Ich ziele damit nicht nur auf das marode deutsche Rentensystem ab, nein. Es geht um das gesamte demokratische System und um das Thema „Wahlverhalten". Einer der vielen Unterschiede zwischen älteren und jüngeren Menschen ist deren Zukunftsorientierung. Der Ältere hat seine Schäfchen weitestgehend im Trockenen und ist daher kein großer Fan von Veränderungen. Der Jüngere will die Welt noch erobern und hat Zukunftsvisionen. Vor allem will der Jüngere die Welt für sich und seine Kinder zum Guten verbessern. Solche Visionen sind für den Älteren eher Utopien einer fernen Zeit, mit denen er selbst nichts mehr zu tun haben will. Wer hat Recht? Beide haben für sich Recht! Aber da beide, in ein und demselben Staat leben, kann es nicht beiden recht gemacht werden. Denn der Staat und seine Politiker können es nicht jedem recht machen. Genau daher kommt es zum Konflikt der Randgruppen.

Würde es keinen Staat, keine Demokratie und keine Wahlen geben, könnte jeder sein eigenes Leben leben und seine eigenen Interessen verfolgen. Da der Rentner aber Angst haben muss, dass die Jungen seine Rente nicht mehr bezahlen, muss er politisch für die Partei stimmen, die ihm in dieser Hinsicht die höchste Stabilität verspricht. Der Junge hingegen, sieht es nicht mehr ein, immer nur noch mehr Abgaben an den Staat zu zahlen. Er wählt daher die Partei, die am meisten für Steuerkürzungen plädiert. Bei Corona sehen wir es in ähnlicher Form ablaufen. Die Älteren sprechen sich für härtere Maßnahmen aus, während die Jüngeren für eine schnelle Öffnung der Wirtschaft plädieren. Wer hat Recht? Erneut haben beide für sich genommen Recht, aber wenn man eine Zentralregierung hat, dann kann nur ein Weg eingeschlagen werden. Das heißt aber automatisch, dass einer verliert.

Schweden hat es, am Beispiel der Corona-Krise, perfekt gezeigt. Der Staat sollte sich einfach heraushalten, wenn es um die Bewältigung von Krisen geht. Die Schweden haben sich einfach selbst geholfen indem die Älteren das gemacht haben, was sie für richtig hielten und die Jüngeren ebenso. Es geht mir hier jetzt nicht speziell um das Thema Corona, aber es ist eben ein tolles Beispiel, wie gut es funktioniert, wenn man die Menschen sich selbst überlässt (laissez-faire, lass sie machen). Sobald eine Regierung im Spiel ist, werden sich bestimmte Klassen der Gesellschaft derart organisieren, dass sich der Staat ihren Interessen zuwendet. Das ist ebenso verständlich, wie die Konsequenz, nämlich, dass sich andere Klassen dagegen positionieren werden, weil sie wiederum ihre Interessen gefährdet sehen. So entsteht ein Klassenkampf. So entstehen Randgruppen, die eigentlich friedlich miteinander leben könnten, wenn nur jede ihre eigenen Interessen für sich verfolgen würde. Der Staat sorgt, durch seine pure Existenz, für Konflikte, die es ohne ihn gar nicht geben könnte.

Sollten Sie Bekannte Ihrer Umgebung, einer Ihnen unsympathischen Randgruppe zuordnen können, dann nehmen Sie sich bitte einen Moment Zeit. Fragen Sie sich, ob es nicht vielleicht einen politischen Hintergrund für Ihre Abneigung gibt. Dabei geht es nicht um das Parteibuch dieser Person. Es geht darum zu hinterfragen, ob es Ihnen wirklich absolut unmöglich ist, sich in die Situation der Person hinein zu versetzen. Wenn es Ihnen doch gelingt, dann liegt Ihre Abneigung nämlich nicht an den nackten Bedürfnissen dieser Person. Sie kommt vielmehr daher, dass die Erfüllung der Bedürfnisse dieser Person auch Sie betreffen würde. Allerdings in negativer Form und indirekt durch den Staat vermittelt.

1.5 Zusammenfassung Kapitel 1

Mit diesem ersten Kapitel habe ich versucht, Sie persönlich anzusprechen. Ich hoffe, es ist mir, an der einen oder anderen Stelle, gelungen. Das folgende Kapitel wird nun eine etwas trockenere Übung, in der ich Ihnen meine Definition der verschiedenen Ideologien nahe bringe. Ich habe lange überlegt, ob es nicht sinnvoller wäre, zuerst den theoretischen und dann den persönlichen Teil zu vermitteln. Aber wir sind nicht in der Fahrschule. Sie sind nicht 18 Jahre alt und heiß auf das Autofahren. Ich musste Sie, in diesem ersten Kapitel, emotional und leicht provokativ ansprechen. In der Hoffnung, so ein Verlangen nach dem theoretischen Hintergrund zu schaffen. Sie könnten das Buch also fertig lesen und nur das erste Kapitel dann noch einmal. Sozusagen als Vorher/Nachher-Studie Ihrer selbst.

Vieles bis hierhin wird Ihnen sicher spekulativ oder irgendwie utopisch vorgekommen sein. Bitte stören Sie sich nicht dran oder zweifeln Sie gar an Ihrer Auffassungsgabe. Sie haben das schon alles richtig verstanden, zumindest in dem Sinne, dass ich das alles auch so meine. Sie haben nicht irgendwo die Pointe verpasst. Wenn Sie mit der libertären Perspektive bislang nicht in Berührung gekommen sind, dann ist es vollkommen natürlich, dass Ihnen viele meiner Aussagen quer liegen und surreal vorkommen. Die Angst, ohne Staat würde es Chaos geben, ist wahrscheinlich weiterhin in Ihnen vorhanden. Die Frage nach dem tieferen Sinn des Libertarismus für Sie persönlich, ist wahrscheinlich auch noch bei Weitem nicht hinreichend beantwortet. Das ist OK so.

Was ich bis hierhin hoffe bei Ihnen geweckt zu haben ist, neben der bereits erwähnten Neugierde, ein kleines Stückchen Selbsterkenntnis. Erkannten Sie die Panik in sich, die eine Eliminierung des Staates bei Ihnen auslöste? Panik, obwohl Sie selbst nicht erklären können, was der Staat eigentlich ist und woher er das Recht nimmt, all die Dinge zu tun, die er tut. Erkannten Sie den Widerspruch in sich, dass Sie den Staat für so viele Missstände in unserem Land kritisieren, aber die Abschaffung des Staates noch niemals auch nur in Erwägung gezogen haben? Erkannten Sie den Betrug, dass der Staat Ihnen etwas von Demokratie erzählt, dass Sie aber, bei den wirklich wichtigen Entscheidungen, nie eine Stimme hatten?

Sie sollten an sich selbst erkennen, dass Sie den Staat in seiner Existenz noch niemals hinterfragt haben. Dasselbe gilt für die heilige Demokratie. Wenn Demokratie und Staat bislang für Sie gesetzt waren, wie Vater und Mutter, dann haben Sie heute, zum ersten Mal in Ihrem Leben, einen Anreiz bekommen, an deren Legitimität zu zweifeln. Stellen Sie sich Folgendes vor: Jemand, der keinen Grund dazu hätte Ihnen weh zu tun, würde eines Tages mit einer schockierenden Erklärung bei Ihnen auftauchen. Mit einer Ihnen plausibel erscheinenden Erklärung dafür, dass Ihre Eltern in Wahrheit unmöglich Ihre Eltern sein könnten. Was für ein Typ Mensch wären Sie? Würden Sie diesen Jemand in die Wüste schicken und ewig weiter mit dieser Ungewissheit leben? Würden Sie den Kopf in den Sand stecken? Oder wüssten Sie im ersten Moment, dass Sie den Fehler in der plausiblen Erklärung suchen würden, aber im schlimmsten Fall die Tatsache akzeptieren müssten, dass Sie Ihr ganzes Leben lang belogen wurden?

Kapitel 2 – Politische Ideologien & deren Mythos

In diesem Kapitel wird es, nahezu ausschließlich, um Begriffsdefinitionen und um die Richtigstellung derer Bedeutungen gehen. Diese Richtigstellung ist unglaublich wichtig, denn um miteinander leben zu können, müssen wir miteinander kommunizieren und dazu nutzen wir den Code der Sprache. Mittels Worten, versuchen wir unsere Meinung zu vermitteln. Das kann natürlich nur gelingen, wenn Sender und Empfänger den identischen Inhalt, in jedem einzelnen Wort, verstehen. Genau das ist heute aber nicht der Fall. Insbesondere in Bezug auf Ideologie-Begriffe, ist eine falsche oder gar nur unpräzise Begriffsdefinition, eine verheerende Rahmenbedingung. Gespräche und Entscheidungen, die unter solch falschen Rahmenbedingungen geführt und getroffen werden, können eigentlich nur zu Missverständnissen und Fehlentscheidungen führen. Dies ist im privaten Kontext häufig harmlos und ohne Spätfolgen. Im wirtschaftlichen und politischen Kontext kann es dafür umso verheerender sein.

Bevor wir auf die einzelnen Ideologien und deren Bedeutungen kommen, möchte ich zunächst einige wenige Begriffe erläutern. Allen voran, den Begriff der Ideologie selbst.

Def.#1 – Was ist eine Ideologie?
Häufig wird der Begriff „Ideologie“ mit dem Begriff „Weltanschauung“ gleichgesetzt. Für mich trifft das aber nur zur Hälfte den Kern, denn einer bloßen Anschauung fehlen die konsequenten Lösungen und Handlungen dahinter. Genau diese Lösungen und Handlungen sind es aber, meiner Meinung nach, die aus einer harmlosen Anschauung eine gefährliche Ideologie machen können. Man mag die Welt anschauen und zu der Meinung kommen, dass Frauen in dieser Welt unzureichende Wertschätzung erfahren. Es ist aber ein Unterschied, ob man diese Anschauung vertritt und in die Welt hinausposaunt oder ob man konkrete Maßnahmen definiert, wie man diese vermeintliche Ungerechtigkeit korrigieren kann und anschließend diese Maßnahmen, unter dem Kampfbegriff „Feminismus“, in die Realität umzusetzen beginnt. Man könnte also kurz sagen: Eine Ideologie ist ein theoretischer Lösungsansatz inkl. Handlungsanweisungen, zur Lösung von Problemen, die einer bestimmten Weltanschauung entspringen. Einer Weltanschauung zuzustimmen bedeutet demnach lediglich, in ein bestimmtes Lied mit einzustimmen, mehr nicht. Einer Ideologie zuzustimmen bedeutet jedoch, ebenso den Maßnahmen und den Handlungen zuzustimmen, die diese Ideologie mit sich gebracht hat. Somit auch allen Konsequenzen, die damit einhergegangen sind und einhergehen werden. Man muss sich sogar die Frage stellen, ob man durch die Zustimmung zu einer Ideologie, nicht sogar selbst einen Teil der Verantwortung für die Konsequenzen dieser Ideologie übernimmt. Auf jeden Fall gehört man nicht zum Widerstand, soviel ist mal sicher.

Allen mir bekannten Ideologien liegt derselbe Irrtum zu Grunde und das ist der Aberglaube an Gleichheit und Gerechtigkeit. Der Ursprung dieses Aberglaubens ist wahrscheinlich vielfältiger als ich es heute erfassen kann, aber ein zentraler Punkt ist auf jeden Fall, der Neid. Neid ist die vielleicht hässlichste Eigenschaft der menschlichen Spezies und ich könnte viel dazu schreiben. Ich verweise dazu aber auf die Arbeit von Dr. Dr. Zitelmann, der darüber international geforscht und publiziert hat.

Ideologien versuchen künstlich Gleichheit und Gerechtigkeit herzustellen, wo die Natur Ungleichheit und Ungerechtigkeit vorgesehen hat. Es gibt z. B. von Natur aus gutaussehende und hässliche Menschen und ich stimme zu, diese Ungleichheit ist ungerecht. Beinahe jeder Mensch hat einmal einen Korb bekommen, weil er weniger gut ausgesehen hat als sein Konkurrent. In Aldous Huxleys Roman „Schöne neue Welt“ wurde diese Ungerechtigkeit auf der sexuellen Ebene ideologisch gelöst und zwar indem es Männern und Frauen verboten wurde, sexuelle Aufforderungen zu verneinen. Der Begriff der Promiskuität wurde zum Zwang erklärt und so musste jeder dem Beischlaf zustimmen, wenn er dazu aufgefordert wurde. Gehen Sie in sich. Fühlen Sie sich persönlich wohl bei diesem Gedanken? Haben Sie den Eindruck, dass man mit so einer Maßnahme, für alle Individuen in einer Gesellschaft, für Gleichheit und Gerechtigkeit sorgt? Die hässliche Wahrheit ist die, dass sich die Verfechter jedweder Ideologie in Wahrheit nicht dafür interessieren, ob sich die Individuen in der Gesellschaft wohler, gleicher und gerechter behandelt fühlen. Die Verfechter von Ideologien haben keinen Bedarf an individuellen Schicksalsgeschichten. Es geht Ihnen um Werbung für Ihre Ideologie, um Abonnenten für eine Frauenzeitschrift, um Bewerber für Studienplätze für das Fach „Gender Mainstreaming“, für Wähler an der Urne, für Soldaten die töten, usw.

Ideologien geben also vor, Menschen helfen zu wollen, die von Natur aus benachteiligt sind. Der Trick ist, dass die Verfechter dieser Ideologien behaupten, die Ungerechtigkeit sei die Schuld eines, nicht wirklich greifbaren, Ungetüms namens „Gesellschaft“. Dass diese Ungerechtigkeit beseitigt werden könnte, wenn nur genügend Menschen der Ideologie folgen würden. Die Gesellschaft könne und müsse nur entsprechend geformt werden und schon würde die Ungerechtigkeit verschwinden. Im Extremfall ist diese umzuformende Gesellschaft eine fremde Nation. Die Propaganda lautet dann, dass die Ungerechtigkeiten im eigenen Land beseitigt werden könnten, wenn man nur diese fremde Nation im Kampf besiegte.

Der Gegenentwurf zur Ideologie ist der Individualismus. Der hässliche Mensch schaut in den Spiegel und ihm gefällt nicht, was er sieht. Er beschließt, dass er etwas tun muss. Ein Besuch beim Friseur, eine Runde neue Klamotten. Er blickt wieder in den Spiegel und ihm gefällt immer noch nicht, was er sieht. Es folgt ein Umdenken in der Ernährung, ein Abo beim Fitnessstudio um die Ecke, usw. Wichtig ist, dass er erkennt, dass er es ist, der für sich ganz individuell eine Lösung suchen muss und nicht irgendeine fremde Entität, der es am Ende nur um Geld und Macht geht. Wir werden darauf noch näher eingehen, wenn wir den Sinn des Libertarismus erörtern. Ich hoffe, ich kann dann auch noch etwas tiefer auf einen weiteren Gedanken eingehen. Nämlich auf die Tatsache, dass weite Teile unserer erfolgreichen Wirtschaft überhaupt nur wegen der Ungleichheit und Ungerechtigkeit existieren. Während nämlich der Ideologe passiv auf Hilfe hofft, versucht der Individualist aktiv die Ungerechtigkeit zu beseitigen. Diese individuelle Motivation ist es, die die Existenz von einem Friseur, einem Klamottenladen und einem Fitnessstudio überhaupt erst möglich macht.

Def.#2 – Was ist ein Gutmensch?

Ich komme nicht umhin die Frage und die Antwort auf diese Frage hier einzuschieben. Es gibt einfach zu viele dieser Gutmenschen und sie sind ein großes Übel in unserer Gesellschaft. Gutmenschen sind keine guten Menschen und somit auch nicht das Gegenteil von bösen Menschen. Eine grundlegende These der Libertären, man könnte es eine libertäre Weltanschauung nennen, ist die, dass jeder Mensch grundsätzlich gut und hilfsbereit ist, solange ihm aus seiner Güte und Hilfsbereitschaft kein Nachteil entsteht. Genau auf dieser These basiert auch die Hinterlist der Gutmenschen.

Man muss an dieser Stelle den Begriff der „Moral als emotionale Waffe" einführen. Die Taktik des Gutmenschen ist die, dass er das grundsätzlich Gute im Menschen über eine moralbeladene Aussage anspricht. Diese Ansprache erfolgt auf eine derart überzeugende Weise, dass es dem Gesprächspartner gar nicht erlaubt scheint, diese Aussage oder evtl. damit einhergehende Konsequenzen, genauer zu hinterfragen. Mir kommt an dieser Stelle immer das Bild eines Gutmenschen-Kämpfers vor Augen. In der einen Hand hat er seine dicke Moralkeule. In der anderen Hand hält er sein poliertes, in der Sonne glänzendes, Moralschild. Seine Kampftaktik ist die, dass er zunächst mit der Moralkeule zuschlägt und einen Treffer landet. Während sich das Gegenüber noch schüttelt und gerade beginnen möchte, zum Gegenschlag anzusetzen, holt der Gutmensch aber sofort das glänzende Moralschild hervor. Der taumelnde Gegner kann vor lauter Glanz und Blendung überhaupt nichts mehr sehen und gibt seinen Widerstand auf, bevor er überhaupt begonnen hat. Als Beispiel dazu, eine beliebte Rechts-Links-Kombination. Erst die moralische Keule: „Es kann nicht sein, dass ein Jeff Bezos 100 Milliarden Dollar besitzt und keine Steuern bezahlt …" und dann sofort das Moralschild: „…während in Afrika hunderte Millionen von Menschen unter der Armutsgrenze leben und verhungern!" Ich werde exakt dieses Beispiel später wieder aufgreifen und den „armen" Jeff Bezos verteidigen.

Das wirklich Böse an dieser Taktik ist aber nicht diese Unfairness und geheuchelte Moral. Das Böse am Gutmenschen ist, dass er die negativen Konsequenzen seiner moralischen Forderungen einfach ignoriert oder schlicht nicht sehen kann. Ich möchte hier erneut die Unschuldsvermutung äußern. Ideologisch verblendete Menschen können häufig nichts dafür, sie vertreten ihre Meinungen häufig in der vollkommenen Überzeugung Gutes zu wollen und gutes zu fordern. Das Böse an den Gutmenschen ist, dass der Teil von ihnen, der sehr wohl weiß, dass ihre Forderungen immense negative Konsequenzen mit sich bringen, diese ignoriert. Der Gutmensch heißt also nicht Gutmensch, weil er Gutes fordert, sondern weil er nur das vermeintlich Gute an seinen Forderungen gelten lässt oder sehen will. Gleichzeitig leugnet er sämtliche negativen Konsequenzen und verunglimpft Menschen, die diese Konsequenzen aufzeigen. Der Gutmensch geht immer 1:0 in Führung. 1 für das moralisch Gute, 0 für die üblen Folgen. Aber nicht, weil es sie nicht gibt, sondern weil der Gutmensch sie ignoriert.

Menschen, die z. B. für das bedingungslose Grundeinkommen plädieren, wollen nicht darüber sprechen, dass dieses Geld, direkt oder indirekt (über den Umweg der Staatsverschuldung), zunächst über die Besteuerung, anderen Menschen weggenommen werden muss, bevor es verteilt werden kann. Es ist ihnen schlicht egal, dass zukünftige Generationen für die Staatsschulden von heute bezahlen müssen. Es interessiert sie auch nicht, dass der Anreiz zu arbeiten, durch ein Grundeinkommen, immer nur noch stärker untergraben wird. Dass damit der Anteil der Einzahler immer kleiner und deren Belastung immer größer wird und dass sich die Situation damit von allein verschlimmert. Vor allem die unerträgliche Last für die Zukunftsgenerationen ist den Gutmenschen vollkommen gleichgültig! Gutmenschen sind meistens kinderlos oder haben für ihre Kinder, aus welchen Gründen auch immer, niemals wirklich die Verantwortung getragen. Sie können einem Gutmenschen diese Argumente so oft um die Ohren hauen, wie Sie möchten, er wird Ihnen niemals zustimmen. Er wird Sie als demokratiefeindlichen Kapitalisten beschuldigen und sich in der Sonne der Moral baden.

Def.#3 – Was ist ein Aberglaube?
Im Internet wird das Wort Aberglaube als „irriger Glaube an übernatürliche Kräfte" bezeichnet. Je länger ich über diesen Begriff nachdenke, umso mehr gelange ich zu der Überzeugung, dass dieser Begriff ebenso künstlich erzeugt wurde, wie der Begriff Kapitalismus. Mir ist die Erläuterung des Begriffes an dieser Stelle wichtig, weil ich davon überzeugt bin, dass sowohl die Religion als auch der Staat einen Aberglauben darstellen. Bitte betrachten Sie einmal die folgende Gegenüberstellung:

Staat – Gott
Politik – Religion
Demokratie – Christentum
Ideologie – Glaube
Regierung – Vatikan
Präsident – Papst
Beamte – Klerus
Gesetz – Bibel
Rathaus – Kirche
Richter – Priester
Polizei – Inquisitoren
Steuern – Ablassbriefe

Vielleicht kommen Ihnen weitere Parallelen in den Sinn, aber ich finde diese Liste schon eindeutig und beeindruckend. Der Begriff Aberglaube beschreibt den Gegenpol zum Glaubensbegriff, aber ist das nicht auch wieder nur ein Ablenkungsmanöver? Ist die Erfindung des Teufels ebenso eine Erfindung, wie die Erfindung des ausbeutenden Kapitalisten, nur eben dieses Mal nicht von Marx und den Sozialisten, sondern von den Erfindern von Gott? Ist der Begriff des Aberglaubens einfach nur der Sündenbock für alle negativen Konsequenzen, die aus dem Glauben an Gott erwachsen? Oder eben der notwendige Angstgenerator, der den Gläubigen bei der Stange halten soll? Als Libertärer lehne ich, für mich persönlich, kollektivistische Strömungen aller Art ab. Die Religion ist eindeutig eine solche Strömung. Mehr soll dazu an dieser Stelle nicht gesagt werden.

2.1 Kapitalismus – die Anti-Ideologie

Im Gegensatz zu den Ismen in den Folgekapiteln, ist für den Kapitalismus dasselbe zutreffend, wie für den Libertarismus. Der Kapitalismus ist keine Ideologie, sondern ebenfalls eine Anti-Ideologie. Er lässt sich folglich viel besser dadurch charakterisieren, was er nicht ist und eigentlich trifft auch hier wieder zu, was bereits auf den Libertarismus zutreffend war. Am Ende des Tages ist der Kapitalismus eigentlich gar nichts. Er beschreibt letztlich nichts anderes, als die Abwesenheit von Ideologien. Aber eben die Erkenntnis, dass es keiner Ideologie bedarf, macht dieses Garnichts so schwer begreiflich. Vor allem in einer Zeit, in der einem immer und überall erzählt wird, dass es so Vieles und noch mehr, in Wirtschaft und Politik, vom Staat braucht. Sie erinnern sich an die Perspektive und die Richtung in der Einbahnstraße! Sie stimmen einfach nicht.

Aber der Begriff des Kapitalismus zielt etwas spezieller ab und zwar nicht auf eine allgemeinpolitische Anti-Ideologie, sondern auf eine wirtschaftspolitische Anti-Ideologie. Das ist auch der Grund, warum der Begriff „Libertarismus" in Deutschland eher unbekannt ist. Die vorherrschende (allgemeine) politische Ideologie in Deutschland ist die heilige Demokratie oder Sozialdemokratie. Gegen diese traut sich in Deutschland heute noch kaum jemand etwas zu sagen. Daher ist es heute, in der deutschen Politik- und Medienlandschaft, noch nicht notwendig, Propaganda gegen den Libertarismus zu fahren. In der Wirtschaftspolitik sieht das aber vollkommen anders aus. Die deutsche Wirtschaftsgeschichte hat, durch ihre DDR-Zeit, eine extrem negative Erfahrung mit dem Sozialismus gemacht. Gleichzeitig hatte man mit Ludwig Erhard einen überaus erfolgreichen Wirtschaftsminister, der ein glühender Anhänger der freien Marktwirtschaft war. Nicht zuletzt das Beispiel der USA, als offizieller Fahnenträger des Kapitalismus, hat in Deutschland einen gigantischen Stellenwert. Selbst wenn auch dieser Nimbus, in der Realität längst zerstört ist. Was man in den USA und überall in der westlichen Welt seit einigen Jahrzehnten beobachten muss, das ist der wieder stärker werdende Aufstieg des Sozialismus. Damit einher geht notwendigerweise das Kapitalismus-Bashing und es ist eines der konkreten Ziele dieses Buches, Sie genau dafür zu sensibilisieren. Ich möchte Sie mit konkreten Begriffsdefinitionen in die Lage versetzen, die fehlerhafte Nutzung des Begriffes „Kapitalismus" zu identifizieren und den Inhalt des Gesagten zu korrigieren.

Was also ist der Kapitalismus, das Kapital und der Kapitalist und was sind diese Begriffe nicht? Ich fange mal ganz banal an und versuche nicht zu sehr auszuufern. Kapital ist kein Geld bzw. Geld ist nicht das, was mit Kapital gemeint ist. Ein Unternehmen, welches über Eigenkapital (in Form von Geldguthaben) verfügt, hat, neben den unterschiedlichsten Formen von Kapital, auch eben dieses Eigenkapital (in Form von Geld). Dieses Geldguthaben gehört auch zum Gesamtkapital des Unternehmens. Das eigentliche Kapital eines Unternehmens ist aber die Fabrik, die Maschinen, die Rohstoffe, die Patente, die Kundenbeziehungen, die Mitarbeiter und alles andere, aus was das Unternehmen besteht. Alles, was den Unternehmer in die Lage versetzt, seine Produkte und Dienstleistungen zu produzieren und zu verkaufen. Geld im Allgemeinen und Schulden im Speziellen sind kein Kapital.

Der Kapitalist ist der private Eigentümer dieses Kapitals, d. h. der Besitzer des Unternehmens und der o. g. Produktionsmittel. Ein Kapitalist ist also nicht unbedingt ein reicher Mensch, denn Reichtum ist kein Definitionsbestandteil des Begriffs. Ebenso, wie Geld nur ein sehr untergeordneter Bestandteil des Begriffes „Kapital" ist.

Der Vorstandsvorsitzende einer Investmentbank ist hingegen kein Kapitalist. Die allermeisten Investmentbanken, obwohl bzw. gerade, weil sie eigentlich nur mit Geld zu tun haben, haben kein Kapital. Banker sind keine Kapitalisten und Banken haben (nahezu) kein (Eigen)-Kapital. Was für Vorstände von Banken gilt, das gilt auch für die Vorstände aller im DAX gelisteten Großkonzerne und auch für alle sonstigen Vorstände aller Aktiengesellschaften auf der ganzen Welt. Alle diese, zugegebenermaßen meist sehr reichen Menschen, sind keine Kapitalisten. Die definitive Begründung dafür lautet, dass sie austauschbare Angestellte und keine selbstbestimmenden Besitzer dieser Firmen sind. Auch dann nicht, wenn sie häufig beträchtliche Aktienoptionen als Bonuszahlungen bekommen.

An all die lieben Kapitalismus-Basher und Gutmenschen da draußen: Ich weiß es, das ist der absolute Schocker für euch! Aber es ist die definitionsgetreue Wahrheit: Bank- und Konzern-Bosse sind keine Kapitalisten!!!

Einen Unternehmer, im Sinne eines Kapitalisten, haben Sie dann vor sich, wenn er der Privatbesitzer des Unternehmens ist und ihn niemand vor die Tür setzen kann. In jeder Aktiengesellschaft gibt es einen Aufsichtsrat und dieser kann den gesamten Vorstand, von heute auf morgen, vor die Tür setzen. Ein Vorstand kann also, per Definition, kein Kapitalist sein. Ein Vorstand kann hingegen aber sehr wohl ein Anhänger des Kapitalismus sein. Das verwirrt Sie jetzt wahrscheinlich, aber es ist eben manchmal doch nicht so trivial.

Während ein Anhänger des Sozialismus, automatisch und ursächlich, durch diese Anhängerschaft zu einem Sozialisten wird, so wird ein Anhänger des Kapitalismus dadurch nicht automatisch zu einem Kapitalisten. Ein Anhänger des Kapitalismus ist in Wahrheit gar kein Anhänger des Kapitalismus, sondern ein Gegner wirtschaftspolitischer Ideologisierung. Diese Gegnerschaft und Ablehnung des Sozialismus macht ihn natürlich nicht automatisch zu einem Unternehmer. Um Kapitalist und Unternehmer zu sein, bedarf es nämlich zunächst der Schaffung von etwas Realem, dem Privatbesitz von Kapital. Um Sozialist zu sein, ist es hingegen vollkommen hinreichend, einer aus der Luft gegriffenen Ideologie zu folgen und die entsprechenden Forderungen an die böse Gesellschaft zu stellen.

Ein Unternehmen kann nur Kapital nennen, was ihm gehört. Einer Bank gehört zumeist so gut wie gar nichts. Das Bankgebäude ist angemietet. Die Computer sind geleast und das, in Milliardenhöhe täglich hin und her geschobene Geld, ist kurzfristig kreditfinanziert und langfristig ausgeliehen. Eigenkapital? Sie machen Scherze! Banken heißen Kreditinstitute und nicht Kapitalinstitute und das ist auch richtig so. Was der Bank wirklich gehört, das ist die Banklizenz und das dürfte es dann auch schon gewesen sein. Alles andere ist eine Luftnummer und die Kunst, Geld in Form von Gehältern und Boni abzuschöpfen. Ja, bitte kritisieren Sie das, wenn Sie das schlecht finden, aber BITTE(!!!), hören Sie auf mit dem Kapitalismus-Bashing. Wenn Sie die Machenschaften von Banken, deren Angestellten und Vorständen kritisieren, dann kritisieren Sie weder Kapitalisten noch den Kapitalismus. Ebenso wenig kritisieren Sie den Kapitalismus, wenn Sie sonst irgendeinen Großkonzern, wie die NESTLE AG, AMAZON, usw. kritisieren.

Wissen Sie, wer ein Kapitalist ist? Ihr Friseur um die Ecke. OK, ihm gehört vielleicht nicht der Laden, aber ihm gehören die Waschbecken, die Shampoos, die Farben, die Scheren usw. Niemand kann ihn entlassen, denn es ist sein Unternehmen und es sind seine Produktionsmittel. Dasselbe gilt für den Besitzer Ihrer Lieblingskneipe und für die wenigen verbliebenen Großkapitalisten, wie z. B. Claus Hipp (Babynahrung) und Reinhold Würth (Schrauben). Bitte gehen Sie in sich und überlegen Sie, ob das die Menschen sind, die Ihnen in den Sinn kommen, wenn Sie Kapitalisten-Bashing hören oder gar selbst betreiben. Wenn ich Kapitalismus-Bashing höre, dann geht es meistens um Banken, Hedgefonds, Konzerne. Sogenannte Heuschrecken, die sich mit Offshore Konten um Steuern drücken, usw. Noch nie, bitte glauben Sie mir, noch nicht ein einziges Mal, war wirklich ein echter Kapitalist unter denen, die mit Dreck beworfen wurden. Und ebenfalls noch nie, konnte ein solcher Kritiker wirklich korrekt wiedergeben, was genau er dem Kapitalismus eigentlich vorzuwerfen hätte. Die traurige Wahrheit ist, noch kein Kapitalismus-Kritiker wusste, was Kapitalismus wirklich bedeutet.

Was man über den Kapitalismus vielleicht wirklich beschreibend sagen kann, das ist der Umstand, dass er sich durch das

Vorhandensein von Privatbesitz, Risiko und Wettbewerb definiert. Dies wäre überhaupt nichts Besonderes und keiner Erwähnung wert, wenn wir in Amerika im Jahre 1900 leben würden und das Zusammenspiel von Privatbesitz, Risiko und Wettbewerb allgemein bekannt wäre. Aber so ist es leider nicht und daher muss ich das Zusammenspiel dieser drei Elemente erläutern.

Wie bereits erwähnt, kommt der Privatbesitz nicht von alleine. Bereits diese einfachste aller Grundlagen ignorieren die Kapitalismus-Kritiker rigoros. Für sie sind alle reichen Menschen entweder verwöhnte Erben oder zu unrecht reich bzw. unverhältnismäßig reich. Abgesehen davon, dass es niemandem zusteht, sich eine solche Beurteilung anzumaßen, dürfte diese Annahme auf Privatunternehmer zu 99,99 % nicht zutreffend sein. Für diese steile These sorgt und reicht für mich schon mein laienhaftes Wissen über die Hürden, die der Staat einem Unternehmensgründer heutzutage in den Weg legt. Was man sich vor Augen führen muss ist, dass ein Gründer zumeist ganz alleine anfängt. Er oder sie hat eine Idee, macht ein Konzept und geht in das finanzielle Risiko des Fehlschlages und Komplettverlustes. Der Gründer eines Unternehmens schuftet sich, in aller Regel, in den ersten Jahren den Buckel krumm und kann aus dem Unternehmen nur das Geld herausziehen, welches am Monatsende übrigbleibt. Im Vergleich dazu haben es die Angestellten einfacher. Sie kommen und gehen und machen ihren Job, OK. Aber sie halten am Ende des Monats selbstverständlich auch die Hand auf, vollkommen unabhängig, wie erfolgreich das Unternehmen in diesem jeweiligen Monat, gelaufen ist. Der Unternehmer muss, selbst in den richtig guten Monaten, immer im Hinterkopf behalten, dass es auch schlechte Monate geben kann. Es ist ihm, in der Anfangszeit, nur im außergewöhnlichen Erfolgsfall möglich, sich große Summen auszubezahlen. Diesen riskanten und anstrengenden Werdegang des Unternehmers hat kein Kapitalismus-Kritiker auf dem Zettel. Ebenso wenig, die relative Bequemlichkeit des Angestelltendaseins.

Im Erfolgsfall wird vieles davon nicht besser, sondern eher schlimmer. Warum? Mit dem Wachstum des Unternehmens wächst auch das Kapital und somit das Risiko. Wer viel hat, kann viel verlieren. Es steht immer mehr auf dem Spiel und das ist vielleicht der richtige Zeitpunkt, an dem man mit dem kapitalistischen Sinnbild von Dagobert Duck im Geldspeicher, aufräumen muss. Der Unternehmer hat keinen solchen Geldspeicher! Der Unternehmer sieht sein Unternehmen selbst als Wertspeicher, d. h. als Existenzgrundlage. Erst in dem Moment, in dem der Unternehmer sein Unternehmen verkauft, d. h. es an die Börse bringt, wird der Unternehmer zu Dagobert Duck. Aber genau ab diesem Moment ist der Unternehmer auch schon kein Kapitalist mehr, denn das Kapital des Unternehmens befindet sich dann nicht mehr in seinem Privatbesitz.

Dass der Unternehmer überhaupt darüber nachdenkt, sein Unternehmen an die Börse zu bringen, kann verschiedene Gründe haben. Einer der häufigsten Gründe für den Verkauf des Unternehmens ist das Risiko durch den Wettbewerb. Der Wettbewerb ist, in mehrerer Hinsicht, das regulierende Element, welches dem Kapitalisten die Hölle heiß macht. Es ist die größte aller Absurditäten, dass es heißt, der Wettbewerb und der Markt würden im Kapitalismus dazu führen, dass die Kapitalisten immer noch reicher und die Mitarbeiter immer noch mehr ausgebeutet würden. Diese Wahrnehmung ist derart verzerrt, dass man es kaum fassen kann. Das Gegenteil ist der Fall, aber das werde ich bei der folgenden Definition des Sozialismus noch näher erläutern.

Hier abschließend nur noch so viel: Eine willkürliche Ausbeutung der Arbeiter und Angestellten ist im Kapitalismus ebenso wenig möglich, wie Preiswucherei. Der nächste Schocker, ich weiß. Aber die Begründung ist erneut einleuchtend. Bei Wettbewerb geht es nicht nur um den preiswerten Verkauf von Produkten und Dienstleistungen, sondern eigentlich noch viel mehr um deren kostengünstige Herstellung. Da die Mitarbeiter ein entscheidender Faktor für die Produktivität des Unternehmens sind, stehen die Unternehmer ebenso im Wettbewerb um ihre Mitarbeiter wie um ihre Kunden. Wird das Produkt zu teuer, dann gehen die Kunden. Werden die Arbeitsbedingungen zu schlecht, dann gehen die Mitarbeiter. Das klingt so unglaublich einfach, weil es genau so unglaublich einfach ist. Aber eben nur in einer vollkommen freien Marktwirtschaft und sonst nirgendwo!

Ich könnte hier noch deutlich mehr zum Kapitalismus schreiben. Ich werde in den folgenden Kapiteln, gezwungenermaßen, immer wieder auf den Kapitalismus verweisen, um die fehlerhafte Verwendung dieses Begriffes weiter aufzuzeigen. Es ist nicht so einfach die Bedeutung eines Begriffes zu beschreiben, der eigentlich nur die Verneinung vieler anderer Begriffe ist, ohne dabei diese anderen Begriffe gleich mit zu erklären. Daher gehe ich jetzt weiter zur ersten echten Ideologie.

2.2 Kommunismus – die ehrliche Absurdität

Mit dem Kommunismus, als erster echter Ideologie zu beginnen, liegt auf der Hand. Er stellt, in seinem Extremismus, dem Kapitalismus das perfekte Gegenüber dar. Nicht so sehr auf der Hand liegen dürfte hingegen die Aussage, dass es einige Gemeinsamkeiten von Kapitalismus und Kommunismus gibt und mit ebendiesen möchte ich beginnen.

Der bereits erwähnte Extremismus, der den Kapitalismus sowie den Kommunismus vom Sozialismus unterscheiden, ist deren erste Gemeinsamkeit. Während der Kapitalismus die vollkommene Abwesenheit des Staates in einer freien Marktwirtschaft beschreibt, beschreibt der Kommunismus die vollkommene Abwesenheit jeglichen Privatbesitzes und jeglicher Freiheit in der Wirtschaft.

Die zweite Gemeinsamkeit wird viele Leser überraschen. Weder Kapitalismus noch Kommunismus existieren derzeit irgendwo auf dieser Welt. Während es realen Kapitalismus vor Jahrtausenden einmal gegeben hat, hat es hingegen noch niemals realen Kommunismus gegeben. Ich hoffe und behaupte, es wird ihn auch niemals geben. Im China unter Mao und im Russland unter Stalin gab es keinen Kommunismus. Auch das heutige China, mit seiner kommunistischen Volkspartei, ist nicht wirklich auf dem Weg in den Kommunismus. Die Umsetzung der kommunistischen Ideologie war bzw. ist in diesen Ländern immer unvollkommen geblieben. Während Mao und Stalin ein ganzes Stück näher dran waren, so muss man deutlich sagen, dass die Politik im heutigen China ein billiger, maoistischer Etikettenschwindel ist. Es hat in allen Ländern zu allen Zeiten immer ein letztes Stück Privatbesitz und wirtschaftliche Freiheit gegeben. Es gab immer einen gewissen Individualismus und selbst wenn er von außen erfolgreich und extrem unterdrückt wurde, so war er, im Inneren der Menschen, dennoch niemals vollkommen ausgelöscht. Dies ist letztendlich auch immer der Grund für den Misserfolg des Kommunismus gewesen und dies ist ebenso der Grund, warum er, meiner Meinung nach, niemals real existieren kann.

Die Ideologie des Kommunismus sagt nämlich nicht nur, dass der Staat, das Kollektiv, alles ist und das Individuum nichts. Der Kommunismus sagt auch, dass alle Menschen, die im Kommunismus leben, diese Ideologie als solche angenommen haben und aus ihrem Inneren heraus, als natürliche Form der Existenz betrachten würden. Die Behauptung einer solchen kollektivistischen Absurdität, bedarf heute eigentlich keiner weiteren Widerlegung mehr. Menschen sind individuell und das weiß heute einfach jedes Kind.

Die letzte, mir offensichtliche Gemeinsamkeit von Kapitalismus und Kommunismus, ist eine sehr traurige. Beide können nicht isoliert in einem einzigen Land oder auf einem einzigen Kontinent existieren. Beide Extreme können dauerhaft nur global existieren. Während dies die letzte Gemeinsamkeit ist, so hat diese wiederum eine gegensätzliche Begründung und zwar Emigration bzw. Immigration. In wenigen Worten erklärt heißt das, dass das kapitalistische Land in kürzester Zeit überbevölkert würde und das kommunistische Land entvölkert. Da sich in beiden Fällen zunächst die Elite der Bevölkerung in Bewegung setzen würde (weil die Elite einfach in allem schneller ist), würde das kapitalistische Land, früher oder später, von den nicht-kapitalistischen Ländern angegriffen und „zerstört" werden, da diese den Verlust ihrer Elite nicht dauerhaft hinnehmen könnten. Hierzu muss man sich nicht unbedingt einen atomaren Krieg vor Augen führen. Ein solcher Angriff kann auch durch ideologische Infiltration oder durch die Zerstörung des Geldsystems durchgeführt werden, so wie es, meiner Meinung nach, mehrfach in Amerika passiert ist. Im Falle des kommunistischen Landes, verlässt die Elite das Land. Dies führt zum Zerfall von innen, wie man eindrucksvoll am Beispiel der Sowjetunion beobachten konnte. Der kommunistische Staat versucht das mit Zäunen und Mauern zu verhindern. Aber selbst wenn man die Elite zum Bleiben zwingen kann, so zerfällt das Land dennoch in einer ideologisch begründeten Motivationslosigkeit eines jeden Individuums. Kapitalisten und Kommunisten müssen also beide den globalen Ansatz verfolgen.

Mehr als die Gemeinsamkeiten mit dem Kapitalismus, mögen vielleicht sogar meine positiven Worte über den Kommunismus überraschen. In seinem Extremismus hat der Kommunismus nämlich vor allem Eines und das ist seine erfrischende Offenheit. Natürlich meine ich das mit einer ordentlichen Portion Sarkasmus, aber in gewisser Weise werden Sie mir zustimmen müssen. Im Gegensatz zu den noch folgenden Ideologien, gibt der Kommunismus an keiner Stelle vor, irgendwie gemäßigt zu sein. Der Kommunismus ist extrem bis in den letzten Winkel, aber er leugnet das auch nicht. Bitte verstehen Sie das richtig. Ich sage nicht, dass frühere und heutige Politiker, die öffentlich die kommunistische Ideologie vertreten, den kommunistischen Extremismus offen aussprechen. Schön wäre es ja, denn dann hätte in der Vergangenheit jeder Kommunist sofort die Mistgabel im unteren Rücken gespürt. Ich rede von der nackten Ideologie und diese kennt eben einfach keine individuelle Freiheit. Einzelschicksale zählen nichts und ein paar Millionen Individuen für den „großen Schritt" des Kollektivs zu opfern, war, im Zuge der kommunistischen Ziele, historisch immer ideologisch einwandfrei.

Der Einzelne bekommt vom Kommunismus keinen Wohlstand versprochen, denn der Einzelne existiert im Kommunismus gar nicht. Er bekommt folgerichtig, überhaupt nichts versprochen. Der Einzelne bekommt auch kein Stückchen Privat-Wurst vor die Nase gehängt, nur um diese durch eine alternativlose Zwangsdiät namens „Austerität", von Jahr zu Jahr schrumpfen zu sehen. Steuern existieren im Kommunismus einfach nicht, weil der Einzelne einfach nichts besitzen darf, was der Staat besteuern könnte. Individuelle Freiheit, Privateigentum, Wohlstand, all das sind offene und ehrliche Fehlanzeigen. Man erzählt nämlich, dass genau diese Dinge das Leben des Kollektivs zerstören würden und daher abzulehnen sind. Das mag aus abendländlicher Sicht pervers sein, zugegeben. Aber es ist wenigsten ehrlich, zumindest wenn man richtig hinsieht bzw. zuhört.

Die kommunistische „Lüge“ steckt in einem einzigen, verführerischen Slogan. Er lautet: „Allen gehört alles.“ Das war es schon. Leider lautet aber die ernüchternde Schlussfolgerung dazu: „Wenn allen alles gehört, dann gehört dem Einzelnen gar nichts.“

Um der „sympathischen“ Beschreibung des Kommunismus nun aber ein Ende zu machen, kommen wir auf dessen Problem zu sprechen. Den Elefanten im Raum, den ich bis hierhin ausgeblendet habe. Dieser sieben Tonnen Bulle heißt natürlich Staat und an dieser Stelle hört der „Spaß“ auf lustig zu sein. Gewalt und Überwachung wären in einem kommunistischen Staat selbst dann notwendig, wenn sich dieser, in einem globalen Szenario, keinen Fluchtgefahren seiner Elite ausgesetzt sähe. Das liegt einfach in der Fehlannahme, dass dem Menschen der Individualismus auszutreiben wäre. Das Individuum ist dem Kommunist, was der Gottlose dem Exorzist ist. Aber natürliche Urzustände sind dem Menschen nicht auszutreiben, nicht einmal temporär.

Ein weiteres zentrales Problem des kommunistischen Staates ist, dass er nicht halten kann, was er verspricht und zwar per Definition schon im allerersten Grundsatz nicht. Der erste Grundsatz ist, dass allen alles gehört und dass dementsprechend alle im Kollektiv gleich sind. Hiergegen verstößt der Staat aber fundamental bereits im allerersten Moment durch die Definition und Schaffung seiner selbst. Durch den Staat entsteht im Kommunismus eine Zweiklassengesellschaft, die man am besten unterscheidet durch die Beschreibung: „Die Parteimitglieder, die die Macht haben und deren Sklaven, die nichts haben.“ Durch vorgegaukelte materialistische Enthaltsamkeit, versuchen die Politbüro-Bonzen Gleichheit zu suggerieren. Am Ende des Tages konnte diese kollektive Fassade noch nirgendwo auf Dauer aufrechterhalten werden. Aber selbst wenn wir eine, im Ursprung wahrhaftige, kommunistische Führung unterstellen wollten, so wäre diese auf Dauer zum Scheitern verurteilt. Denn auch diese ideale kommunistische Führungsriege bestünde aus Individuen und deren Nachfolgern, die, früher oder später, aus dem Kollektiv ausbrächen.

Das Thema Planwirtschaft will ich an dieser Stelle nicht besprechen, denn die Planwirtschaft ist keine kommunistische, sondern eine sozialistische Erfindung. Der Kommunismus muss die Planwirtschaft zwangsweise adaptieren, da er keine private Marktwirtschaft zulassen kann. Der Kommunismus ist ohnehin keine Ideologie mit überwiegend wirtschaftlichem Schwerpunkt. Der Kommunismus zielt, im Rundumschlag, auf alle gesellschaftlichen Aspekte ab. Sein Gegenüber ist daher noch eher der Libertarismus als der wirtschaftsorientiertere Kapitalismus. Der Kommunismus ist ebenso stark an der Bestimmung bzw. Zerstörung von Kultur und Religion interessiert. Die Kultur, weil sie die Formung des Individuums fördert, die sogenannte Selbstverwirklichung. Die Religion, weil sie eine alternative Ideologie und somit eine verbotene Alternative zum Staat bietet. Natürlich klingen all diese Themen auch im Sozialismus an, aber der kommunistischen Ideologie kann man, wenigstens in ihrer vollkommenen Absurdität, noch ein Stückchen Glaubwürdigkeit schenken. Ein überzeugter Kommunist kann es mit der Abschaffung von Marktwirtschaft, Kultur und Religion, zumindest theoretisch, ernst und ehrlich meinen. Beim Sozialismus ist jegliche Glaubwürdigkeit seiner Vertreter seit Ewigkeiten zerstört. Nicht zuletzt durch die weitläufige Bekanntheit seines unzähligen Scheiterns.

Abschließend ein Satz zum Anarcho-Kommunismus. Nichts zeigt die Notwendigkeit von sauberen Begriffsdefinitionen deutlicher auf, als die Verzweiflung, aus der solche Kunstbegriffe wie „Anarcho-Kommunismus" entstehen. Wenn man nicht weiß, was Anarchie bedeutet und/oder wenn man nicht weiß, was Kommunismus bedeutet, dann kann man zu der Erkenntnis kommen, dass es so etwas wie Anarcho-Kommunismus geben könnte. Wenn man aber saubere Begriffsdefinitionen hat, dann weiß man, dass Anarchie die Auflehnung gegen den Staat bedeutet. Ebenso weiß man, dass Kommunismus die Übertragung aller Macht und Besitztümer auf den Staat bedeutet. Das Paradoxon wird einem also auf Anhieb sichtbar. Wenn man aber unsaubere Begriffsdefinitionen mit sich herumträgt, dann kann man den Begriff „Anarcho-Kommunismus“ womöglich so verstehen, dass man den Staat abschafft, sämtliche Besitztümer auf die Menschen der Gesellschaft verteilt und diese Menschen, in der natürlichen Ungleichheit des Individuums, bei natürlicher Gleichheit vor dem Recht, wirtschaften lässt. Diese monströse Satzverschachtelung beschreibt am Ende des Tages aber keinen neuen ideologischen Hype, sondern einen alten Bekannten: Den Kapitalismus. Kein Staat, ungleiche Individuen und gleiches Wirtschaftsrecht für alle. Der Begriff des „Anarcho-Kommunismus“ beschreibt das mathematische Prinzip: „Minus mal Minus ergibt Plus.“

2.3 Sozialismus – das Herz des Parasiten

Der Sozialismus hat viele Facetten und Strömungen. Häufig ist die Rede vom Geld-Sozialismus, Kultur-Marxismus usw. und wenn man sich intensiver mit Ideologien beschäftigt, dann haben alle diese Bezeichnungen auch ihre Berechtigung. Wenn man sich jedoch eher oberflächlich mit diesen Begriffen beschäftigt, dann ist die Gefahr sehr groß, die Orientierung zu verlieren. Die Kunst, z. B. in einer hitzigen Diskussion, ist es, auch bei noch so vielen Emotionen, die Ruhe zu bewahren und seine Worte bedacht und präzise zu wählen. Die Vielfalt der Begrifflichkeiten ist hierbei, selbst für Fortgeschrittene, häufig eine verbale Überforderung. Dieses Buch soll eher als Grundlagenarbeit verstanden werden und weniger als vollständige Begriffsbibliothek. Ich möchte eher eine kleine Hilfestellung bieten, um in einer Diskussion die Übersicht zu behalten. Wer mit Begriffsvielfalt glänzen möchte, der muss sich einen Hoppe kaufen.

Ich will mich daher auf die wirtschaftlichen Aspekte des Sozialismus konzentrieren und ich versuche nur Themen anzusprechen, die sich mit der Ökonomie bzw. der Volkswirtschaft beschäftigen. Es geht mir perspektivisch darum, die weit verbreiteten Missverständnisse zwischen Kapitalismus und Sozialismus aufzuzeigen, d. h. zu zeigen, dass zu 99 % der Kapitalismus für Dinge verantwortlich gemacht wird, die der Sozialismus verursacht.

Wie weit der Sozialismus in einer bestimmten Gesellschaft fortgeschritten ist, kann man nicht exakt bemessen. Aber zur Veranschaulichung, stellen Sie sich eine analoge Tachoanzeige, von 0 %-100 %, vor. Die Tachonadel misst den Grad der Enteignung und Regulierung durch den Staat. Wenn die Nadel 0 % anzeigt, dann gibt es keine Enteignung durch Steuern und eine vollkommen freie Marktwirtschaft, d. h. Kapitalismus. Wenn die Nadel 100 % anzeigt, dann gibt es kein Privateigentum und eine vollkommene Planwirtschaft, d. h. Kommunismus. Jede Anzeige dazwischen, d. h. von 1 %-99 %, bedeutet teilweise staatliche Enteignung und Regulierung, d. h. Sozialismus. Man mag sich also streiten, wo der

Sozialismus weiter fortgeschritten ist. In Deutschland, in Russland, in China oder in den USA? Ich meine das wirklich ernst, ich könnte es Ihnen nicht ad hoc beantworten. Eines ist aber definitionsgemäß sicher: In jedem der genannten Länder ist die aktuelle wirtschaftspolitische Ideologie, vollkommen eindeutig und zweifelsfrei, der Sozialismus. Darüber kann es keine zwei Meinungen geben. Es gibt in diesen Ländern auch keinen irgendwie gearteten Restkapitalismus. So etwas kann es definitionsgemäß nicht geben. Wer so etwas sagt, der meint, dass es ja schon noch einen Rest Privatbesitz und freie Marktwirtschaft gibt und das stimmt auch. Aber das bedeutet, per Begriffsdefinition, eben ganz genau nicht Kapitalismus und ebenso wenig Kommunismus. Ein Rest, d. h. 1 %-99 % Privatbesitz und freie Marktwirtschaft, einhergehend mit Enteignung und Regulierung, bedeutet per Definition exakt eines: Sozialismus.

Mein persönliches Bild des Sozialismus ist das eines stark wachsenden Monster-Parasiten, der mittlerweile so groß geworden ist, dass er einen langen Schatten über das gesamte Land wirft. Diesen wachsenden Parasiten können Sie gleichsetzen mit dem wachsenden Staatseinfluss während die Verdunklung des Landes vom Verschwinden der wirtschaftlichen Freiheit zeugt. In seinen Anfängen spielte der Staat lediglich den ritterlichen Beschützer im Mafia-Style, aber aus diesen Kinderschuhen ist der Fußpilz längst herausgewachsen. Der Parasit dringt weiter und tiefer vor, in alle Lebensbereiche der erkrankten Gesellschaft und nur äußert selten und punktuell, kann er wieder zurückgedrängt werden. Für die endlose Ausuferung dieses parasitären Wachstums gibt es kein besseres Beispiel als den modernen Wohlfahrtsstaat. Dieses Paradebeispiel sozialistischer Entgleisung wird hoffentlich auch den Kollaps des Sozialismus und der Sozialdemokratie herbeiführen. Kein Parasit kann endlos weiter wachsen.

Der Begründer des theoretischen Sozialismus, wie ich ihn hier beschreibe, ist natürlich Karl Marx, der Begründer und Namensgeber des Marxismus. Man kann ein solches Buch nicht schreiben, ohne auf den fatalen Ur-Fehler der marxistischen Lehre hinzuweisen. Es wäre schlicht eine grobe Unterlassungssünde. Darüber hinaus bietet die Aufklärung des Fehlers gleichzeitig eine nette Einleitung für das wahre Zusammenspiel von Unternehmern und Angestellten bzw. Arbeitern. Aber der Reihe nach: Die Ur-Aussage von Marx ist die, dass es (als ein Ergebnis der industriellen Revolution) eine neue Zweiklassengesellschaft gibt. Diese neue Zweiklassengesellschaft besteht auf der einen Seite aus den Kapitalisten (private Unternehmensbesitzer) und auf der anderen Seite dem Proletariat (Arbeiter). Richtig daran ist, dass es tatsächlich eine Zweiklassengesellschaft gibt. Falsch ist hingegen, dass sich diese durch die industrielle Revolution gebildet haben soll und dass sich Unternehmer und Arbeiter in unterschiedlichen Klassen befinden würden.

Die Wahrheit ist, dass es diese Zweiklassengesellschaft lange zuvor bereits gegeben hat und dass Unternehmer und Arbeiter schon immer die eine Klasse darstellen und Politiker und Adlige die andere. Was die industrielle Revolution bewirkt hat, war zweierlei. Erstens fand eine Verwandlung der zweiten Klasse statt, d. h. aus Grundbesitzern und Bauern wurden zunehmend Unternehmer und Arbeiter. Zweitens entstand ein bislang unbekannter Wohlstand in ebendieser Klasse, was der herrschenden, der „adligen" ersten Klasse, absolut missfiel. Marx nutzte sozusagen die Gunst der Stunde, um die tatsächlichen Verhältnisse komplett umzudeuten. Er erfand den ausbeutenden Kapitalisten als eine eigene Klasse und den ausgebeuteten Proletarier als dessen Gegenpol in der anderen. Die Herrscherklasse trat bei Marx nur noch als ausgleichendes Element auf, welches die berühmte „soziale Gerechtigkeit" wiederherstellen sollte. Marx nahm Politik und Adel also elegant aus dem Klassenkampf heraus und definierte den Kapitalisten als die neue erste Klasse und den Arbeiter als die zweite. Nicht nur der Sozialismus war so geboren, sondern auch der böse Gegner, der Kapitalismus. Diesen gab es vorher überhaupt nicht, da man ihn vorher nicht als Sündenbock brauchte. Und so wurden aus den zwei vorindustriellen Klassen, Adel und Bauern, drei neue Klassen. Die beiden neuen Kampfklassen wurden, wie geschildert, gegeneinander positioniert. Bzgl. der dritten Klasse erlaubte sich Marx, auf dem vermeintlichen Schlachtfeld, einen gigantischen schwarzen Fleck. So blieb die Herrscherklasse ab sofort im konfliktfreien Raum, sozusagen im ideologisch neutralen Off. Allerdings dort nicht passiv, sondern als Retter des Proletariats, im Sinne der sozialen Gerechtigkeit.

Wozu das Ganze? Nun, die wahre alte wie neue erste Klasse, die Herrscherklasse, brauchte die Arbeiter auf ihrer Seite, um sie als Druckmittel gegen die immer unabhängiger und einflussreicher werdenden Unternehmer einsetzen zu können. Diese kamen, inakzeptabler Weise, immer häufiger nicht aus den Reihen der Adligen. Dies war auch die Geburtsstunde der professionellen Gewerkschaften, aber dazu später mehr. Aber wie stellt man das an? Wie bekommt man die Arbeiter auf seine Seite, wenn man den Arbeitern selbst nichts mehr bieten kann? Divide et impera, teile und herrsche! Nie war diese Kriegslist so erfolgreich wie in diesem Beispiel. Der Sozialismus hat das Kunststück fertiggebracht, den Arbeitern zu erzählen, sie würden – ausgerechnet von ihren Arbeitgebern – ausgebeutet und sie müssten sich dagegen wehren. Die Arbeiter hingegen vergaßen schnell, dass sie freiwillig und dankbar von der harten Feldarbeit in die Fabriken gekommen waren. Nur zu schnell hatten sie sich an den neuen Lebensstandard gewöhnt, den sie sich durch den Fabriklohn leisten konnten. Der immense Reichtum, den sich erfolgreiche Unternehmer erarbeitet hatten, wurde als generell verwerflich und unlauter verurteilt. Der im Menschen innewohnende Neid, hat dann sein Restliches getan.

Das Paradigma des bösen Kapitalisten, dem der Staat nicht genug Eigentum enteignen kann, um es dem armen ausgebeuteten Arbeiter zu geben, hat bis heute Bestand. Dass der Unternehmer häufig der war, der am meisten geschuftet hat und das unternehmerische Risiko trug, das fehlt im marxistischen Märchen. Noch seltener wird darin erwähnt, dass der Arbeiter einen Wohlstandsschub erfuhr, den er in 100 Jahren Feldarbeit nicht hätte erfahren können. Der Beweis dafür ist nicht zuletzt in der Bevölkerungsexplosion seit dieser Zeit zu sehen.

Es ist eine zentrale Erkenntnis, dass es der Kapitalismus (und nur der Kapitalismus) vermag, für alle Marktteilnehmer eine Win-Win-Situation herzustellen. Der Arbeiter bietet sein Produkt an, die Arbeitskraft. Den Lohn für diese Arbeitskraft legt der Arbeiter selbst fest und wenn der Unternehmer nicht bereit ist, diesen Lohn zu bezahlen, dann sucht sich der Arbeiter einen anderen Unternehmer. Kurzer Einschub: Diese Betrachtungsweise kommt Ihnen unrealistisch vor, weil sie Ihnen vollkommen fremd ist. Das liegt daran, weil Sie in einem sozialistischen und nicht in einem kapitalistischen Land leben – Einschub Ende. Der Unternehmer bietet seinerseits, im Tausch für die Arbeitskraft des Arbeiters, einen Lohn an. Aber der Unternehmer muss, durch die Arbeit des Arbeiters, am Ende mehr Geld haben, als er dem Arbeiter für dessen Arbeit bezahlt, sonst macht der Unternehmer durch den Arbeiter Verlust und das wäre unrentabel bzw. anti-unternehmerisch. Wenn der Arbeiter 1.000€/Monat vom Unternehmer erhält, dann muss der Unternehmer, durch die Arbeit des Arbeiters, mindestens 1.001 €/Monat mehr verdienen als ohne ihn. Der Arbeiter muss für sich selbst mit den 1.000 € aber auch zufrieden sein. Ansonsten sucht er sich einen Arbeitgeber, der mehr zu bezahlen bereit ist. Wenn der Arbeiter niemanden findet, der bereit ist, mehr zu bezahlen, dann hat er den maximalen Wert für seine Arbeit gefunden. Dieser Wert hat einen sehr wichtigen Namen und dieser Name lautet „Preis". Für den Unternehmer gilt dasselbe auf der Verkaufsseite. Er muss berechnen, für welchen Wert er sein Produkt verkaufen will. Wenn ein Käufer bereit ist 20 € für das Produkt zu bezahlen und kein anderer Käufer ist bereit 21 € zu bezahlen, dann hat er ebenso den Preis für sein Produkt gefunden. Hier findet keine Ausbeutung oder Wucher oder sonst irgendetwas statt. Hier findet das statt, was der Sozialismus auf allen Ebenen der Wirtschaft unterbindet: Eine marktwirtschaftliche Preisfindung auf der Basis von Angebot und Nachfrage. Der Sozialismus meint, Fairness durch den Staat herbeizaubern zu können, indem er den Preis für Arbeit und Produkte manipuliert. Das beste Beispiel hierfür ist der Mindestlohn, aber zu dieser Lose-Lose-Realität später mehr. Die hier eingangs erwähnte Win-Win-Situation ergibt sich, weil sich, durch Innovation, die Produktivität jedes einzelnen Arbeiters und somit des Unternehmens in Summe erhöht. Die Arbeit des Arbeiters wird wertvoller (sein Preis steigt) und die Produktionskosten des Produktes fallen, d. h. der Ertrag des Unternehmers steigt. Arbeiter und Unternehmer gewinnen also beide. In der Tat ist es sogar eine Win-Win-Win-Situation, denn in der Konsequenz fällt, durch die einsetzende Massenproduktion, sogar der Verkaufspreis. Der Kunde gewinnt somit ebenfalls. Produkte werden besser und billiger. Ein für alle wunderbares deflationäres Szenario, welches Sie aus dem Bereich der Flachbildschirme, Smartphones und Unterhaltungsindustrie exemplarisch kennen. Aber leider führen viele Menschen, auch sogenannte Ökonomie-Experten, diese Effekte nicht auf eine immer freier werdende asiatische Marktwirtschaft zurück, sondern auf kapitalistische Ausbeutung amerikanischer Technologie-Riesen, wie Apple und Microsoft. Vollkommen falsch. Fortschreitende Innovation führt zu höherer Produktivität und Qualität und dass der Unternehmer folglich Löhne steigern und Verkaufspreise senken kann, das ist nur logisch. Er muss es sogar tun, denn der Wettbewerb zwingt ihn auf beiden Seiten dazu. Dieser marktwirtschaftliche Prozess nennt sich Deflation und genau das war der kapitalistische Grundzustand, bevor der Sozialismus, genauer gesagt der Geld-Sozialismus im Umfeld der Wohlfahrtsgesellschaft, das Ruder übernommen hat. Seither steuert das Schiff in Richtung Inflation und Planwirtschaft. Die natürliche Preisfindung nach Angebot und Nachfrage ist so gut wie nirgendwo mehr anzutreffen. Der Parasit Staat hat heute fast überall seine schmarotzenden Finger drin.

Wie und an welchen Stellen der Sozialismus diesen Mechanismus zerstört, wird den Rest dieses Kapitels einnehmen. An dieser

Stelle den versprochene Einschub zu den Gewerkschaften. Es ist grundsätzlich nichts gegen Gewerkschaften zu sagen, denn ein freiwilliger Zusammenschluss von Arbeitern und gewählten Arbeitnehmervertretern kann, in erster Näherung, nichts Verwerfliches sein. Dasselbe gilt für Streiks. Wenn Arbeitnehmer entscheiden, nicht zu arbeiten und sich das Gehalt aus der zuvor freiwillig selbst gefüllten Gewerkschaftskasse zahlen zu lassen, dann ist das zwar schlecht für die Gewerkschaftskasse und den Unternehmer, aber der Unternehmer kann auf Zeit spielen, bis die Kasse leer ist oder den Forderungen nachgeben. Ferner kann er die Leute feuern und neue Leute einstellen. Bis hierhin ist alles freiwillig und fair und da die Situation in der Privatwirtschaft auch weitestgehend so abläuft, gibt es in der Privatwirtschaft selten lange Streiks. In der Privatwirtschaft steht, für alle Seiten, einfach zuviel auf dem Spiel. Der Arbeitnehmer kann den Job verlieren. Die Gewerkschaft kann ihre Anhänger verlieren und pleitegehen. Aber der entscheidende Punkt ist, der Unternehmer kann seine Kunden verlieren, denn diese wechseln einfach zum Wettbewerb, wenn der Laden streikt. Aus diesen Gründen findet sich in der Privatwirtschaft, meistens schnell eine Einigung und von daher ist gegen Gewerkschaften im Privatsektor nichts zu sagen. Vollkommen anders sieht es aber mit Gewerkschaften im öffentlichen Sektor aus. Wenn der Arbeitnehmer einen Beamtenstatus und der „Unternehmer" das Staatsmonopol innehat, dann kann weder der Arbeitnehmer seinen Job verlieren, noch kann der „Unternehmer" seine Kunden verlieren. Hier machen sich Gewerkschaften auf dem Rücken der Steuerzahler wichtig und zwar entweder, indem sie Gehaltsforderungen durchdrücken, die der Steuerzahler aufbringen muss oder indem Sie die Leistungen des Staates herunterfahren, z. B. bei Bahnstreiks, ohne dass der Bürger einen alternativen Anbieter zur Auswahl hätte. Würde es demzufolge im Kapitalismus ebenso private Gewerkschaften geben? Sehr gut möglich. Würde es öffentliche Gewerkschaften geben? Natürlich nicht, da es keine staatlichen Unternehmen geben würde.

Merkmal#1 – Enteignung durch Steuern
Es ist eine der gleichzeitig wichtigsten und unbekanntesten Tatsachen der Welt. Daher muss sie unbedingt hervorgehoben werden:

DER STAAT ERWIRTSCHAFTET KEIN GELD!

Der Staat hat eine und wirklich nur diese eine Art an Geld zu kommen und diese eine Art, das ist die Enteignung seiner Unternehmen und Bürger durch Besteuerung. Diese Besteuerung existiert ausschließlich im Sozialismus und es sei an dieser Stelle erlaubt zu sagen, dass es sich, bei der Enteignung durch Besteuerung, nicht um einfachen Diebstahl, sondern um schweren Raub handelt. Der Unterschied zwischen Diebstahl und Raub ist die Androhung oder Anwendung von Gewalt und der Staat ist, von seinem gesamten Wesen her, nur auf Gewalt ausgelegt. Ich komme dazu in meinen Beispielen noch sehr detailliert zu sprechen.

Anbei eine kurze Auflistung der unterschiedlichen Steuerarten. Nicht, um Sie zu langweilen, sondern um Ihnen zu zeigen, wie vielfältig diese Beraubung stattfindet (mehr dazu auf www.steuerarten.com):

» Direkte Besteuerung von Unternehmens-Umsatz/-Gewinn

» Direkte Besteuerung von Arbeiter-/Angestellten-Einkommen

» Nachgelagerte Besteuerung von bereits besteuertem Einkommen, z. B. MwSt., Stromsteuer, Tabaksteuer, Mineralölsteuer, Hundesteuer

» Integrierte produktverteuernde Steuern, z. B. Zölle, Lohnnebenkosten, CO2-Zertifikate

» Zukunftssteuern der kommenden Generationen durch Staatsschulden in Billionen-Höhe

Wenn Sie 60 % Ihres Bruttogehaltes von 10.000 € auf das Konto bekommen, dann haben Sie theoretisch noch 6.000 € zum Ausgeben. Wenn Sie davon komplett Waren mit 20 % MwSt. kaufen würden, dann hätten sie nochmal 1.200 € an Steuern bezahlt, d. h. in Summe 5.200 €. Aber leider stimmt das so auch nicht, denn die Unternehmen, von denen Sie diese ganzen Produkte gekauft haben, die mussten bereits auch schon Steuern bezahlen. Was glauben Sie, wo sich diese Unternehmen das Geld für diese Steuern geholt haben? Natürlich bei Ihnen bzw. den Verkaufspreisen, der von Ihnen gekauften Produkte. Und diese Unternehmen mussten noch viel mehr bezahlen, z. B. Anwälte, um die Auflagen der Regulierung zu erfüllen, Zölle für den Import der Rohstoffe, Lohnnebenkosten ihrer Mitarbeiter. Was glauben Sie, wer das alles bezahlt? Es kann nur einer bezahlen und das ist immer und ausschließlich der Endverbraucher mit seinem bereits versteuerten Einkommen. Sie müssen sich das ein für alle Mal klarmachen. So, wie der Staat nur Steuern als „Einkommen“ hat, so haben Unternehmen nur den Endverbraucher als Einkommensquelle. Folglich landen sämtliche Kosten, die einem Unternehmen durch den Staat entstehen, bei Ihnen, dem Endverbraucher. Der Parasit hängt wirklich überall an Ihrem Körper. Das ist absolut widerlich, oder?

Viele Menschen glauben, dass ihnen ihr Arbeitgeber nur deshalb so viel Bruttogehalt bezahlt, weil der Arbeitgeber weiß, wieviel Abzüge darauf kommen und deshalb nicht viel Netto übrig bleibt. Diese Menschen glauben daher, sie bekämen wahrscheinlich deutlich weniger Bruttogehalt, wenn der Staat die Steuern massiv senken würde. Das würde aber nur stimmen, wenn der Staat ausschließlich die Einkommensteuern der Arbeitnehmer senken würde, denn das könnte den Arbeitgeber in der Tat veranlassen, an der Bruttoschraube zu drehen. Im Idealfall jedoch, d. h. der Abwesenheit aller Steuern, würden die Bruttogehälter sogar steigen und es wäre Netto = Brutto. Warum? Weil alle Steuerbelastungen, auch die auf der Arbeitgeberseite entfallen würden. Importe, Energiekosten, Personalkosten, alles wäre extrem viel günstiger. Das Unternehmen müsste seine Umsätze und Gewinne ebenfalls nicht mehr versteuern. Lohnnebenkosten würden verschwinden bzw. der Arbeitnehmer könnte sie behalten, da der Arbeitgeber sie nicht mehr an den Staat abführen müsste. Last but not least würden auch die Endverbraucherpreise fallen, denn die Produzenten müssten keine Steuer- und Regulierungsaufschläge mehr obendrauf hauen. Jeder Arbeitnehmer hätte also deutlich mehr Netto und gleichzeitig würden die Preise im Supermarkt und an der Tankstelle in den Keller gehen. Kurzum: Eine heute nicht vorstellbare Win-Win-Situation für alle. Außer für den parasitären Staatsapparat und unsere ehrenwerten Schmarotzer-Politiker natürlich.

Leider sind wir von einem Richtungswechsel, hin zu dieser gesunden Wirtschaftspolitik, weiter entfernt denn je. Wir bewegen uns auf der Tachonadel weiter weg von der Null und näher heran an die Hundert. Der sozialistische Staat ist aber gerissener als der kommunistische. Er weiß, dass eine Annäherung an 100 % Enteignung und Regulierung unweigerlich zu Aufstand und Rebellion führt. Der „perfekte" sozialistische Staat besteuert und reguliert seine Bürger und Unternehmen gerade an der Grenze, an der er das Maximum an Beute und Einfluss abschöpfen kann und die Bevölkerung gleichzeitig gerade noch ruhig bleibt. Die Bevölkerung fühlt sich auch nicht wie im Sozialismus. Bürger und Unternehmer haben immer noch einen gefühlten Rest an Privateigentum und wirtschaftlicher Freiheit. Sie glauben in diesen Resten ihre Rechte wieder zu erkennen. Ihre Rechte auf Eigentum und Freiheit, aber diese sind nur eine Illusion. In Wahrheit sind dies keine Rechte, sondern vom Staat gewährte Privilegien, die der Staat jederzeit weiter entziehen kann. Ein Recht ist aber ein Recht, weil es eben nicht von irgendwem entzogen werden kann. Da der Staat aber jeden Tag am Steuer- und Regulierungsrädchen drehen kann, haben Sie kein Recht auf irgendetwas. Sie haben auch keinen echten Privatbesitz und das erkennen Sie z. B. ganz einfach an Ihrer Immobilie. Zahlen Sie einfach mal ein paar Monate keine Grundsteuer oder streichen Sie Ihr Dach mal neongelb. Im Sozialismus hat der Staat einfach überall seine klebrigen Finger drin und Ihre Freiheit ist nahezu reine Illusion. Glauben Sie, Sie haben ein Recht auf Ihre Rente? Rufen Sie doch mal in Berlin an und verlangen Sie Ihre einbezahlten Beiträge zurück. Oder verlangen Sie eine beglaubigte Urkunde über den Tag und die Höhe der tatsächlichen Auszahlung zum Renteneintrittsalter. Im Sozialismus sind Rechte eine gut inszenierte Fantasievorstellung.

Um es abschließend nochmals ganz einfach und deutlich darzustellen:

Kommunismus:
100 % – Privateigentum ist vollständig verboten

Sozialismus:
1-99 % – Privateigentum ist lediglich ein Privileg

Kapitalismus:
0 % – Privateigentum ist unantastbares Recht

Merkmal#2 – Macht durch Regulierung
Der moderne Ersatz für das Wort Planwirtschaft lautet „Regulierung". Regulierung bedeutet nichts anderes als staatliche Einmischung in ökonomische Prozesse. Die Einmischung des Staates in die Wirtschaft hat, gerade in Deutschland, ein unbeschreibliches Ausmaß angenommen. Im Sozialismus ist es mit der Regulierung wie mit der Besteuerung. Man lässt dem Unternehmer noch ein gefühltes Stückchen an Gestaltungsfreiheit innerhalb seines Unternehmens. Im Großen und Ganzen sagt allerdings der Staat wo es langgeht. Das hat mehrere Dimensionen.

Die erste Dimension ist die Ausweitung der Macht durch immer neue sogenannte Zuständigkeiten. Der Staat erfindet irgendwelche Notwendigkeiten und übernimmt, im selben Moment, die „Verantwortung" für deren Überprüfung und Einhaltung, z. B. Hygieneschutzbestimmungen in der Gastronomie. Als wäre der Restaurantinhaber nicht selbst der Erste, der seinen Gästen eine gesunde Mahlzeit anbieten möchte, erfindet der Staat, aus dem Nichts, eine allgemeine Überwachungsfunktion. Ab diesem Moment gängelt er den Inhaber mit regelmäßigen Kontrollen. Dazu kommen Auflagen für die Mindestanzahl von Toiletten, Waschbecken, Seifenspendern, Arbeitskleidung, Feuerlöschern, Pausenzeiten, Mindestlohn usw.

Die zweite Dimension ist auch hier wieder, das wuchernde Wachstum. Alle diese Auflagen müssen niedergeschrieben, aktualisiert und verwaltet werden. Darüber hinaus müssen Sie kontrolliert und selbstverständlich auch geahndet werden. Busgelder und evtl. Verfahren müssen durchgesetzt werden und ehe man sich es versieht, muss es einen neuen Ausschuss geben, der diese ganzen staatlichen Machenschaften in der Hygieneaufsicht einer Revision unterzieht. Wenn nämlich auffällt, dass es weniger Verstöße und Busgelder gibt, dann liegt es nahe, dass Schmiergelder von den Gastronomen an die Ordnungshüter bezahlt werden. Ja ne, is' klar.

Die dritte und schwerwiegendste Dimension ist die der Schaffung von Quasi-Monopolen in einer modernen Planwirtschaft durch die Hintertür. Konzerne mit tiefen Taschen sind, durch Bestechung von Politikern, in der Lage bestimmte Richtungen in der Regulierung vorzugeben. Wenn der größte Konkurrent bei der Herstellung seiner Produkte z. B. eine bestimmte Chemikalie verwendet, dann muss man diese Chemikalie, einfach per Regulierung, verbieten lassen. Oder wenn man einer bestimmten Energieform den Markteintritt ermöglichen will, dann muss man hierfür per Regulierung sogenannte „Anreize" schaffen. Das nennt man dann tatsächlich „Anreizregulierung", aber es ist eben nur ein neumodisches Wort für Planwirtschaft. Der Staat will, aus welchen niederen Gründen auch immer, dass Produkt A anstatt Produkt B gekauft wird und somit wird Produkt A und dessen Hersteller subventioniert und Produkt B und dessen Hersteller zurückreguliert.

Die vierte und letzte Dimension ist der dritten sehr ähnlich. Allerdings auf einer anderen Ebene noch dramatischer, nämlich auf der kreativen Zukunftsebene. Jedes Mega-Unternehmen hat einmal klein angefangen und ist dann zum Riesen aufgestiegen. Die Regulierung erlaubt es heute aber, den bereits bestehenden Riesen, potentielle Zukunftsgegner frühzeitig auszuschalten oder erst gar nicht in den Markt eintreten zu lassen. Wenn ein Konzern in Deutschland feststellt, dass ein kleiner Mittelständler, z. B. in den USA oder in China, deutlich günstiger und hochwertiger produziert, dann muss der deutsche Konzern nur herausfinden, wie der ausländische Betrieb das macht. Der deutsche Konzern berechnet dann einfach was billiger ist. Die eigene Produktion auf das ausländische Verfahren umzustellen und so den technologischen Rückstand aufzuholen. Oder den entsprechenden Politiker in Brüssel oder Berlin zu schmieren und ein Regulierungsgesetz einführen zu lassen. Ein passendes Gesetz, welches so gestaltet ist, dass der ausländische Wettbewerber sein Produkt nicht einführen kann, weil er den neuesten gesetzlichen Produktionsauflagen nicht entspricht. Diese Eintrittshürden für aus- wie inländische Unternehmen zerstören jede Innovation. Das passiert natürlich nicht nur in Deutschland. Das passiert überall auf der Welt, wo dieser Regulierungswahnsinn herrscht. Diese Regulierungswut, gekoppelt mit der extremen Besteuerung, sind die beiden Hauptgründe, warum kein inländischer wie ausländischer Leistungsträger in Deutschland ein Unternehmen gründen möchte. Der in Deutschland real existierende Sozialismus schreckt die globale Elite von Deutschland ab.

Das beschriebene Zusammenspiel von staatlichen Regulierungsbehörden und Großkonzernen wird Kooperatismus (auch Korporatismus) genannt. Es handelt sich dabei um die letzte Vorstufe zum Faschismus. Der Übergang ist quasi fließend. Im Deutschland des Jahres 2020 haben wir zwar keine Panzer auf den Straßen. Dafür haben wir ein absolut krankes und kriminelles Zusammenspiel von Staat, Konzernen, Medien und Polizei. Politiker gehen in Konzernen ein und aus und sitzen in den bestbezahltesten Sesseln der Aufsichtsräte. Der Staat hält gigantische Aktienpakete von Banken und Konzernen und die Geldpolitik der Zentralbanken halten unzählige Aktiengesellschaften am Leben, wie eine Beatmungsmaschine einen Todgeweihten. Dazu kommt die 100%ige Immunität der Zentralbank und ihrer Mitarbeiter. Last but not least ist der Rechtsstaat auf allen Augen blind und eine vierte Gewalt in Form einer staatskritischen Mainstream-Presse gibt es nicht mehr. Während Gutmenschen und Normalbürger immer noch auf den Kapitalismus schimpfen, ist der Weg vom Sozialismus, hin zum offenen Faschismus, quasi frei. Bildhaft gesprochen hält, der dümmlich drein grinsende, Marx die Flöte des Rattenfängers gerade wieder hoch und wartet nur darauf, dass der nächste Hitler-Mao-Stalin-Nachfolger kommt und sie ihm aus der Hand nimmt.

Bevor ich zum bereits erwähnten Faschismus komme, möchte ich hier abschließend noch zwei Themen unterbringen. Zum einen will ich eine weit verbreite Fehlannahme aufklären und dann, zum

Abschluss des Kapitels, will ich Ihnen darstellen, wie die Menschen den Sozialismus meiner Meinung nach wirklich betrachten sollten.

Eine wirklich weit verbreitete Fehlannahme, die ich immer wieder höre, ist die, dass die Lobbyisten der Großkonzerne schuld an den o. g. Auswirkungen des Kooperatismus seien. Es seien z. B. die Lobbyisten der Pharmaindustrie, die schuld sind an den Medikamentenverordnungen, den exorbitanten Medikamentenpreisen oder den Machenschaften bei der Patentvergabe. Richtig ist, dass es diese Lobbyisten gibt und dass sie, mit viel Geld, Einfluss nehmen auf die Politik in Brüssel, Berlin und überall sonst auf der Welt. Aber verstoßen diese Lobbyisten oder die Konzerne dadurch gegen irgendwelche Gesetze? Oh ja, ich höre schon die Gutmenschen schreien: „Moral, Moral …“ Es mag moralisch nicht einwandfrei sein, was die Lobbyisten und die Konzerne tun. Aber man muss sich doch einmal fragen, warum sie es tun bzw. warum sie es überhaupt tun können! Die Antwort lautet: „Weil der Staat existiert und die Gesetze so macht, wie er sie macht.“

In einem kapitalistischen System wäre niemand da, den der Lobbyist bestechen könnte. Es würde gar keine Lobbyisten geben. Es wäre ein Wettkampf unter Gleichen. Im Sozialismus ist das aber anders. Im Sozialismus findet auch ein Wettkampf statt. Das Problem ist aber, dass der Staat in diesem Wettkampf selbst eine Doppelrolle hat und zwar die des Sportverbandes und des Schiedsrichters zugleich. Der Staat macht die Regeln und versucht für deren Einhaltung zu sorgen. Aber das wahre Problem dabei ist, dass die Konzern-Mannschaften seine Regeln deutlich besser verstanden haben, als der Staat selbst. Das liegt daran, weil die Konzerne immer noch dem Wettbewerb untereinander ausgesetzt sind und dieser sozialistische Krüppelwettbewerb reicht aus, um den monopolverwöhnten Staat an die Wand zu spielen. Die Politiker in Brüssel sind den Lobbyisten in allen Belangen unterlegen. Ein Politiker kann auf legalem Weg niemals soviel Geld verdienen und er hat sich mit den Gesetzestexten und den Lücken darin, bei weitem nicht so auseinandergesetzt. Es ist aber nicht der Lobbyist, der die Bestechung möglich macht. Ich wiederhole mich: Ohne Staat, ohne Brüssel und ohne EU-Abgeordnete wäre eine Bestechung nicht möglich. Der Lobbyist macht die Spielregeln nicht, er ist lediglich ein athletischer Spieler, der mit allen Wassern gewaschen ist. Es ist der träge Schiedsrichter, der die Einladung zum Essen annimmt, den Umschlag einsteckt und das Gesetz entsprechend anpasst und einreicht, ohne es je verstanden zu haben. Glauben Sie auch nur eine Sekunde, dass ein Politiker nicht schon vor dem Essen weiß, was der Vertreter des Pharmakonzerns von ihm will, wenn er seine Einladung zum Abendessen akzeptiert. Ich bitte Sie. Lobbyisten sind unmoralisch, manipulativ, nennen Sie es, wie Sie wollen. Aber Sie zwingen niemanden per Staatsgewalt zu irgendwelchen Taten. Das tun Politiker per Gesetz und das sind die wahren Übertäter.

Sozialismus in der Nussschale

Wie sollten Sie den Sozialismus also meiner Meinung nach wirklich sehen? Zunächst einmal ganz simpel in der Unterscheidung zum Kapitalismus, d. h. Sozialismus ist, wenn Staat ist. Kapitalismus ist, wenn kein Staat ist. Wenn jemand über den Staat schimpft, dann muss er reflexartig von Ihnen zu hören bekommen, dass er – per Definition! – niemals über den Kapitalismus schimpft. Da man Kommunismus und Faschismus, zumindest heute noch nahezu ausschließen kann, schimpft der Staatskritiker also mit einer Wahrscheinlichkeit von 99,99 %, über die politische Ideologie namens Sozialismus. Wenn Sie jemanden über Milliardäre, Banker, Hedgefonds, Konzerne und Lobbyisten schimpfen hören, dann schimpft er ebenfalls zu 99,99 % über den Sozialismus. Vielleicht schimpft er über Personen und deren Fehlverhalten im Sozialismus und meint dabei den von mir beschriebenen Kooperatismus. Das ist sogar sehr wahrscheinlich und vielleicht sogar, an der ein oder anderen Stelle, moralisch nachvollziehbar. Aber der tatsächliche Hauptangeklagte in allen diesen, meist von Gutmenschen geführten, Gerichtsverfahren, ist und bleibt der sozialistische Staat.

Sozialismus ist nicht nur DDR und der Mangel an Bananen, wie es Volker Pispers Sie gerne glauben machen möchte. Sozialismus ist der Wolf im Schafspelz. Ein schmarotzender Parasit, der Ihnen erzählt, er tue im Rahmen des Wohlfahrtsstaates alles in seiner Macht stehende, für die Herbeiführung sozialer Gerechtigkeit. In Wahrheit raubt er Ihr Eigentum per Besteuerung und untergräbt die unternehmerische Freiheit durch Regulierung. Dabei wächst er immer weiter, finanziert durch Steuer- und Zentralbankgeld, welches die kommenden Generationen kaum abbezahlen werden können. Der Sozialismus ist die wahre Geißel der Menschheit. In seinem bösen Wesen, nur noch durch seine tatsächlich angewandten Formen zu überbieten.

2.4 Faschismus – der Sozialismus mit Führer

Auch wenn der Faschismus ein Ismus ist, so stellt er dennoch keine neue Ideologie dar. Ich will damit nicht sagen, er wäre inhaltlos, wie man es auf Wikipedia z. B. lesen kann. Der Faschismus ist in meinen Augen, keine eigene Ideologie, sondern einfach nur eine von mehreren Arten des angewandten Sozialismus. D. h. Faschismus ist angewandter Sozialismus. Dasselbe trifft auf den Republikanismus und den Parlamentarismus zu, aber dazu mehr im nächsten Kapitel.

Der Begriff des Faschismus leitet sich aus dem italienischen Wort „fascio" ab. Dieses Wort bedeutet auf Deutsch so etwas wie „Bund". Wenn sich ein Sozialist also für jemanden hält, der aufgrund seiner Ideologie sozial ist, dann könnte man vielleicht sagen, dass sich ein Faschist für verbunden hält. Da Ideologien aber genau wegen dieser Verbundenheit überhaupt erst existieren, ist es nur folgerichtig, dass der Faschismus, von der Begriffsdefinition her, schon gar keine eigenständige Ideologie sein kann bzw. sein will. Was würde es für einen Sinn machen, eine neue Ideologie zu erfinden und diese dann im Namen exklusiv auf Verbundenheit auszurichten, wo doch alle Ideologien auf Verbundenheit ausgerichtet sind? Man würde seine Ideologie beinahe obsolet machen. Nein, der Faschismus bringt den Sozialismus ideologisch bereits mit und setzt nur noch etwas oben drauf.

Der Faschismus ist also keine neue Ideologie, sondern in Wahrheit eine sozialistische Regierungsform, nicht mehr und nicht weniger. Das „fascio", d. h. der Bund bzw. die Verbundenheit, gilt jedoch nicht der Ideologie selbst, sondern dem Hauptmerkmal dieser besonderen Form der Ideologie. Dieses Hauptmerkmal ist der zentrale Führer, d. h. der Diktator und die bedingungslose Verbundenheit gilt vor allem ihm. Faschismus bedeutet also: Angewandter Sozialismus in einer Diktatur. Bzgl. der Definition des Begriffes und den realen Auswirkungen auf die Wirtschaft, bleibt hier nur noch der Militäraspekt zu erwähnen. Während andere sozialistische Regierungsformen nicht auf offene Gewalt durch Polizei und Militär setzen, hält sich der Faschismus genau an dieser Stelle nicht zurück. Das Prinzip der Drohung, welches ich im kommenden Kapitel ausführlich besprechen werde, kommt hier offen zur Geltung. Wenn man so will, kann man dem Faschismus hier einen Funken Ehrlichkeit zu Gute schreiben.

Wir halten fest: Faschismus = Sozialismus + Diktator

Ich möchte die Gelegenheit nutzen, um an dieser Stelle den Dualismus zwischen den politischen Richtungen rechts und links zu diskutieren. Ich halte das deshalb für eine sehr spannende Diskussion, weil die meisten Leute mit der Rechtskeule um sich schlagen, ohne richtig definieren zu können, was rechts eigentlich bedeutet. Eine Linkskeule existiert indes gar nicht in der öffentlichen Diskussion und das, obwohl der Links-Begriff deutlich einfacher zu definieren ist. Ebenso müsste die entsprechende Kritik ungleich häufiger Anwendung finden. Dass unsere Mainstream-Medien am 1. Mai und bei verschiedenen Gipfeltreffen auf dem linken Antifa-Auge blind sind, soll hier nur eine Randbemerkung bleiben.

Die historische Herleitung der Begriffe rechts und links haben mit der Sitzordnung des französischen Parlamentes, zu Anfang des 19. Jahrhunderts, zu tun. Dort saßen links die oppositionellen Frühsozialisten und rechts die Monarchie und Adel erhaltenden Reaktionäre. Weder heute, noch zu der Zeit der Weimarer Republik, dürfen Sie den Begriff „rechts“ so verstehen.

Behalten Sie bitte bei den nächsten Absätzen die folgende These im Hinterkopf: Der Begriff „rechts“ ist heute nur noch der Blitzableiter und Sündenbock für den Begriff „links“, d. h. analog dem Kapitalismus für den Sozialismus.

Ich denke, wir sind uns alle einig, dass man den Sozialismus als die monumentale linke Ideologie bezeichnen darf. Wenn wir uns hierauf nicht verständigen können, dann kommen wir in der gesamten Diskussion nicht weiter. Ich setze daher an dieser Stelle den Ausgangspunkt. Sozialismus ist links! Aber was ist dann bitte rechts? Einfach nur Kapitalismus? Ich denke wir sind uns auch hier einig: Nein!

Erlauben Sie an dieser Stelle einen Ausflug zum faschistischen Musterbeispiel, dem Nationalsozialismus unter Adolf Hitler. Der große zeitgenössische Gegenspieler Hitlers war Stalin, ein Kommunist. In der Ideologie des Kommunismus steckt der Begriff der Kommune und wir haben ja gesehen, dass das Kollektiv die Zielgruppe des Kommunismus ist. In dieser Hinsicht war Hitler zu 100 % Kommunist, denn auch er hatte keinen Sinn für individuelle Schicksale. Das Volkswohl stand über allem. Man könnte daher die Ideologie Hitlers, die auch gern als Hitlerismus bezeichnet wird, in dieser isolierten Betrachtung, als Nationalkommunismus bezeichnen. Es spielt aber letztlich überhaupt keine Rolle, denn der Kollektivismus wohnt dem Sozialismus genetisch inne und daher ist es alles linker Gen-Müll.

Während Hitler in seinen öffentlichen Reden nicht an Kapitalismuskritik sparte, war er in Reden im engeren Kreis auch anders zu hören. Hitler wusste die Kraft von Konkurrenz und Wettbewerb durchaus zu schätzen, der Auslese des Stärkeren im Sinne des darwinistischen Prinzips war er zugeneigt. Allerdings nur so lange, wie die im Wettbewerb stehenden Unternehmer seinen übergeordneten Anweisungen folgten. D. h. Hitler gab eine Planwirtschaft vor, vor allem zu Kriegszeiten, ließ innerhalb der Planwirtschaft jedoch Wettbewerb zu. (Buchtipp: Dr. Dr. Zitelmann „Hitler: Selbstverständnis eines Revolutionärs“).

Erinnern Sie sich an den Sozialismus-Tacho? 1 %-99 % ist Sozialismus, denn wenn Staat ist, dann ist kein Kapitalismus. Adolf Hitler war also definitiv kein Kapitalist, sondern Sozialist. Das sagt ja bereits offen der Name der Partei:

NSDAP = NationalSozialistische Deutsche ArbeiterPartei

... aber aufgepasst ...

SPD = Sozialdemokratische Partei Deutschlands

Erinnern Sie sich an die lang vergessene Zeit, in der man die Leute sagen hörte, die SPD sei die Partei des deutschen Arbeiters? Ja, ich meine die Zeit vor Gerhard Schröder. Wenn wir dementsprechend dieser SPD noch das A für Arbeiter spendieren, wogegen sich die SPD selbst heute offiziell kaum wehren dürfte, dann passt NSDAP und SPD+A schon ganz gut zusammen, oder? Bis eben auf das N für National. Ist also der nationale Aspekt die absolute Negation alles Linken? Wird der komplette linke Sozialismus, von einer Sekunde auf die andere, um 180 Grad auf rechts gedreht, wenn man ihn ausschließlich auf seine eigene Nation bezieht? Ganz falsch scheint das nicht, denn immerhin ist der Titel der linken Kampf-Hymne „Die Internationale" ganz im Gegensatz zu „Deutschland, Deutschland über alles." Aber ist es so simpel? Hängen wir dem linken, angeblich weltweit offen ausgerichteten Sozialismus, einfache eine nationale Rassismus-Schleife um und schon wird er zum rechten …???... ja, was eigentlich?

Zu was wird der Sozialismus, wenn er von links zu rechts wechselt? Dazu müssen wir uns für eine Sekunde nochmal vor Augen führen, was Sozialismus eigentlich bedeutet. Sozialismus bedeutet Enteignung und Regulierung durch den Staat. Was meinen Sie, ist Enteignung und Regulierung besser, wenn man sie weltweit anstrebt? Oder sind diese staatlichen Ziele nicht eher einzusehen und tolerierbar, wenn der verantwortliche Politiker sich wenigstens auf die Zerstörung seiner eigene Nation beschränkt?

Sie haben Recht. Es geht nicht um besser oder schlechter, sondern um rechts oder links. Also zurück zum Thema. Erinnern Sie sich, als ich mein Bedauern ausgedrückt habe, dass es leider eine Gemeinsamkeit von Kapitalismus und Kommunismus ist, dass beide nur global existieren können. Ich komme an dieser Stelle darauf zurück. Ebenso auf meinen Hinweis, Sie mögen bitte die Blitzableiterfunktion des Begriffes „rechts" in Erinnerung behalten. All das kommt jetzt hier zusammen. Der Trick ist nämlich erneut, dass sich der Begriff „rechts“ überhaupt nicht durch eigene Inhalte definiert. Auch nicht durch Rassismus oder Nationalstolz. Der Begriff „rechts“ wird lediglich zur Abgrenzung genutzt und zwar für alles, was Anti-Links ist bzw. mit was die Linke nichts (mehr) zu tun haben will, wie z. B. mit Adolf Hitler. Marxisten, Kommunisten, Sozialisten, sie alle waren und sind links. Hitler war durch und durch Sozialist und hat sich von Marx und Stalin nur in bestimmten Aspekten abgegrenzt. Er war mehr ein Bewunderer als ein Gegner dieser linken Ikonen. Ebenso hatte Hitler etliche Bewunderer in der weltweiten Linken. Waren Hitler und seine Ideologie rechts, weil er ein Diktator war? Nein. Auch Josef Stalin, Pol Pot und Mao Zedong waren Diktatoren und Faschisten. Aber niemand wird behaupten, dass diese Herren Rechte waren.

Es bleibt tatsächlich nur der nationale Aspekt. Aber will man jetzt ernsthaft behaupten, dass dieser Aspekt so schwer wiegt, dass er inhaltlich aus „links“ etwas vollkommen anderes macht? Ich meine, bleibt ein national orientierter und rassistischer Sozialist deswegen nicht dennoch ein Sozialist? Doch, genau das bleibt er und genau das will der Sozialist nicht wahrhaben. Der Sozialist will mit dem Nationalsozialist nicht in eine Schublade gesteckt werden. Es ist dem Sozialist äußerst unangenehm, dass der Nationalsozialist genetisch die identische politische Ideologie in sich trägt. Diese Ähnlichkeit ist für den Linken unerträglich und deshalb musste der Gegenbegriff neu geprägt werden. Der „Rechts“-Begriff, die schwammige Abkürzung „Nazi“, inkl. der Nazikeule und allem Drum und Dran.

Ich denke, Sie erkennen das Muster wieder. Was dem Sozialisten nicht passt, das kommt in einen großen Sack mit der plakativen Aufschrift „Kapitalismus“. Was dem Linken nicht passt, das bekommt kurzerhand das Label „rechts“. Was Kapitalismus und „rechts“ ist, das wird nicht definiert. Zur Deklaration des absolut Bösen, muss das Wissen genügen, dass der Kapitalismus nicht sozialistisch und der Rechte nicht links ist.

Ich schließe dieses Kapitel mit einem vielsagenden Zitat eines Ur-Faschisten:

„The Socialists ask what is our program? Our program is to smash the heads of the Socialists." – Godfather of fascism, Benito Mussolini.

2.5 Demokratie – der hinterhältige Sozialismus

Was für den Faschismus der Führer ist, das ist für den Parlamentarismus der Kanzler, mit den Ministern und für den Republikanismus der Präsident, mit den Abgeordneten. Am Ende des Tages sind sie allesamt schmarotzende Sozialisten. Soviel vorab.

Ebenso wenig wie der Faschismus, ist auch die Demokratie keine eigenständige Ideologie. Auch die Demokratie ist eine sozialistische Regierungsform, d. h. angewandter Sozialismus. Das gilt nicht nur für die Sozialdemokratie, sondern für absolut jede Demokratie, die sich einen Staat gönnt. Die Demokratie steht jedoch noch eine Ebene tiefer als der Faschismus. Die Ebene, die sich noch zwischen dem Sozialismus und der Demokratie befindet, nennt sich Parlamentarismus oder Republikanismus. Diese beiden Ismen stehen auf einer Ebene mit dem Faschismus, direkt unter dem Sozialismus. Ich gehe darauf jetzt nicht tiefer ein, denn es sind alles nur verwandte Spezies derselben parasitären Ideologie. Wir haben, meiner Meinung nach, wirklich genug über den Sozialismus erfahren. Da wir aber in einer Welt leben, in der die Demokratie die unantastbare, heilige Kuh darstellt, will ich mich an dieser, zu guter Letzt noch, ausgiebig vergreifen.

Das zentrale Erkennungszeichen der Demokratie ist das Ritual der sogenannten „Wahl". Das wiederkehrende Ritual der Wahlen stellt ein unglaublich mächtiges Werkzeug zur Kontrolle des bürgerlichen Aberglaubens dar. Durch die Zusammenkunft und gemeinsame Ausführung, wird den Bürgern ein starkes Gefühl von Verbundenheit und individueller Teilhabe vermittelt. Es stimmt auch. Menschen, die an demokratischen Wahlen teilnehmen, verbindet etwas. Leider nichts Gutes. Was die meisten Menschen nicht verstehen, das ist die tatsächliche Auswirkung, die ihre Teilnahme an den Wahlen hat. Die Menschen glauben es sei bedeutend, einer bestimmten Partei oder Person, seine Stimme zu geben. Sei es, weil man diese Partei besonders gut findet oder weil man alle anderen Parteien besonders schlecht findet. Die Wahrheit ist aber, dass es bei demokratischen Wahlen um etwas vollkommen anderes geht.

Es spielt in Wahrheit überhaupt keine Rolle, wem Sie ihre Stimme geben. Wichtig ist einzig und allein, dass(!) Sie ihre Stimme an der Wahlurne abgeben. Achten Sie auf die deutliche Sprache: „Sie geben Ihre Stimme ab", d. h. Sie haben sie anschließend nicht mehr. Der Begriff der „Urne" ist ebenfalls vielsagend. Kurzum, mit der Teilnahme am Ritual haben die Wähler alle gemeinsam, dass sie damit ihre individuelle Stimme in einer Urne begraben haben. Genau das ist der Zweck des Rituals der Wahl.

Die mit weitem Abstand wichtigste Zahl, im Rahmen einer Wahl, ist die Wahlbeteiligung. Während die treudoofen Wähler noch gespannt auf die Hochrechnungen warten, lehnen 99 % der Staatsparasiten längst entspannt im Wohnzimmersessel. Bei einer Wahlbeteiligung von 70 % ist nämlich, für 99 % des Staatsapparates, klar, dass sich absolut nichts verändern wird. Ja, für einzelne Minister wird es vielleicht eng und es gibt vielleicht sogar einen Umbau an der Regierungsspitze. Aber das bringt kaum einen Beamten in irgendeine Form von Stress. Die Steuergelder fließen weiter in die Ministerien und von dort in alle Zweige und Verästelungen des gigantischen Staatskraken. Dass Politikern dieser Fakt bewusst ist, kann man an einem rhetorischen Trick erkennen. Bei mir persönlich löst dieser Trick immer einen kleinen Brechreiz aus, weil ich weiß, die meisten Menschen fallen auf diesen billigen Trick herein. Es handelt sich um das Geschwafel vom sogenannten „Wählerauftrag". Noch während die Hochrechnungen laufen und die Wahlbeteiligung noch nicht ganz klar ist, treten die Spitzenpolitiker vor die Kameras und schwafeln vom „Auftrag der Wähler zur Regierungsbildung." Vielleicht achten Sie bei der nächsten Wahl einmal darauf. Die Politiker versuchen damit von ihrer eigenen Machtgeilheit abzulenken und sich selbst in eine passive Rolle zu setzen. Das tut vor allem Not, weil es ja seit Jahrzehnten keine absoluten Mehrheiten mehr gibt. Durch das Geschwafel vom „Wählerauftrag" wird suggeriert, dass es ja der Wähler sei, der die Partei dazu beauftragt, einen regierungswilligen Koalitionspartner zu finden. Das ist so billig. Jetzt funktioniert es natürlich nur, wenn die generelle Wahlbeteiligung hoch ist. Hätten wir bei einer Bundestagswahl nur eine Wahlbeteiligung von 40 % und eine CDU hätte davon 30 %, dann wären das insgesamt gerade einmal 12 %(!) der Wahlberechtigten. In Anbetracht solcher Zahlen noch von einem Regierungsauftrag der Wähler zu sprechen, bedarf schon einer Menge Koks in der Elefantenrunde.

Aber was den Menschen leider noch weniger bewusst sein dürfte, das ist die Tatsache, dass Demokratie, per Definition, die Unterdrückung von Minderheiten bedeutet. In einer Demokratie werden Mehrheiten gesucht. Diese Mehrheiten stellen dann die Regierung und diese sagt, wo es lang geht. Die Minderheit kann zwar opponieren, aber am Ende des Tages ist es, was es ist: Die Unterdrückung des Willens der Minderheit. Aber hören wir in diesen unsäglichen Talkshows nicht immer, dass es in einer modernen Gesellschaft eben genau darum geht, dass Minderheiten nicht unterdrückt werden dürfen? Sind Rassismus und Diskriminierung nicht der Krebs in unserer demokratischen Zivilisation? Und doch ist die Demokratie die unantastbare, heilige Kuh, obwohl sie, per Definition, dem Prinzip folgt: „Die Mehrheit siegt!" Passt das für Sie? Also für mich ist das widersprüchlich und wenn man genau hinschaut, dann ist es sogar noch viel schlimmer.

Die Bundes- und Landesregierungen der parlamentarischen Demokratie Deutschlands unterdrücken nämlich nicht die Minderheiten, sie unterdrücken sogar die Mehrheiten! Selbst bei einer Wahlbeteiligung von 70 % und einem Stimmanteil einer Koalition von 60 %, kommt die Regierung laut „Wählerauftrag" (*würg*) nur auf minderwertige 42 % der Wählerstimmen. Wenn Sie dann noch die fatalen Alleingänge so mancher Spitzenpolitikerin in Betracht ziehen, die sie ohne Abstimmung in der Koalition durchzieht, dann landen Sie wo? Sie landen irgendwo zwischen einer Diktatur und einer demokratischen Minderheitenregierung, die, per Definition, über 50 % ihrer Bevölkerung unterdrückt. An dieser Stelle ein libertärer Glückwunsch an alle Wählerinnen und Wähler in diesem schönen Lande.

Bitte verstehen Sie, dass alles, was Sie in der Vergangenheit über Ihre Teilnahmepflicht an Wahlen gelernt haben, Staats-Propaganda war. „Wer nicht wählt, der wählt rechts", „Wer nicht wählen geht, der darf sich hinterher auch nicht beschweren", „Wählen, das ist erste Bürgerpflicht", „Millionen von Menschen sind im Kampf für das Wahlrecht gestorben, also nimm es wahr, sonst war deren Tod umsonst". All diese Sprüche habe ich von meinen Eltern, Lehrern und aus den Medien auch gelernt. Es ist erfolgreiche, generationsübergreifende Propaganda, sonst nichts.

Kommen wir nun zum nächsten Lügengebäude der Demokratie, dem Tempel mit den drei Säulen, namens „Gewaltenteilung". Wie so oft, so hat auch in diesem Fall mein früher Instinkt Recht behalten. Lange bevor ich libertär wurde, hat mir mein Instinkt gesagt, dass es keine echte Gewaltenteilung sein kann, wenn eine Entität, namentlich der Staat, alle drei Gewalten unter sich hat. Genauso ist es natürlich auch und ich denke, das muss ich an dieser Stelle nicht wirklich im Detail ausführen. Ich möchte Ihnen vielmehr darstellen, was die Gewaltenteilung in meinen Augen wirklich ist. Meiner Meinung nach ist die Gewaltenteilung in Wahrheit nur eine faule Verantwortungsverschiebung. Was ich damit meine ist, dass es mit der Gewaltenteilung und der Exekutive genauso ist, wie in einem Restaurant mit dem Bedienungspersonal. Sie haben in einem Restaurant eine Menge Leute, die für die Qualität des Essens, für die Geschwindigkeit der Zubereitung und für die Preise verantwortlich sind. Sie haben den Lokalbesitzer, den Chefkoch, die Küchenhilfe, den Barkeeper, usw. Es ist am Ende aber keiner der Genannten, der sich dem Ärger des Gastes ausgesetzt sieht, wenn das Essen verspätet und überwürzt auf dem Tisch landet. Es ist die Bedienung, die am wenigsten für den Mist kann, gleichzeitig aber den vollen Zorn des Gastes abbekommt. Wenn Sie hier von einer Gewaltenteilung sprechen möchten, dann wunderbar, denn genauso ist es bei unserem Staatsbetrieb. Die Gesetze machen Politiker, die Legislative. Die Rechtsprechung liegt in der Hand der Richter, der Judikative. Aber die Durchsetzung der Gesetze, die liegt in der Hand der Exekutive und das bedeutet, dass es den Beamten in der Exekutive vorbehalten ist, sich mit dem verärgerten Bürger auseinander zu setzen.

In der Exekutive arbeiten längst nicht nur Ordnungsbeamte und Polizisten. Jede Behörde, in die Sie hineinmarschieren, in der Sie irgendetwas beantragen können, z. B. das Finanzamt, das Bürgerbüro, etc. zählt zur Exekutive. Auch die Regierung zählt offiziell dazu, aber das halte ich, ehrlich gesagt, mehr für ein Lippenbekenntnis. Worauf ich hinaus will ist, dass von den wirklich Verantwortlichen keiner je dazu gezwungen ist, seiner Verantwortung gerecht zu werden. Kein gesetzgebender Beamter ist je dazu gezwungen, eine seiner Entscheidungen gegenüber dem Bürger direkt, Auge in Auge, zu vertreten. Dem Bürger wird, auf diese Art und Weise, die Möglichkeit zu jeglicher Warum-Frage elegant verwehrt. Erkennen Sie den feigen Trick? Jeder Polizist in der Exekutive, ja sogar jeder Richter und Staatsanwalt in der Judikative, kann sich immer hinter der Ausrede verstecken: „Entschuldigen Sie, aber ich mache die Gesetze nicht." Sie, als Opfer, können dem nicht einmal widersprechen, denn Sie wissen ja, dass es nicht gelogen ist. Die feigen Gesetzgeber sitzen in Brüssel und Berlin und stellen sich den Bürgern, deren Zorn und Fragen nicht.

Die feigen Polizisten setzen Ihre Befehle um und trauen sich nicht, ihre eigene Meinung und Einschätzung einfließen zu lassen. Polizisten tun so, als würden sie zu programmierten Robotern, sobald sie ihre Uniform anhaben. So, als würden sie, von einer Sekunde zur anderen, mit einem anderen Betriebssystem geladen und hätten mit der realen Welt nichts mehr zu tun. Was im Systemmodus „Privatleben" beim Kumpel vollkommen in Ordnung geht, z. B. das Rauchen eines Joints, das ist im Modus „Uniform" eine Ordnungswidrigkeit und muss geahndet werden. Wenn man den Polizisten dann darauf anspricht, dass das Rauchen eines Joints doch keinem schadet und dass das doch jeder schon mal gemacht hat, dann kommt: „Entschuldigen Sie, aber ich mache die Gesetze nicht."

Auch hier sehen wir wieder den Vorteil der wettbewerbsorientierten Privatwirtschaft. Stellen Sie sich vor, die Bedienung im Restaurant würde einen ähnlichen Spruch loslassen, z. B. „Entschuldigen Sie, aber ich koche das Essen nicht." Was denken Sie, was passieren würde? Ich muss es nicht ausführen, oder? Ich wünschte, ich könnte einmal an einem Nachbartisch sitzen, wenn ein Polizist nach 45 Minuten Wartezeit, ein eiskaltes Essen serviert bekommt. Er würde sich, vollkommen zu Recht, bei der Bedienung darüber beschweren. Die Bedienung würde allerdings souverän den Spruch raushauen: „Entschuldigen Sie, aber ich koche das Essen nicht." Es wäre eine filmreife Szene.

Ich habe mir lange überlegt, an welcher Stelle ich das nun folgende Thema unterbringen soll. Es scheint mir hier optimal zu passen, weil es in der Demokratie am heimtückischsten zum Einsatz kommt. Es geht um das allgemeine Wesen des Staates und das unbeschreiblich mächtige „Prinzip der Gewaltandrohung". Das gesamte Wesen des Staates basiert auf dieser Gewaltandrohung und zwar von dem Zeitalter des ersten Söldners, bis zum heutigen Sondereinsatzkommando. Wichtig ist, dass Sie erkennen, dass es sich dabei um eine Drohung, d. h. in erster Linie um eine mentale und nicht um eine physische Waffe, handelt. Der wahre Grund, aus dem Sie Ihren Strafzettel bezahlen, auch wenn Sie das jetzt im ersten Moment für absurd halten, ist, weil Sie fühlen, dass Sie mit Gewalt bedroht werden. Ihnen ist das nicht bewusst, wenn Sie den widerlichen Zettel an der Scheibe Ihres Autos sehen. Aber Ihrem Unterbewusstsein ist klar, dass Sie es hier mit einem Gegner zu tun haben, gegen den Sie nicht gewinnen können. Ein Gegner, der nicht nur ungleich mächtiger ist als Sie, sondern auch bekannt dafür ist, dass er vor keiner Eskalation zurückschreckt.

Spielen wir es kurz durch. Sie bezahlen den Strafzettel und die folgenden Mahnungen alle nicht. Irgendwann kommt der angekündigte Gerichtsvollzieher, aber Sie machen einfach nicht die Tür auf. Ihrer Bank schaffen Sie es irgendwie beizubringen, dass Pfändung nicht geht. Vielleicht können Sie es sich sogar erlauben, das

Konto temporär aufzulösen. Glauben Sie der Staat wird an dieser Stelle Ruhe geben? Nein, natürlich nicht. Der Gerichtsvollzieher kommt eines Tages wieder, mit zwei bewaffneten Polizisten, einem richterlichen Beschluss und vielleicht sogar einem freundlichen Herrn vom Schlüsseldienst, der Ihre Wohnung aufmachen soll. Die Gewaltandrohung durch die beiden Polizisten ist nun unverkennbar, denn was glauben Sie, was die beiden Uniformierten machen werden, wenn Sie sich deren Zutritt zu Ihrer Wohnung widersetzen? Meinen Sie, das Quartett wird von Dannen ziehen und Sie hören einfach nie wieder etwas von dem Strafzettel? Natürlich ist dieses Beispiel extrem, aber es wurden Menschen ins Gefängnis gesteckt, weil sie den GEZ-Beitrag nicht bezahlt haben. Solche Erfahrungsberichte und die tägliche TV-Darstellung der polizeilichen Gewalt, haben sich in Ihrem Unterbewusstsein festgesetzt. In unserer heiligen Demokratie, mit ihrer tollen Gewaltenteilung, kommt diese Gewaltandrohung natürlich in einem vollkommen unschuldigen, gar rechtschaffenden Kleid daher. Was tut also der Normalbürger? Er folgt seinem Angstinstinkt und bezahlt, bevor es überhaupt zu irgendeiner Eskalation kommt.

„Wer sich mit der Polizei anlegt ist selber schuld." Kennen Sie diesen dämlichen Spruch? Es ist der Spruch der Duckmäuser und Feiglinge. Menschen, die sich über den Staat und die Polizei aufregen, wo sie nur können, sobald es aber darum geht, dem Staat die Stirn zu bieten, ganz schnell den Schwanz einziehen. Ebenso der Spruch: „Staatliche Überwachung ist mir egal, ich habe nichts zu verbergen." Wie glücklich diese Menschen wohl wären, wenn der Gerichtsvollzieher mit einer Forderung über 5.000 € vor der Tür stünde. Dies mit der richterlich abgesegneten Begründung, die Analyse der Kontodatenbewegungen der letzten zwei Jahre habe ergeben, dass dieser persönliche Beitrag zur Tilgung der Staatsschulden verkraftbar sei.

Erlauben Sie mir an dieser Stelle noch ein Wort zur allgemeinen Gesetzgebung. Im Zusammenspiel mit dem Prinzip der Gewaltandrohung können Sie sehr leicht verstehen, warum das gesamte

Wesen des Staates, auf augenscheinlich legalem Wege, unendlich kriminelles Wachstum zulässt. Der Staat erlässt im Rahmen irgendeines Anlasses, z. B. dem Ausbruch eines Corona-Virus, irgendein Gesetz. Dieses Gesetz mag im ersten Schritt vielleicht sogar Sinn machen. Die Maßnahme wäre vielleicht auch in einer libertären Gesellschaft zur Umsetzung gekommen, sagen wir z. B. die temporäre Aufstockung von Betten in Intensivstationen. Das Problem ist aber, dass der Staat hier nicht aufhört, sondern überhaupt erst anfängt. Der Staat sieht nämlich, in der Umsetzung jeder Maßnahme, eine weitere Chance, seine Macht auszuweiten. Er tut dies, indem er argumentiert, dass es nicht nur wichtig sei, diese konkrete Maßnahme umzusetzen. Er behauptet weiter, dass es ebenso in seine Zuständigkeit fällt, alle Rahmenbedingungen zu schaffen, die diese Maßnahme unterstützen. Gleichzeitig müsse er sämtliche Eventualitäten bekämpfen, die dieser Maßnahme im Wege stehen könnten. Es reicht also nicht, dass das Krankenhaus mehr Betten bereitstellt. Oh nein. Zusätzlich erdreistet sich der Staat, die Aufnahme von Nicht-Coronapatienten zu verbieten. Darüber hinaus führt der Staat eine Meldepflicht über die Auslastung der Betten ein und zwar exakt mit Frist, bis zu welcher Uhrzeit diese Meldung vorzuliegen hat. So geht das weiter und weiter. So bekommen Behörden Zugriff auf Informationen und Zuständigkeiten, wo sie früher an Hürden wie Datenschutz, Privatsphäre und fehlender Befugnis gescheitert wären. Diese Entwicklung nennt man, vollkommen zu Recht, „Totalitarismus" und niemand freut sich mehr über solche Entwicklungen, als unsere Politiker in den jeweils zuständigen Ministerien.

Damit kommen wir dann endlich zu unseren verehrten Staatsvertretern, den lieben Damen und Herren Politikern. Bevor ich Ihnen meine Meinung über diese Menschenklasse mitteile, möchte ich Ihnen erneut eine Sache vergegenwärtigen. Nur für den Fall, dass es Ihnen vielleicht für einen Moment aus dem Fokus geraten ist. Es geht noch einmal um die Tatsache, dass der Staat absolut kein Einkommen erwirtschaftet. Es ist wichtig dies nochmals deutlich zu unterstreichen, denn folglich bedeutet es natürlich auch, dass unsere Politiker kein Einkommen erwirtschaften. Sie „arbeiten" ja für den Staat. Wenn der Staat kein Einkommen generiert, dann tun es seine Beamten und Mitarbeiter natürlich auch nicht. Sie verkörpern ja den Staat. In der Konsequenz bedeutet das natürlich, dass andere Menschen, d. h. Sie und ich, alle Politiker und deren Ministerien finanzieren und zwar über Steuern.

Wo Sie das hier so lesen, denken Sie wahrscheinlich, dass Sie das ja eh schon wussten und selbstverständlich weiß das eigentlich auch jeder. Aber wenn es wirklich jeder so genau wüsste und auch stets in seinem Kopf präsent halten würde, wie kann dann all das sein? Wie kann es sein, dass die Menschen so ruhig bleiben, wenn Politiker mit dem Geld anderer Leute, mit Ihrem und meinem Geld, nur so um sich werfen? Mir als Libertärem kommt die Galle hoch, wenn ich einen Politiker über Staatsausgaben jeglicher Art reden höre. Ich habe den Eindruck, die meisten Menschen da draußen bekommen die Verbindung, zwischen Ihrer exorbitanten Einkommensteuer und den verschwenderischen Staatsausgaben, einfach nicht mehr hin. Das hat wahrscheinlich mehrere Gründe.

Einer der Gründe dürfte sein, dass unsere Politiker heute eine derart arrogante Art an den Tag legen, dass der Normalbürger sich kaum traut die Frage zu stellen, ob unsere Steuern dafür eigentlich gedacht und sinnvoll eingesetzt sind. Wenn sich ein Regierungsmitglied, ein Bundesminister oder ein Ministerpräsident eines Bundeslandes, vor die Kamera stellt und darüber prahlt, dass man entschieden hätte, Milliarden von Euro für irgendwelche Programme auszugeben. Wissen Sie, was ich da denke? Ich denke: „Warum tust du widerlicher Parasit so, als wäre das dein Geld?" Oder: „Wie kommst du Arroganzling dazu zu glauben, dass die Steuerzahler mit dieser Entscheidung einverstanden sind?"

Diese Damen und Herren haben, in den allermeisten Fällen, noch nie einen Tag in Ihrem Leben in der freien Wirtschaft gearbeitet. Somit auch noch nie einen selbst verdienten Euro an Steuern einbezahlt. Sie schmarotzen in ihre eigenen Taschen, Monat für

Monat, von unserem Steuergeld in Form von üppigen Regierungsgehältern. Darüber hinaus geben sie hunderte von Steuermilliarden aus, für die vermeintliche Lösung von Problemen, die sie zu 90 % selbst überhaupt erst durch ihre Politik geschaffen haben. Es werden Ämter und Behörden geschaffen, um andere Ämter und Behörden dabei zu unterstützen, wieder andere Ämter und Behörden zu kontrollieren. Das ist kein Krisenmodus, wie man uns immer wieder erzählen will. Diese Sonderausschüsse und Beiräte, die werden nicht spontan geschaffen und wieder abgeschafft, um temporäre Notsituationen zu lösen. Das ist gesteuertes, parasitäres Wachstum des Staatsapparates. Oben in der Nahrungskette stehen die Spitzenpolitiker. Namen erspare ich mir an dieser Stelle, aber diese Damen und Herren fallen im Wesentlichen durch dümmliche Gesichtsausdrücke und Minderwertigkeitskomplexe auf. Sehr gute Beschreibungen, zu der Negativauslese von Spitzenpolitikern, finden Sie in den Büchern „Die vereinigten Staaten von Europa" von Oliver Janich und in „Wenn schwarze Schwäne Kinder kriegen" von Dr. Markus Krall.

Wenn Politiker überhaupt irgendetwas können, dann ist es reden bzw. lügen. Sie kennen sicher den Witz: „Woran erkennt man, dass ein Politiker lügt? Sein Lippen bewegen sich." Im Ernst, reden können diese Damen und Herren und zwar ununterbrochen und meisten flüssig. Wahrscheinlich beeindruckt das viele Menschen, ebenso die Anzüge und Krawatten und die schicken Staatskarossen. Aber bitte, lassen Sie sich davon nicht länger beeindrucken. Anzüge und Autos bezahlen nämlich Sie und ebenso die Redegewandtheit der Politiker. Ich würde zu gern wissen, wieviel unseres Steuergeldes durchschnittlich für Rhetorikkurse ausgegeben werden muss, bevor so ein Regierungsdarsteller kameratauglich wird. Aber selbst wenn Sie das für eine Leistung halten, es ist keine. Spitzenpolitiker stellen sich nämlich keinen Spontaninterviews und schon gar nicht von Sendern außerhalb des Mainstreams. Ab und an, in einem Anfall von Selbstüberschätzung, bekommt mal ein freier Journalist einen Spitzenpolitiker auf offener Straße vor das Mikrofon. Das sind dann die seltenen Offenbarungseide, bei denen man das wahre Wesen der Politiker erkennen kann. Wenn sie unvorbereitet antworten müssen, dann können sie es nicht. Oder es rutscht ihnen sogar so etwas Ähnliches wie die Wahrheit heraus und sie belasten sich skandalös selbst. Nein, lassen Sie sich nicht beeindrucken von diesen Schmarotzern. Sie wollen wirklich alle nur Ihr Bestes und das ist Ihr Bargeld. Sie selbst erwirtschaften nichts. Jeder Euro, den sie „verdienen“ und jeder Euro den sie ausgeben, den haben sie vorher von den Steuerzahlern geraubt. Das ist das Wesen des arroganten Politikers und zwar von ganz oben bis ganz nach unten! Ich glaube, es gibt vereinzelt Politiker, die tatsächlich wertschätzen, dass sie ausschließlich vom Geld der Steuerzahler leben. Aber das sind die allerwenigsten und diese seltenen Exemplare sind definitiv nicht in der Spitzenpolitik zu finden. Schauen Sie sich Interviews von Spitzenpolitikern im Mainstream an. Sie werden dort keinerlei Demut gegenüber dem dämlichen Steuerzahler finden. Warum sollten Sie dem Steuerzahler gegenüber auch Respekt und Demut zeigen? Er geht doch ohnehin wieder wählen? Dass Politiker die Bevölkerung für absolut verblödet halten, dass manifestierte sich Mitte Mai 2020 nahezu perfekt. Als eine Spitzenpolitikerin, angesprochen auf ihr Steuergeld-Schmarotzertum, entgegnete, dass sie ja auch ihre Beamtendiäten versteuern müsse. Das allein ist schon grotesk. Die für mich bis dahin jedoch unerhörte Krönung war allerdings der Nachsatz, dass sie ja auch selbst Waren im Einzelhandel konsumiere und sich daher die Frage stellen würde, wer denn hier wen finanziert. Man kann so etwas nicht erfinden.

Das Fazit zur Demokratie. Außer der verdeckten Unterdrückung durch das Wahl-Ritual und der feigen Verantwortungsverschiebung durch die vermeintliche Gewaltenteilung, gibt es in dieser angewandten Art des Sozialismus nichts wirklich Besonderes. Man kann durchaus sagen, dass die Demokratie hinterhältiger ist als z. B. der offene Faschismus und zwar genau wegen dieser angeblichen Mitbestimmung und Ausgeglichenheit der Machtverhältnisse. Man sieht täglich deutlicher, dass das nur Puppentheater für die Wählermassen und Steuerzahler ist. Erinnern Sie sich an die Beispiele aus dem Kapitel mit den Randgruppen und an all die historischen, diktatur-ähnlichen Entscheidungen, an denen kein Mensch jemals beteiligt war. Auch Sie geben Ihre Stimme, alle Jahre wieder, ab. Ab da regieren die Politiker willkürlich durch.

Wirklich schlimm ist, dass die Bürger, durch die Teilnahme an den Wahlen, mit in den Verantwortungssumpf hineingezogen werden. Die Wähler glauben ja tatsächlich, dass die Entscheidungen der Politiker nur deshalb zustande kommen, weil sie diese Politiker gewählt haben. Dass diejenigen, die entscheiden, nicht gewählt sind und diejenigen, die gewählt werden nichts zu entscheiden haben, das wurde am 20. Mai 2010 von niemand geringerem gesagt, als von Horst Seehofer persönlich (auf YouTube zu finden).

Den Menschen wird seit ihrer Kindheit eingebläut, dass die Wahlteilnahme ein absolutes Muss ist und auch ich bin früher beinahe stolz zur Wahl gegangen. Ich fühlte mich dazugehörig und wichtig und ich wollte meinen Beitrag leisten. Es gab sogar eine Zeit, da war ich stolz darauf, dass der deutsche Staat, auch dank mir, so hohe Steuereinnahmen erzielen konnte. Ich erinnere mich sogar, dass ich einst die Einstellung hatte, dass ich im Falle der Arbeitslosigkeit kein Arbeitslosengeld annehmen würde. Nicht, weil ich von diesem Schmarotzer-Staat nichts annehmen wollte, sondern weil ich der Meinung war, der Staat tue schon genug Gutes. Können Sie sich das vorstellen? So weit war die parasitäre Gehirnwäsche auch bei mir schon vorgedrungen und Sie dürfen mir glauben, es war ein langer Weg bis hierhin. Vielleicht ist dieses Buch, für den ein oder anderen in dieser Welt, eine willkommene und hilfreiche Abkürzung?

2.6 Zusammenfassung Kapitel 2

Ideologien sind erfunden worden, um den gesunden Menschenverstand und natürliche gesellschaftliche Entwicklungen zu manipulieren. Die maßgeblich wirtschaftspolitische Ideologie des Sozialismus ist hierbei natürlich keine Ausnahme, sondern eher der Musterknabe. Wer den gesunden Menschenverstand und die natürlichen Marktmechanismen wie „Preisfindung durch Angebot und Nachfrage" bevorzugt, der muss jegliche Ideologie ablehnen und sich zum anti-ideologischen, kapitalistischen Prinzip bekennen. Wer darüber hinaus Interesse an individueller Freiheit hat, Political Correctness, Kultur-Marxismus, Gender Mainstreaming und Feminismus als unnötigen Dünnpfiff bewertet, der darf sich als Libertärer bezeichnen.

Wenn Sie aus diesem Kapitel nur eine einzige Information mitnehmen dürften, dann würde ich mir wünschen, es wäre die, dass es auf der Welt nur eine einzige politische Ideologie gibt. Diese Ideologie 1.0 heißt „Sozialismus". Die kleine Übersicht hier stellt das wunderbar dar:

Ebene -1:
Kapitalismus (Ablehnung aller politischen Ideologien)

Ebene 0,0:
Kommunismus (unerreichbar weil 0 % menschlich)

Ebene 1.0:
Sozialismus (Staatspräsenz 1-99 %)

Ebene 1.1:
Faschismus, Parlamentarismus, Republikanismus

Ebene 1.2:
Nationalsozialismus, Diktatur, Demokratie, Republik

Sobald Sie verinnerlicht haben, dass die pure Anwesenheit eines Staates sofort die Anwesenheit des Sozialismus beweist, ist Ihr politischer Nebel mit einem Schlag verflogen. Man wird Ihnen entgegnen, dass es sich hierbei um eine unzulässige Vereinfachung handelt und dass es sehr wohl einen Rest Kapitalismus auf der Welt gibt. Genau hier liegt aber die Unwissenheit der breiten Bevölkerung. Der Sozialismus zeichnet sich ja, per Definition, gerade erst dadurch aus, dass es einen Rest an wirtschaftlicher Freiheit gibt. Es ist so, als würde man sagen, ein Sklave ist ein freier Mensch, denn er hat ja eine Stunde Freizeit am Tag. Genau die Tatsache, dass der Sklave nur eine Stunde Freizeit hat, macht ihn definitionsgemäß zum Sklaven. Ein freier Mensch definiert sich nicht durch die Anzahl der Stunden, in denen er keine Freizeitbegrenzung hat. Er definiert sich dadurch, dass er das Wort Begrenzung, im Zusammenhang mit seiner Freizeit, gar nicht akzeptiert.

Wenn Ihnen die kapitalistische und libertäre Sichtweise irgendwie noch unbequem, unrealistisch und befremdlich vorkommt, dann haben Sie bis hierhin alles richtig gemacht. Wenn Sie sich zuvor niemals mit dem Libertarismus befasst haben, sich jetzt dennoch auf Anhieb mit dieser neuen Perspektive zum Staatsaberglauben wohlfühlen, dann sind Sie eine seltene Ausnahme. Dass Sie den Staat vorher nicht mochten, das ist normal und das geht Millionen Ihrer Mitmenschen genauso. Aber die Richtung zu wechseln, den Staat in seiner gesamten Existenz zu hinterfragen, das tut heute immer noch fast niemand. Wir sind also noch ziemlich allein mit diesem libertären Gedankengut. Es ist nicht millionenfach in die Köpfe der Bevölkerung eingepflanzt worden. Im Gegenteil, der etatistische Aberglaube ist uns allen eingepflanzt worden und was Sie gerade tun, das ist so etwas wie eine Umtopfung Ihres Geistes. Natürlich, das muss sich unbedingt unbequem, unrealistisch und befremdlich anfühlen! Wenn es das tut, dann sind Sie auf dem einzig freiheitlichen Weg. Sie befreien Ihren Adler aus dem Granitblock.

Teil II

Kapitel 3 – Warum libertär?

Sie haben mittlerweile festgestellt, dass ich gern in Bildern und in Beispielen schreibe. Hier kommt jetzt eines meiner Lieblingsbilder und es ist eines meiner Lieblingsbilder, weil es meine Sicht auf die demokratische Gesellschaft in Deutschland nahezu perfekt beschreibt.

Es geht um das Bild vom „Puppenhaus mit Wasserschaden".

Bitte stellen Sie sich ein lebendiges Puppenhaus vor, d. h. ein Puppenhaus mit vielen lebendigen kleinen Menschen darin. Das Haus hat ein Erdgeschoss, einen ersten Stock und ein ausgebautes Dachgeschoss. Auf allen drei Ebenen gibt es die typischen kleinen Puppenhausmöbel und Sie können die gesamte Szenerie wunderbar aus einem komfortablen Abstand beobachten. Im Inneren des Puppenhauses herrscht ein absolut reges Treiben und das hat einen triftigen Grund. Es gibt einen massiven Wasserschaden in allen Zimmern und auf allen Stockwerken. Das Wasser kommt aus den Wänden und Decken und die Strahlen scheinen langsam immer stärker zu werden. Es herrscht jedoch keine Panik. Es wird fleißig an dem Problem gearbeitet. Es ist ein deutsches Puppenhaus.

Um dem steigenden Wasserpegel Herr zu werden, haben die Hausbewohner leider nur ein Hilfsmittel und dieses Hilfsmittel sind neumodische bunte Eimer. In früheren, gern vergessenen Zeiten, waren die Puppenhaus-Eimer alle braun, aber diese Zeiten sind zum Glück vorbei. Diese neuen Eimer haben jetzt unterschiedliche Größen und unterschiedliche Farben. Zu Beginn des Wasserschadens wurden schwarze, rote und gelbe Eimer bereitgestellt. Etwas später in der Krise kamen dann kleine, grüne Eimer hinzu. In den letzten Jahren wurde die Angebotsvielfalt weiter ausgebaut und zwar um farblose Eimer für Linkshänder und um hellblaue Eimer, denen man nachsagte, dass sie vorzugsweise von Rechtshändern benutzt würden.

Die Bereitstellung neuer und die Entleerung voller Eimer, stellt zu keiner Zeit ein Problem in unserer umtriebigen Puppenhaus-Szenerie dar. Dieser Prozess funktioniert. Aber der Wasserpegel auf den einzelnen Stockwerken steigt mit der Zeit an und so bemerken die Bewohner allmählich, dass ihre Arbeit erfolglos bleibt. In ihrer Not beginnen sie also, untereinander die Eimer auszutauschen. Zuerst werden die bislang bevorzugten schwarzen und gelben durch rote und grüne Eimer ausgetauscht. Dann werden schwarze und rote Eimer zusammen benutzt, grüne werden punktuell beigemischt, aber auch das bringt keinen erkennbaren Fortschritt. Im Gegenteil, der Wasserpegel steigt weiter. Aber das ist auch logisch. Ihnen und mir zumindest.

Was die armen Menschen im Puppenhaus nämlich nicht sehen können, im Gegensatz zu uns, das ist die Ursache des Wasserschadens außerhalb des Puppenhauses. Diese können natürlich nur Sie, ich und alle anderen libertären Beobachter unserer Puppen-Gesellschaft sehen. Seitlich unseres Puppenhauses steht nämlich ein riesiger Tanklastwagen mit der Seitenaufschrift: DEMOKRATIE-DRUCK-BETANKUNG. Dieser Tanklaster pumpt, unaufhörlich und mit steigendem Druck, große Wassermengen in die Wasserleitungsrohre des Puppenhauses. Während die Puppenhausbewohner ausschließlich damit beschäftigt sind, das Wasser aus dem Haus zu schaffen und darüber zu streiten, welche Eimer wohl am besten dazu geeignet sind, wird das herausgeschaffte Wasser geradewegs wieder in die Leitungen gedrückt. Aber diese gemeine Realität bleibt den Bewohnern im Inneren des Puppenhauses verborgen.

Die Welt innerhalb des Puppenhauses dreht sich längst nur noch um die bunten Eimerchen. Die Frage nach der Ursache für den Wasserschaden, den steigenden Druck und die Erfolglosigkeit der Bemühungen, kommt den fleißigen Wasserschöpfern nicht in den Sinn. Sie sind zu beschäftigt und mittlerweile auch schon zu verstritten, um sich mal in einer Grundsatzdiskussion über manche Dinge klar zu werden. Es werden, wie immer in aussichtslosen Situationen, die falschen Fragen gestellt.

Spätestens seit dem Auftreten der hellblauen Eimer ist die Bewohnerschaft des Puppenhauses komplett gespalten. Es werden Vergleiche und Parallelen zwischen braunen Zwergen und hellblauen Schlümpfen gezogen, während keiner in der Lage ist, den wahren Übeltäter zu erblicken. Gleichzeitig wird der Druck von außen immer größer und die Katastrophe, d. h. das Ertrinken im Puppenhaus, scheint nur noch eine Frage der Zeit zu sein. So gilt auch hier das Ende – und wenn sie nicht gestorben sind, dann schöpfen sie noch heute.

Ich liebe dieses Puppenhaus-Bild. Können Sie das verstehen? Es trifft den Nagel so zentral auf den Kopf. Wenn ich einen Menschen die BILD, die FAZ, die Zeit, etc. lesen sehe, dann denke ich unwillkürlich an das Puppenhaus. Ebenso, wenn ich abends spazierengehe und hellblaues Fernsehlicht mit dem Umriss eines Nachrichtenmoderators sehe. Ich weiß dann ganz genau, da drin auf der Couch sitzt ein Mensch mit einem bunten Eimer in der Hand.

Das ist also eine der Antworten auf die Frage nach dem libertären Warum. Nur der Libertäre steht außerhalb des Puppenhauses. Der Libertäre kann darüber hinaus sogar weitere Schritte zurückgehen und die gesamte Szene erkennen, bei Bedarf sogar aus der Vogelperspektive. Das bedeutet Freiheit. Freiheit auf einem vollkommen anderen und zuvor unbekannten Level. Sehen Sie, das Problem im Inneren des Puppenhauses ist in allererster Linie, dass die Existenz des Äußeren unbekannt ist. Das System sorgt dafür, dass niemand nach dem Äußeren fragt, indem es die Bewohner mit den inneren Themen vollkommen auslastet. Es ist eine Art Pseudobeschäftigung, die aber jeder Puppenhausbewohner für absolut wichtig und alternativlos erachtet. So wurde es ihm immer wieder beigebracht und was man in der Schule, von den Eltern und von den Medien beigebracht bekommen hat, das muss ja stimmen. Richtig?

Libertär zu sein, bedeutet in allererster Linie eine andere individuelle Perspektive entwickelt zu haben. Diese andere Perspektive ist aber nicht einfach die Perspektive der Opposition. Libertär ist nicht einfach das Gegenteil von irgendetwas anderem und ich glaube das macht die Sache so schwierig zu erklären und zu verstehen. Unsere Indoktrination war und ist auch nicht eindimensional. Wir werden entlang vieler unterschiedlicher Linien manipuliert und gegeneinander aufgehetzt. Gleichzeitig sind wir alle unterschiedlich empfänglich, für diese verschiedenen Reizthemen und so ist das ideologische Labyrinth in jedem absolut anders geformt. Richtungswechselkommandos im Sinne von links, rechts, geradeaus, funktionieren da nicht. Man muss in die Vogelperspektive gelangen und von da oben erst einmal erkennen, dass man sich überhaupt in einem Labyrinth befindet. Ab da ist es dann ein Kinderspiel. Am Ende ist es dann, wie mit so vielem. Es ist absolut simpel, wenn man es erst einmal kann und man kann gar nicht verstehen, warum es einem nicht viel früher gelungen ist.

3.1 Bekehre dich selbst

Keine Sorge, es wird jetzt nicht esoterisch. Bekehre dich selbst ist eher bildhaft gemeint, erneut. Der Blick der Menschen ist, meiner Meinung nach, viel zu wenig auf den Ursprung der Menschen gerichtet und mit diesem Ursprung meine ich jeden Menschen für sich selbst. Die Menschen beschäftigen sich so häufig mit dem, was ihre Nachbarn, ihre Kollegen oder ihre Freunde tun. Sie beobachten, sie analysieren, sie kritisieren, sie lästern unaufhörlich über jeden und alles. Aber betrachten sie sich auch mal selbst? Ich meine das jetzt nicht nur im Sinne der Selbstkritik, sondern in jeglicher Hinsicht. Was den Menschen vollkommen abgeht, das ist die eigene Wertschätzung, die bewusste Wahrnehmung ihrer selbst. Bin ich glücklich und zufrieden, mit dem was ich sehe, wenn ich mich selbst betrachte? Wofür stehe ich eigentlich?

Neben der widerlichen Gafferei auf Nachbarn und Kollegen, geht es den Menschen auch noch um eine zweite Sache und die Sache ist ihre Außendarstellung, also die Frage: „Wie sehen mich andere?" Menschen verstellen sich bis zur Unkenntlichkeit, nur um anderen zu gefallen bzw. nicht zu missfallen. Das meine ich jetzt nicht nur äußerlich, ich meine es vor allem innerlich. Political Correctness (PC) ist hier der Schlüsselbegriff. Menschen treffen sich mit anderen Menschen und spielen sich gegenseitig vor, dieselben Ansichten zu diesem und jenem zu haben. Daheim angekommen wird dann mit dem Ehepartner vom Leder gelassen, was die anderen denn für Hinterwäldler oder Verschwörungstheoretiker seien usw. Dass man selbst gerade bis zum Erbrechen gelogen und einen auf PC gemacht hat, dass übergeht man eben schnell.

Die erste Perspektive ist also von einem selbst weg und auf andere gerichtet. Die zweite Perspektive geht zwar auf einen selbst, aber nicht aus den eigenen, dafür aber aus fremden Augen. Bekehre dich selbst, soll nun also die dritte, leider vergessene Perspektive eröffnen. Die Sicht auf einen selbst und zwar aus den eigenen Augen. Diese Sichtweise hat in erster Linie keinen narzisstischen, sondern einen freiheitlichen Beweggrund und zwar im Sinne der Unabhängigkeit.

Viele Menschen sind zu bequemen Herdentieren geworden und sie haben den unbedingten Wunsch, ihren Platz in der Herde zu behalten und zu behaupten. Vorwärts zu kommen ist eigentlich gar nicht ihr ureigener Wunsch. Es ist die verdammte Herde, die sich bewegt und deshalb müssen sie sich mitbewegen. Der Blick auf die anderen sagt ihnen, in welche Richtung es geht und mit welcher Geschwindigkeit. Gut ist immer, wenn andere stolpern, dann sieht man selbst besser aus. Die Einhaltung der PC soll gleichzeitig dem Rest der Herde suggerieren, dass man mit seinem eigenen Platz in der Herde zufrieden ist und die anderen Herdenmitglieder respektiert und ebenfalls anerkennt. Kurzum, die Herde ist eine Masse von heuchelnden, lügenden und neidenden Lästermäulern.

Die libertäre Perspektive kennt die beiden anderen Perspektiven, hat mit ihnen aber nichts gemein und für den Libertären selbst gilt exakt das Gleiche. Auch ich habe früher mehr auf den Nachbarn und den Kollegen geschaut, als auf mich selbst und auch ich habe mich früher sehr stark darum gekümmert, was andere von mir halten. Ich kann auch heute immer noch nicht sagen, dass mir das vollkommen abgegangen ist, aber ich habe heute kein Problem damit, anderen etwas zu gönnen, was ich wahrscheinlich niemals erreichen werde. Stichwort Jeff Bezos. Was andere von mir und meiner Einstellung halten, ist mit wirklich beinahe vollkommen gleichgültig. Das befreit. Aber diese Befreiung ist nur der erste Schritt zu einer viel größeren freiheitlichen Perspektive.

Die Tatsache, dass ich mich quasi isoliert betrachte, d. h. erst einmal nur mich selbst sehe, macht mich, in erster Betrachtung, ziemlich einsam. Einsamkeit und Isolation ist genau das, was der Herdenmensch nicht möchte, nicht erträgt und deshalb hat dieses Wort eine sehr negative Konnotation für ihn. Das gilt aber nicht mehr unbedingt, wenn Sie die Perspektive auf dieses Wort ändern. Betrachten Sie den Begriff „Einsamkeit" bitte unter dem Kontext der folgenden Begriffe: Einzigartig, individuell, anders, konträr, polarisierend, herausstechend. Verstehen Sie, was ich meine? Ich meine mit Einsamkeit nicht, dass ich physisch allein auf einer Insel bin. Meine Einsamkeit ist in meiner individuellen Perspektive und meiner Lebenseinstellung zu finden. Da diese kaum jemand mit mir teilt, laufe ich außerhalb der Herde und ich laufe nicht nur in die andere Richtung. Ich laufe auch mit einer anderen Geschwindigkeit und in jeder Hinsicht auf anderen Ebenen. Was die Herde macht, interessiert mich einfach überhaupt nicht. Was die Herde über meinen Kurs denkt, es interessiert mich einfach nicht.

Was neben dem Freiheits- und Unabhängigkeitsgefühl aber wichtiger ist, das ist das Folgende. Der Libertäre glaubt nicht mehr an die Herde! Der Grund, warum die Menschen zu Herdentieren und Etatisten geworden sind ist, dass sie an die Macht der Herde und der Staatstreue glauben. Sie glauben, dass die Masse immer das Richtige tut, aber das ist falsch. Von allen Zitaten ist folgendes Zitat mein liebstes: „If the masses were right, the masses were rich." Wenn die Masse Recht hätte, dann wäre die Masse reich. Leider weiß ich nicht, von wem dieses Zitat ist und leider zielt es nur auf Reichtum und nicht auf noch Höheres ab. Aber genau um den permanenten Irrtum der ferngelenkten Masse geht es mir hier. Der Libertäre ist da raus. Ich bin da raus.

Noch vor einiger Zeit dachte ich, Deutschland brauche eine heiße Revolution. Ich dachte, wir bräuchten eine Bewegung wie PEGIDA und diese müsse früher oder später mit Gewalt gegen den Staat vorgehen, weil sonst niemals Veränderung kommen würde. Meiner Meinung nach brauchen wir das und meiner Meinung nach brauchen wir das nicht. Was wir brauchen, ist eine Freiheitsbewegung, aber diese brauchen wir nicht in der Masse. Zumindest nicht so, wie man den Begriff Masse im herkömmlichen, kollektiven und sozialistischen Sinn versteht. Was wir brauchen, ist eine Freiheitsbewegung in jedem Individuum! Jeder Einzelne kann friedlich und einsam für sich libertär werden und dem Staat die Treue verweigern. Dazu kann jeder und muss keiner, auf die

Straße gehen. Wenn man sagt, die Masse muss zusammenkommen und diese und jene Einstellung haben, dann ist es schon wieder korrumpierbarer Kollektivismus, z. B. im Parteiensystem.

Massenbewegungen tragen in sich die Gefahr von Korrumpierung. Eine wahre libertäre Massenbewegung kann es daher auf Dauer gar nicht geben, das wäre paradox. Der Libertarismus ist daher nichts für eine Herde, sondern nur etwas für Individuen. Nein, eine Menge von vielen Individuen ergibt nicht automatische eine Herde. Ein Zoo mit vielen verschiedenen Tierarten ist nicht eine einzige Herde. Ein Aquarium mit vielen Fischarten ergibt keinen Schwarm. Als Bernd Lucke die AFD aus einer Menge Ökonomen bildete, da war diese Bewegung ein hoffnungsvoller Lichtblick, eine Anti-Euro-Bewegung. Kaum wurde die AFD zu einer Partei für die Masse, war der Ofen aus. Zum Thema Massenmanipulation empfehle ich Gustave Le Bon „Psychologie der Massen".

Die Kraft der Masse ist leider zu leicht zu manipulieren. Gerade im Zeitalter der Bildungspropaganda in den öffentlichen Schulen und Mainstream-Medien, ist die Masse quasi hilflos ausgeliefert. Jeder Einzelne muss seine Indoktrination für sich selbst erkennen und umkehren. Der erste Schritt dabei ist die Perspektive auf sich selbst zu richten. Warum bin ich, wie ich bin? Das und einiges mehr, habe ich früh in diesem Buch versucht herzuleiten. Als Libertärer ist man allein und hat natürlich keine Chance, aktiv gegen den gewalttätigen Staat vorzugehen. Was man aber tun kann ist, man kann aufhören den Staat zu unterstützen. Man nennt das „passiven Widerstand", z. B. indem man aufhört zu wählen oder die Staatspropaganda-Maschine zu finanzieren.

Das Schreiben dieses Kapitels hat mir geholfen. Ich habe in den vergangenen Jahren versucht eine Art Bedienungsanleitung für das „Libertärwerden" zu erfinden, aber Bedienungsanleitungen sind für die Masse gedacht und deshalb funktioniert es nicht. Das Puppenhaus hat viele Türen, aber keine dieser Türen bietet einen Ausgang, sondern sie führen immer nur zu einem anderen Zimmer, innerhalb des Puppenhauses. Was gelingen muss ist, dass sich die Menschen umdrehen und die Perspektive in Richtung Freiheit wechseln. Man darf das Gehirn der Menschen nicht wie einen grauen Einheitsbrei betrachten, sondern wie ein jeweils individuelles Labyrinth aus fünf Meter hohen Hecken. Man darf nicht rechts, links, geradeaus rufen. Die Menschen brauchen Flügel, sie brauchen mentales Red Bull. Sie müssen in der Lage sein, ihr eigenes Labyrinth zu erkennen. Der Rest ist dann einfach. Aber man muss eben auch anerkennen, dass persönlicher Einfluss auf Menschen sehr gering ist. Eine Masse zu indoktrinieren ist ungleich leichter, als eine Masse davon zu überzeugen, dass sie indoktriniert wurde.

„It's easier to fool people than to convince them that they have been fooled" – Mark Twain.

3.2 Was ist Freiheit für mich?

Es gibt die Redewendung: „Der produktivste Sklave ist der, der davon überzeugt ist, er sei gar kein Sklave.“ Das Problem mit solchen Redewendungen und Begriffen, wie z. B. Freiheit ist, dass deren Bedeutung heutzutage nicht mehr vollständig begriffen wird. Viele Begriffe sind in der aktuellen Verwendung und Wahrnehmung der Menschen zwar nicht vollkommen falsch, sie sind aber auch nicht vollkommen richtig, da ihre Bedeutung und ihr Ursprung nur noch teilweise bekannt ist. Da die Begriffe aber anteilig korrekt verwendet werden, widerspricht niemand gegen diese Art der Verwendung. Warum auch, wenn die Verwendung nicht gänzlich falsch ist? Das Problem dabei ist, dass sich die Bedeutung von unvollständig verwendeten Begriffen, mit der Zeit im Bewusstsein der Menschen verändert. Nachrückende Generationen kennen die vollständige Bedeutung dann nicht mehr und somit verschwinden ursprüngliche Aspekte der Begriffe vollständig und schlimmstenfalls für immer. Diese Veränderung hat bei keinem Begriff so negative Auswirkungen erfahren, wie bei dem Begriff „Freiheit“.

Ich hatte es bereits in der Einleitung erwähnt. Die Menschen sind heute der Meinung, dass sich der Freiheitsbegriff auf Ihren Körper reduziert. Dasselbe kann man über den Begriff „Sklave“ sagen. Wenn Menschen das Wort „Sklave“ hören, dann denken sie intuitiv an einen gefesselten Schwarzen, der von seinem Besitzer ausgepeitscht wird. Der Körper des Sklaven gehört dem Besitzer, der Sklave muss körperliche Arbeit verrichten und er wird mit körperlicher Züchtigung bestraft. Sklaverei findet vermeintlich also rein physisch statt. Dasselbe gilt für Freiheit. Freiheit definiert sich für viele durch das Gegenteil von Freiheit und das Gegenteil von Freiheit ist Gefangenschaft, richtig? Der Körper ist gefangen in einer Zelle oder der Körper ist an einen Marterpfahl gefesselt. Freiheit bedeutet vermeintlich also nichts weiter als körperliche Bewegungsfreiheit.

Obwohl das alles nicht gänzlich verkehrt ist, so ist es aber, aufgrund der rein physischen Betrachtung, leider auch alles unvollständig. Was man heute bei der Verwendung der Begriffe Sklaverei und Freiheit vergisst, das ist der Begriff der „mentalen Abhängigkeit und Gefangenschaft", d. h. der psychische Aspekt der Freiheit.

Ich habe versucht darzustellen, welche Arten von Ideologien es gibt, wie sie sich unterscheiden und einordnen lassen. Ich habe bislang wenig dazu gesagt, wie sie funktionieren bzw. wirken. Ideologien funktionieren über das Angst- und Drohprinzip und auch hier muss man sofort darauf hinweisen, dass Angst selten körperlich funktioniert. Wenn ein brüllender Polizist einem Demonstranten den Arm auf den Rücken legt und ihm Schmerzen zufügt, dann hat der Demonstrant Angst vor noch größeren körperlichen Schmerzen. Ergo und verständlicherweise, gehorcht er irgendwann. In der heutigen Zeit haben die Menschen jedoch deutlich häufiger Angst auf der mentalen Ebene, d. h. Angst vor angedrohten Konsequenzen. Da die Menschen aber an die Legitimität des Staates glauben, erkennen sie nicht, dass diese Angst, körperlich wie mental, nichts anderes ist, als körperliche und mentale Freiheitsberaubung. Kurz gesagt, legitimierte Sklaverei.

Es kommt hier erneut die feige Einstellung zur Sprache: „Wer sich dem Staat widersetzt, der ist selbst schuld." Was hat das jetzt aber genau mit meinem Freiheitsbegriff zu tun? Nun, um was es mir hier geht ist, dass Sie überhaupt erst einmal ein eigenes Freiheitsbewusstsein entwickeln. Es geht also darum, überhaupt erst einmal zu erkennen, dass Sie ein angsterfüllter Sklave sind, solange Sie Etatist sind. Sobald man das erkannt und akzeptiert hat, ist man es nämlich nicht mehr. Der Libertarismus befreit Sie, von einem Moment auf den anderen, von dem mentalen Polizeigriff.

Die mentale Unfreiheit, durch die Angst vor dem Staat, funktioniert wie folgt: Sie fahren mit dem Auto zum Einkaufen in die Stadtmitte. Sie sehen eine Parklücke und Sie stellen Ihr Auto ab. Als Sie aussteigen erkennen Sie, dass Sie im Parkverbot stehen, daher steigen Sie wieder ein und suchen einen anderen Parkplatz. Glückwunsch, Sie sind ein Sklave! Wenn Sie das absurd finden, dann fragen Sie sich bitte, ob Sie aus freiem Willen wieder in Ihr Auto eingestiegen sind. Wenn nein, dann sind Sie ein Sklave. Wenn Ihnen der Begriff nicht passend erscheint, dann liegt es eben daran, dass Sie den Begriff nur aus der körperlichen Perspektive betrachten. Die Wahrheit ist, dass Ihnen das Parkverbotsschild anzeigt, dass Sie ein Sklave sind, der entweder gehorchen muss oder bestraft wird, wenn er nicht tut was man zu ihm sagt, nämlich weiter zu fahren. Ihr Herr ist in Ihrem Unterbewusstsein und seine Peitsche ist die Bußgeldverordnung.

Natürlich bekomme ich als Libertärer ebenso einen Strafzettel, wenn ich erwischt werde, aber darum geht es bei der mentalen Befreiung nicht. Es geht darum, dass ich weiß, dass ich im Recht bin und der Staat der kriminelle Räuber ist. Ein Etatist hat die kranke Einstellung, dass es seine eigene Schuld ist, denn der Staat ist im Recht und wer im Parkverbot parkt, der hat das Gesetz gebrochen und trägt dafür die Verantwortung. Aber das ist schlicht und ergreifend Bullshit. Meine Freiheit lässt mich erkennen, dass alle Menschen auf dieser Erde wie Sklaven behandelt werden und der erste Schritt in die Freiheit, ist eben genau diese Erkenntnis. Der erste Schritt, raus aus dem Puppenhaus ist, zu erkennen, dass es überhaupt ein Leben außerhalb des Puppenhauses gibt.

Um Ihnen die breite Wirkungsweise der Staats-Sklaverei noch etwas näher zu bringen, möchte ich Ihnen an dieser Stelle noch das Prinzip des „opferlosen Verbrechens" vorstellen. Dieses Prinzip ist bedeutend, denn es zeigt Ihnen nicht nur die erwähnte Wirkungsweise von Angst und Drohung. Es offenbart Ihnen darüber hinaus auch einen tiefen Einblick in die libertäre Denkweise zu Gesetzen und Regeln. Wenn Sie das Prinzip verstanden haben, dann nehmen Sie sich am Ende dieses Kapitels bitte einen Moment Zeit. Versuchen Sie ein paar Beispiele zu finden, in denen das Prinzip Anwendung findet. Wenn Sie sich etwas Mühe geben, dann werden Ihnen die

Augen übergehen, wie massiv dieses Prinzip vom Staat eingesetzt wird und wie sehr wir dadurch zu Sklaven geworden sind.

Das Prinzip des opferlosen Verbrechens versetzt den Staat in die einmalige Lage, Sie zu bestrafen, ohne dass Sie einem anderen Menschen geschadet hätten. Das macht der Staat, indem er ein hypothetisches Opfer frei erfindet, welchem Sie theoretisch hätten schaden können. Der Staat erdreistet sich allen Ernstes, Sie dafür zu bestrafen, nur weil Sie das Risiko eingegangen sind, einem anderen Menschen vielleicht zu schaden. Wenn Sie also an einer Straßenverengung parken und dort ist ein Parkverbotsschild, dann begründet der Staat den Strafzettel damit, dass Sie im Falle eines Hausbrandes evtl. die Feuerwehr behindert hätten. Es spielt dabei keine Rolle, dass die Häuser in dieser Straße in den vergangenen 100 Jahren nicht ein einziges Mal gebrannt haben. Es spielt auch keine Rolle, dass die Feuerwehr das Recht hat, Ihr Auto im Ernstfall zu Schrott zu machen und Sie sowohl für den Schaden an Ihrem, als auch für den Schaden am Feuerwehrauto, aufkommen müssten. Es interessiert auch nicht, dass die Feuerwehr ebenso gut von der anderen Seite an die Häuser heranfahren könnte. Aber das Wichtigste von allem ist, es interessiert überhaupt nicht, ob es an dem Tag, an dem Sie Ihr Auto dort abgestellt haben, tatsächlich gebrannt hat. Kurzum, Sie werden bestraft, ohne dass Sie irgendjemandem geschadet hätten. Sie haben Ihr Auto geparkt und das hat absolut niemanden gestört oder an irgendetwas gehindert. Dennoch werden Sie bestraft. Machen Sie sich das Prinzip des opferlosen Verbrechens in seiner alltäglichen, millionenfachen Anwendung bitte einmal bewusst.

Da die Menschen sich dieses Prinzip normalerweise nicht bewusst machen, erkennen sie auch nicht, dass sie durch dieses Prinzip in allen Bereichen ihres Alltags gesteuert werden. Sie müssen sich anschnallen, weil Sie ja einen Unfall haben könnten. Sie müssen einen Motorradhelm tragen, zu Ihrer eigenen Sicherheit. Sie dürfen nicht bei Rot über die Ampel gehen, egal ob reger Verkehr herrscht oder nicht, das können Sie ja unmöglich selbst beurteilen.

Sie müssen sich krankenversichern, denn Sie sind nicht in der Lage, genug Geld für eine private Arztrechnung zu sparen. Sie dürfen auf keinem der fünf leeren Behindertenparkplätze parken, denn es kann jeden Moment Prime-Time im Rollstuhlfahrer-Shopping sein. Sie müssen den Radweg benutzen, denn Sie könnten ein Hindernis für den Autoverkehr darstellen. Es geht nicht darum zu beurteilen, ob diese oder jene, der hier skizzierten Gesetze bzw. Handlungen moralisch vertretbar oder sinnvoll sind.

Es geht hier um drei Dinge. Erstens geht es darum, dass es den Staat oder sonst irgendwen absolut nichts angeht, was Sie tun oder lassen, solange niemand zu Schaden kommt. Zweitens geht es darum, dass der Staat Sie zur Kasse bittet und zwar, ohne dass jemand Anzeige erstattet hätte, zu Schaden kam oder sonst irgendwas passiert wäre. Drittens und am wichtigsten ist jedoch, dass der Staat auf diese Weise Ihr komplettes Leben fernsteuert. Sie werden an allen Ecken und Enden bevormundet und Sie bemerken das noch nicht einmal.

Wie würde das in einer libertären Welt aussehen? Natürlich würde es ebenso Regeln und Hinweisschilder geben, die der Besitzer eines Grundstücks aufstellen würde. Aber eine Strafe würde es nur im Falle einer tatsächlichen Schädigung geben, denn der Besitzer des Grundstücks will nicht Ihr Geld ergaunern und auch nicht Ihr Leben kontrollieren. Wenn der Besitzer nicht aus seiner Ausfahrt herausfahren muss, dann haben Sie Glück gehabt. Wenn doch, dann wartet er vielleicht aus Kulanz zehn Minuten, aber dann ruft er einen Abschleppdienst und Sie werden kostenpflichtig abgeschleppt. On top kommt vielleicht noch eine Schadenersatzforderung des Hausbesitzers. Sie werden jetzt vielleicht fragen, was Sie dazu veranlassen sollte, die Rechnung zu bezahlen, denn wenn es keinen Staat gibt, dann kann Sie ja niemand zwingen die Rechnung zu bezahlen. Dazu kommen wir später ausführlich bei den Beispielen zur libertären Umwandlung. Hier nur so viel: Nicht Sie würden die Rechnung bezahlen, sondern Ihre privat abgeschlossene KFZ-Versicherung. Dagegen könnten Sie gar nichts unternehmen und Ihre Versicherung würde Ihnen postwendend eine Beitragserhöhung zukommen lassen. Diese könnten Sie wahrscheinlich verweigern, woraufhin Sie ein Kündigungsschreiben Ihrer Versicherung bekommen. Sie gehen also auf die Suche nach einer neuen Versicherung, aber da bekommen Sie jetzt Probleme. Die Versicherungen stehen nämlich alle untereinander in Kontakt und Sie stehen, im Ranking der Kunden mit guter Zahlungsmoral, plötzlich leider ganz unten. Die neue Versicherung will jetzt einen Risikozuschlag von Ihnen. Sie spielen einen Moment mit dem Gedanken, ohne Autoversicherung weiter zu fahren, aber da fällt Ihnen ein, dass das schon das nächste Kündigungsschreiben nach sich ziehen wird. Ihre Rechtsschutzversicherung hat nämlich die Existenz einer gültigen KFZ-Versicherung zur Bedingung gemacht usw. Wie gesagt, später dazu mehr.

Freiheit fängt im Kopf an. Sie müssen als allererstes verstehen, dass Sie sich in einem Puppenhaus befinden. Das ist Ihr Schlüssel nach draußen. Wenn Sie das verstanden haben, dann haben Sie es schon geschafft. Es wird Ihnen wie Schuppen von den Augen fallen, dass der Staat Sie auf subtile Art und Weise all die Jahre ferngesteuert hat. Er gibt vor, das sei alles nur zu Ihrem Besten und selbstverständlich absolut alternativlos. Aber genau das ist die Lüge. Der Staat saugt Sie aus, wie ein Parasit seinen Wirt. Das ist die billige Wahrheit. Freiheit ist für mich, genau das begriffen zu haben. Das klingt nicht nach viel, aber lassen Sie sich davon nicht täuschen. Es ist einfach alles. Ihr Körper und Ihr Geist gehören Ihnen und nur Ihnen und Sie können tun und lassen, was Sie wollen, solange Sie niemand anderen damit schaden. Das ist das libertäre Grundprinzip in der Nussschale.

3.3 Eigenverantwortung & Risiko

Freiheit hat jedoch auch ihre anspruchsvollen Seiten und darauf kommen wir jetzt. Freiheit zu verstehen, ist nur der erste Schritt. Der zweite Schritt ist dann aber obligatorisch, d. h. eine logische Konsequenz. Warum viele Menschen den Staat befürworten ist, weil sie keine Eigenverantwortung übernehmen und kein Risiko eingehen möchten. Verantwortung und Risiko sind Begriffe, die man uns abzulehnen gelehrt hat. Ein Risiko einzugehen oder Verantwortung für mögliche negative Konsequenzen zu übernehmen, das gibt es heute eigentlich nicht mehr. Nicht zuletzt deshalb, weil der Staat es uns verbietet, z. B. indem er uns zwingt eine KFZ-Versicherung abzuschließen. Ohne Staat gibt es dieses zwanghafte Auffangnetz aber so nicht mehr. Der zweite Schritt in die Freiheit ist also, sich wieder selbst über Chancen und Risiken Gedanken zu machen und die Verantwortung für seine persönlichen Entscheidungen selbst zu übernehmen.

Bleiben wir bei dem Beispiel mit der KFZ-Versicherung. Glauben Sie wirklich, dass es viele Menschen riskieren würden, ohne KFZ-Versicherung durch die Gegend zu fahren? Der Staat begründet diese Zwangsversicherung damit, dass der Geschädigte unter Umständen auf dem Schaden sitzenbleiben würden, wenn der Unfallverursacher keine Versicherung hat. Wenn das so wäre, warum haben dann Millionen von Menschen freiwillig eine Privathaftpflichtversicherung abgeschlossen? Ganz einfach, es geht um die individuelle Abwägung von Chance und Risiko und dafür braucht man keinen Staat. Es ist schon öfter angeklungen, der Mensch hat einen extrem hohen Bedarf an Eigentumsschutz. Die Haftpflichtversicherung, egal ob privat oder KFZ, stellt genau diesen Schutz dar. Beim Abschluss einer solchen Versicherung geht es Ihnen nicht um den Schutz des Vermögens oder der Gesundheit eines anderen. Es geht Ihnen darum, Ihr eigenes Vermögen zu schützen, für den Fall, dass Sie einen anderen schädigen. Sie möchten nicht Ihr gesamtes Privatvermögen für einen Moment der Unachtsamkeit, einen Unfall, hergeben müssen. Also wiegen

Sie den Nutzen einer Versicherung, für den Fall der Fälle, ab. Genau das tun Sie auch heute schon, wenn Sie sich freiwillig für irgendeine Versicherung entscheiden und genau das würden Sie auch im Fall der KFZ-Versicherung tun.

Wenn Sie nun also an irgendeine theoretische Lücke denken, die durch die Eliminierung des Staates entstehen würde, dann denken Sie bitte an dieses Prinzip. Warum brauchen Sie einen externen Dritten, der sich in Ihre Entscheidungen einmischt? Weiß der Staat wirklich besser als Sie, welchen Schutzbedarf Sie haben? Weiß der Staat das wirklich für alle 80 Millionen Bürger in Deutschland besser, als jedes Individuum für sich selbst? Woher zum Teufel weiß der Staat das?

Die Wahrheit ist natürlich, dass er Staat das absolut nicht wissen kann. Im Gegenteil, der Staat kann es, von allen denkbaren Marktteilnehmern, am allerwenigsten wissen. Der Grund dafür ist, weil der Staat gar kein echter Marktteilnehmer ist. Der Staat hat, wie man so schön sagt, „no skin in the game“. Der Staat ist ein außenstehender Schmarotzer, der die echten Gesetze der Wirtschaft nicht kennt und auch in keinem Wettbewerb steht. Genau aus diesem Grund braucht der Staat ständig die Expertise von Sachverständigen und Experten aus der Privatwirtschaft. Der Staat selbst hat wirklich von nichts eine Ahnung, aber dennoch erdreistet er sich, uns überall zu bevormunden.

In einer libertären Gesellschaft wäre die Hinzunahme eines Sachverständigen in Ihrer persönlichen Verantwortung. Sie hätten sich vielleicht dazu entschieden, eine super günstige oder gar keine Haftpflichtversicherung abzuschließen und jetzt sähen Sie sich einer Geldforderung gegenüber. Ihre Billigheimer Versicherung würde Ihnen nun raten, einen zusätzlich kostenpflichtigen Sachverständigen hinzu zu ziehen. Die Kosten müssten Sie aber selbst übernehmen und schon stehen Sie selbst im Risiko und in der Chancen-/Nutzenanalyse. Wenn Sie das nicht wollen, dann müssen Sie eben im Vorfeld eine Versicherung abschließen, die das für Sie übernimmt. Fakt ist, dass Ihnen diese Entscheidung keiner abnimmt. Sie werden im Vorfeld von Beratern über sämtliche Vor- und Nachteile der verschiedenen Versicherungsoptionen aufgeklärt, aber entscheiden müssen Sie selbst. In Wahrheit ist das auch heute schon so, aber niemand kümmert sich wirklich um die Details einer Versicherung. Warum? Weil die Menschen glauben, dass Ihnen der Staat am Ende bestimmt zur Seite stehen wird. Aber wer schon mal in einen echten Rechtsstreit hineingeraten ist, der weiß, dass der Staat am Ende nur ganz grobe Rahmenbedingungen schafft, an die sich niemand wirklich halten kann. Wie heißt es so schön: „Vor Gericht und auf hoher See kann Ihnen alles passieren."

Der gigantische Vorteil, der Ihnen an dieser Stelle vielleicht noch gar nicht in den Sinn gekommen ist, ist Folgender. Ohne den Staat, würde es keine Gerichtsverfahren, wie wir sie heute kennen, mehr geben. Da wäre kein ahnungsloser Richter, dessen Unternehmen (das staatliche Gericht) der Ausgang des Verfahrens vollkommen gleichgültig wäre. An diesem Streitfall wären nur Parteien beteiligt, denen auch etwas an dem Fall liegt. Sie, der potentiell Geschädigte, Ihre und dessen Versicherung, Ihr und dessen Sachverständiger, etc. Jede dieser Parteien hat ein eigenes Interesse, denn jeder steht im Wettbewerb. Jeder hat einen Ruf zu verlieren und eine Chance und ein Risiko abzuschätzen. Am Ende des Tages käme man, wahrscheinlich bereits in dieser Zusammensetzung, zu einem Kompromiss, der für alle Beteiligten transparent und akzeptabel wäre. Wäre dem nicht so, weil eine Partei absolut nicht akzeptieren will, dass sie hier die entsprechende Verantwortung und Konsequenz tragen muss, würde ein privates Gericht eingesetzt. Auf dieses Gericht, welches ebenfalls aus Sachverständigen besteht, haben sich die Versicherungen zuvor bereits in deren allgemeinen Geschäftsbedingungen verabredet. Diese Bedingungen haben Sie, mit Ihrer Unterschrift bei Versicherungsabschluss, freiwillig akzeptiert. Die Kostenübernahme, für dieses private Gericht, wäre wieder abhängig von der Art Ihrer Versicherungsqualität und das Urteil dieses Gerichtes müssten dann alle Parteien akzeptieren. Die Versicherungen würden den

Schaden laut Urteil begleichen und Sie als Versicherungsnehmer hätten darauf dann keinen Einfluss mehr. Es bliebe Ihnen dann nur noch die Option der nachträglichen Kündigung und die Suche nach einer neuen Versicherung.

Ich hoffe, Sie verstehen das größere Prinzip hinter diesem einfachen Beispiel. Gerichte, Versicherungen und Gutachter stehen alle im Wettbewerb mit Konkurrenten, denn sie sind alle Teilnehmer in der Privatwirtschaft. Dass es immer einen Markt für die Regelung von Streitigkeiten geben wird, darüber dürfte Einigkeit herrschen. Was dem Staatsgläubigen schwerfällt, das ist die Vorstellung. Dem Etatist fehlt das Vertrauen, dass die Durchsetzung der privaten Urteile tatsächlich erfolgen kann, wenn es keinen autoritären Staatsapparat gibt. Aber das ist einfach nur der Aberglaube, den der Etatist in sich trägt. Jedes Versicherungsunternehmen könnte mehrere bewaffnete Sicherheitsdienste beschäftigen und diese Söldner würden den Job erledigen. Sollte ein privates Gericht tatsächlich eine Gefängnisstrafe verhängen, dann wird der Verurteilte zuvor persönlich in seiner Versicherungspolice unterschrieben haben, dass der Schutz der eigenen Versicherung erlischt, sobald er zu einer Gefängnisstrafe verurteilt wurde. Keine Versicherung will einen verurteilten Straftäter schützen, solange dieser nicht rehabilitiert ist. Das private Gericht kann den Straftäter also vom „gerichtlichen" Sicherheitsdienst abholen lassen, ohne befürchten zu müssen, dass der Sicherheitsdienst von dessen Versicherung im Wege steht. Versicherungen und deren Sicherheitsdienste werden absolut kein Interesse an gewalttätigen Auseinandersetzungen haben. Nichts könnte geschäftsschädigender sein.

Voraussetzung für all diese, hier grob skizzierten Mechanismen, sind natürlich hochkomplexe, wasserdichte Verträge zwischen den Versicherungen und den Privatgerichten. Aber auch hier wird sich innerhalb kürzester Zeit ein Dienstleistungssektor etablieren, der es Ihnen, als einfacher Privatperson, erleichtert durchzublicken. Auch in einer libertären Gesellschaft wird nicht automatisch jeder zum Rechtsgelehrten. Aber ja, Verträge zwischen Privatfirmen werden am Ende von Privatpersonen unterzeichnet und diese Verträge werden alles regeln, was heute stümperhaft in öffentlichen Gesetzestexten zu regeln versucht wird. Sie als Privatperson werden diesen Verträgen freiwillig zustimmen und sehr aufmerksam das Kleingedruckte gelesen haben. Immerhin geht es um Ihre persönliche Freiheit, Ihre Chancen und Ihre Risiken. Ein Netz und doppelten Boden gibt es nicht. Aber das gibt es heute auch nicht. Der Staat gibt zwar vor, Sie zu beschützen, aber in Wahrheit beschützt Sie der Staat vor nichts. Der Staat gibt vor, Sie vor den Gefahren des alltäglichen Lebens zu bewahren, aber eigentlich kassiert er nur ab und seine Gesetze dienen nahezu ausschließlich zur Abzocke der Bürger.

Ein letzter Aspekt, der an dieser Stelle erwähnt sei, sind die Kosten für diese Versicherungen. Ich bin davon überzeugt, dass diese Kosten absolut gering wären, selbst für die Versicherungen der höchsten Qualitätsstufe. Das etatistische Argument, dass sich solche Versicherungen und Gerichte nur die Reichen leisten könnten, halte ich für spekulativ. Abgesehen davon, haben wir das auch heute, mit Spitzenanwälten auf der Verteidigerseite. Wichtiger ist aber der Hinweis, dass es kaum mehr zu solchen Streitigkeiten kommen würde, da der größte Aggressor aus der Gesellschaft spurlos verschwunden sein wird, der Staat selbst. Dazu kommt, dass die Menschen ungleich reicher wären als heute, denn die vollständige Steuersenkung auf 0 % und die damit einhergehende Deflation, würden jeden in eine deutlich bessere finanzielle Lage versetzen. Dieses Mehr an Geld, gepaart mit dem Wettbewerb unter den Gerichten, Versicherern und Sicherheitsdiensten, würde ein absolut effizientes und faires Privatrechtssystem entstehen lassen.

In der libertären Realität wäre all das im alltäglichen Leben wahrscheinlich kaum spürbar. Sie hätten diese Entscheidungen irgendwann zu Beginn Ihres Lebens getroffen und würden frei und selbstbewusst, mit Ihren freiwillig, selbst ausgewählten Versicherungsunternehmen im Rücken, durch das Leben gehen. Vielleicht hätten Sie Phasen, in denen Sie mehr oder weniger Schutzbedarf hätten. Sie würden Ihrer Versicherungsschutz dann entsprechend hoch- oder runterskalieren. Sie wüssten dann aber, was Sie tun und Sie würden Ihr Verhalten dementsprechend anpassen. Wenn Sie Ihre KFZ-Versicherung kündigten und dennoch Autofahren würden, dann würden Sie aufpassen, wie ein Luchs und jede Gefahrensituation noch kritischer einschätzen als sonst. Das wäre aber dann Ihre ganz persönliche Freiheit und Verantwortung und genau so wäre es richtig. Im Extremfall kann das zu schlimmen Situationen führen, z. B. wenn Sie Krebs bekommen und keine Krankenversicherung haben. Wir werden auf das Thema der Stiftungen noch zu sprechen kommen. Aber so viel vorab: Gerade in einer kapitalistischen Gesellschaft würde niemand im Stich gelassen, wenn ihm schuldlos großes Unglück widerfahren würde. Es ist der Sozialismus, der zu asozialem Verhalten, sogenanntem Moral Hazard, verleitet.

3.4 Moral Hazard

Der Begriff des „Moral Hazard" ist schwierig zu beschreiben, wenn man ihn vollständig erklären will. Es ist aber wichtig ihn zu verstehen, wenn man begreifen will, wie aussichtslos die Situation des heutigen Systems wirklich ist. Während es im libertären System immer um individuelle Zielsetzung und Selbstverantwortung geht, haben wir es im Sozialismus mit einem unauflösbaren Netz von Abhängigkeiten zu tun. Diese Abhängigkeiten sind finanzieller Natur und das Netz ist so konstruiert, dass jeder Versuch, dem Netz zu entkommen, zur Zerstörung der gesamten Struktur führt. Selbstverständlich will niemand die Verantwortung für diese Zerstörung übernehmen und so bleiben alle in diesem Netz gefangen. Aber es ist noch schlimmer, denn einige der „Gefangenen" haben dieses Spiel durchschaut und treiben es auf die Spitze. Das versucht der Begriff „Moral Hazard" zu beschreiben.

In erster Linie geht es dabei um Verantwortungslosigkeit, also genau dem Gegenteil des letzten Kapitels. Aber die genaue Bedeutung des Begriffes zielt auf mehr ab, nämlich die Instrumentalisierung der Verantwortungslosigkeit anderer zum eigenen Zweck. Es geht nicht nur darum, die Mitgefangenschaft anderer zu erkennen und zu nutzen. Es geht beim Moral Hazard darum, die Mitgefangenen zu grenzenloser Verantwortungslosigkeit zu erpressen, um selbst eine noch größere Verantwortungslosigkeit an den Tag legen zu können. Fälschlicherweise wird dieses Verhalten sehr häufig dem Kapitalismus als „Ideologie" vorgeworfen, aber wie wir schon wissen, nichts könnte weiter von der Wahrheit entfernt sein. Das wirklich asoziale am Moral Hazard ist die Verlogenheit und die Erpressung dabei. Es wird nach außen vorgegeben, dass die geforderten Maßnahmen notwendig seien, um z. B. Arbeitsplätze zu erhalten oder den Bankrott eines Landes bzw. dessen Bankensystems abzuwenden. In Wahrheit handelt es sich dabei um nackte Erpressung und systematische Ausbeutung.

Aktuell, d. h. im Mai 2020, erleben wir in Europa gerade wieder ein extremes Beispiel dafür, es geht um die sogenannten Corona-

Bonds. Was das genau ist, erspare ich Ihnen an dieser Stelle. Es geht um die Erpressung von weiteren 500 Milliarden Euro vom deutschen Steuerzahler, wie so oft in diesem Zusammenhang. Geredet und geschwafelt wird nach außen hin von Corona-Krise und Solidarität usw. Aber wie Sie mittlerweile wissen, Solidarität ist Gutmenschendeutsch und bedeutet nichts anderes als Ihre Zahlungsbereitschaft. Mit Corona hat das natürlich überhaupt nichts zu tun. In Wahrheit geht es um etwas ganz anderes, nämlich um die Finanzierung der kranken Staatshaushalte und Bankensysteme von Italien, Spanien und Frankreich. Der Moral Hazard liegt aber tiefer im System und zwar im Euro-System. Die Italiener drohen, nicht erst seit Corona, das Euro-System zu verlassen, wenn sie keine frischen Kredite bekommen. Das tun sie aber nur, weil sie ganz genau wissen, dass Deutschland den Austritt der Italiener unter allen Umständen vermeiden muss. Die Italiener, ebenso die Spanier und Franzosen, haben bei Deutschland nämlich so hohe Schuldentürme aufgebaut, dass Deutschland bzw. das deutsche Bankensystem, deren Einsturz selbst nicht überleben würde. Genau das sind die o. g. Abhängigkeiten im sozialistischen Moral Hazard, in die alle verflochten sind. Geht Italien, aufgrund eines Bankrotts, aus dem Euro heraus, dann sind die Schulden Italiens nur noch einen Bruchteil des heutigen Buchwertes wert. Das würde einen Kollaps des europäischen und somit des deutschen Bankensystems bedeuten. Die deutsche Regierung will die Rolle des Sündenbocks natürlich nicht übernehmen und deshalb gibt Deutschland immer neue Kreditzusagen. Die ausländischen Regierungen und Banken wissen das und deshalb sehen sie überhaupt keine Veranlassung für Austerität oder sonst irgendwelche Anstrengungen zu finanzieller Disziplin. Im Gegenteil, wer im Moral Hazard die größte Verantwortungslosigkeit zeigt, d. h. am lautesten „Hilfe" schreit, der bekommt am Ende das größte Rettungspaket.

Richtig schlimm wird es im Unternehmenssektor. Das „Too Big To Fail" Prinzip ist der Blutsbruder des Moral Hazard. Während der Staat die Alimentierung seines Bankensystems nicht stoppen will, wollen die Zentralbanken die Alimentierungen großer Banken und Konzerne nicht stoppen. Das Kreditkarussell muss sich weiterdrehen. Man sucht die Selbstverantwortung also nicht nur bei den Politikern vergeblich, sondern auch bei den Bank- und Konzernvorständen. Aber kann uns das wirklich überraschen? Sie alle verdienen kräftig mit.

„Too Big To Fail" bedeutet, dass der Untergang eines großen Unternehmens weitere Unternehmen mit sich reißen würde, was genau deshalb verhindert werden muss. Das Unternehmen ist also zu groß, um zu scheitern, es darf nicht pleitegehen. Große Unternehmen wissen das natürlich spätestens seit 2009 und sie gehen daher immer noch größere Risiken ein und nehmen immer noch größere Kredite auf. Große Unternehmen fusionieren mit anderen großen Unternehmen und sind anschließend nicht mehr nur Big, sondern super Big. Dieses Verhalten ist ebenso asozial, denn die Konzerne erpressen den Staat im Notfall mit den Arbeitsplätzen, die im Falle einer Pleite auf dem Spiel stehen. Es kommt dann zu staatlichen „Bailouts", d. h. Krediten, die der Steuerzahler „bewilligt" und die im Fall einer Pleite einfach verloren sind und von zukünftigen Generationen abbezahlt werden müssen. Staaten, Banken und Konzerne sitzen alle im „Moral Hazard" Casino und die Zentralbank teilt immer weiter Chips aus. Alle sind längst All in gegangen, aber dieses Pokerspiel hat leider ein nach oben offenes und permanent erweiterbares „All in".

Menschen wie ich, die fordern, dass dieses Auftürmen von neuen Schulden auf alten Schulden aufhört, werden als Crash-Gurus bezeichnet, als Menschen, die sich einen Crash wünschen. So geht praktiziertes Gutmenschentum, nach dem Motto: „Du willst am Crash nur verdienen." Das ist absoluter Quatsch. Ich fordere ein Ende der Verschuldungsorgien und des Wohlfahrtsstaates, weil ich den Crash und die freie Marktwirtschaft lieber heute als morgen will. Erstens, ist der Crash unvermeidlich und zweitens, ist die Krise morgen schmerzhafter als heute und jeder Tag der vorübergeht, macht alles nur noch schlimmer. Es ist also absolut nicht asozial, den Crash früher als später zu fordern. Asozial ist, immer weiter zu machen und die Katastrophe so weit hinaus zu schieben, dass man selbst vielleicht schon gestorben ist, wenn der Schwarze Schwan landet.

Machen wir an dieser Stelle mit dem asozialen Wohlfahrtsstaat weiter. Hier existiert ebenso ein Moral Hazard, denn der Staat ist pleite und niemand will dem deutschen Steuerzahler diese Wahrheit sagen. Wussten Sie z. B., dass Ihnen Ihre Rente nicht gehört? Die meisten Menschen glauben, dass der Staat ein echtes Rentenkonto für sie führt, d. h. ein Konto, wie bei einer Bank, auf dem die eingezahlten Beträge aufgehoben und verzinst werden. Ich muss alle diese Menschen enttäuschen, es gibt kein Konto mit Ihrem Geld. Die staatliche Rente ist nämlich pleite und wäre sie ein Unternehmen, dann hätte sie bereits vor vielen Jahren Insolvenz anmelden müssen. Der Staat ist aber ein Hasardeur und er geht gigantische Risiken ein, für die er in Zukunft nicht verantwortlich gemacht werden kann. Warum? Weil der Staat, wie ich schon öfter hier geschrieben habe, weder existiert noch eigenes Geld verdient. Die staatliche Rentenkasse wird jedes Jahr mit Milliarden von Steuergeldern quersubventioniert, das können Sie leicht im Internet nachlesen. Eigentlich müsste der Staat das Rentenalter längst auf 75 Jahre hochgesetzt und die Rentenleistung auf unter 40 % gekürzt haben, aber er tut es nicht. Natürlich tut er es nicht, denn dann würde ja sein jahrzehntealtes Lügengebäude einstürzen. Nein, jede Regierung weiß, dass der Wohlfahrtsstaat die wichtigste Säule des staatlichen Machterhalts ist, denn die Menschen, die am Tropf des Wohlfahrtsstaates hängen, sind der mit Abstand größte Teil der Wählerschaft. Weil das so ist und weil alle wissen, dass das so ist, gibt es keinerlei Verantwortungsbewusstsein mehr, was den fiskalischen Haushalt angeht. Die „Schwarze Null", die uns in den vergangenen Jahren immer wieder aus Berlin gemeldet wurde, ist eine dreiste Lüge, die genau dazu geschaffen wurde, den Moral Hazard der Regierung zu verbergen. Die Staatsschulden wachsen stetig weiter und die Bevölkerung macht beim Schuldenmachen fleißig mit.

Das Problem ist, dass jeder weiß, dass der Staat, Banken, Unternehmen und Privathaushalte längstens über den „Point Of No Return“ hinüber sind. Es ist eine gegenseitige Pattsituation und es geht nur weiter, indem alle alles weiter verschlimmern. Die Privathaushalte müssen weiter konsumieren, sonst kollabieren die Unternehmen. Wenn die Unternehmen pleitegehen, dann kollabieren die Banken und wenn die Banken pleitegehen, dann geht der gesamte Staat unter. Also alimentiert der Staat seine breite Bevölkerung inkl. Rentner, Arbeitslose und Zuwanderer, sodass das Rad am Laufen bleibt. So einfach ist das. Allerdings mit dem Problem, dass unsere zukünftigen Generationen die entstandenen Schulden irgendwann zurückbezahlen müssen. Die Politiker der aktuellen Generation werden dann aber nicht mehr da sein und deshalb gilt für diese asozialste aller Parasitengattungen: „Nach uns die Sintflut.“ Die Minister aller Ministerien stellen sich bereitwillig vor die Kamera und lassen sich, für ihre vermeintliche Großzügigkeit, auf die Schultern klopfen. Dass dieses typische Verhalten im Sozialismus in Wahrheit absolut asozial ist, das will keiner verstehen. Die wenigen Gutmenschen, die es wirklich verstehen, die beschimpfen, aus reinem Selbstschutz, den alten Klassenfeind: Den Kapitalismus.

Alle diese Themen, „Moral Hazard“, „Too Big To Fail“ und die besagten „Bailouts“ würde es in einer libertären Gesellschaft bzw. im Kapitalismus nicht geben können. Es wäre niemand da, der irgendeinen Grund hätte, die Wähler zu bestechen. Es würde nämlich keinen Wohlfahrtsstaat und keine Wähler geben. Es würde sicherlich große Unternehmen geben, aber niemand würde diese vor der notwendigen Pleite retten. Der Bankrott wäre ein vollkommen normales Phänomen, das quasi tagtäglich in den Nachrichten wäre. Genau wie Firmenneugründungen. Bailouts würden der Geschichte angehören. Man muss verstehen, dass Rettungspakete vollkommen falsche Anreize schaffen. Genau wie der Wohlfahrtsstaat. Wenn Versagen nicht bestraft, sondern belohnt wird, dann führen die Anreize in die vollkommen falsche Richtung. Kein Privatunternehmer könnte jemals auf solche Ideen kommen, denn im Wettbewerb führt Versagen automatisch zum Bankrott.

Ich habe in diesem Kapitel versucht, die aktuelle Ausweglosigkeit des Systems zu skizzieren. Staaten und Zentralbanken haben sich in eine Sackgasse manövriert. Der Bankrott großer Schuldner muss unter allen Umständen verhindert werden, weil das Kartenhaus sonst zusammenbrechen wird. Regierungen, die aus dem Euro aussteigen möchten, müssen abgewendet werden. Es ist wie bei dem Spiel „Die Reise nach Jerusalem“. Keiner will der Sündenbock ohne Stuhl sein und deshalb tun alle alles dafür, dass die Musik nicht aufhört zu spielen.

3.5 Zusammenfassung Kapitel 3

Vom Puppenhaus zum Moral Hazard war es ein weiter Bogen. Beim Puppenhaus ging es mir um die bildhafte Darstellung von Menschen, die ahnungslos für dieses System schuften, ohne zu ahnen, was tatsächlich für ein Spiel mit ihnen gespielt wird. Bei der Erklärung des Moral Hazard ging es mir darum, das asoziale Wesen des Systems und dessen Nutznießer darzustellen. Gemeint sind damit natürlich das Zentralbankensystem, der Wohlfahrtsstaat und die sogenannten „Fat Cats", d. h. Zentralbanker, Konzernvorstände und natürlich die sozialdemokratische Parasitenklasse.

In den drei dazwischenliegenden Kapiteln habe ich versucht, den libertären Standpunkt klar zu machen. Im Zentrum steht dabei natürlich erst einmal jedes Individuum für sich. Was für einen Gutmensch ein narzisstischer Egomane ist, das ist für den Libertären das Selbstbewusstsein aus der eigenen Überzeugung heraus. Der Ausgangspunkt der individuellen Freiheit ist die Erkenntnis, dass man sich selbst erst einmal genug sein kann. Man muss deswegen kein einsamer Wolf sein, aber zu einem großen Rudel zu gehören, ist für den freiheitsliebenden Libertären, keine Notwendigkeit. Dass diese Freiheit auch ein großes Maß an Eigenverantwortung und Risiken mit sich bringt, auch das habe ich nicht verschweigen wollen. Warum auch? Wer einmal erfolgreich ein individuelles Risiko eingegangen ist, der weiß, was das für ein tolles Gefühl ist. Wer nach dem Scheitern wieder aufsteht, der kennt genau dasselbe Gefühl auch.

Wir müssen uns wieder trauen zu scheitern. Wer scheitert, hat nicht versagt. Wer nicht wieder aufsteht und wer erst gar kein Risiko eingeht, nur der hat versagt.

Kapitel 4 – Beispiele der libertären Umwandlung

Ähnlich dem Beispiel des Katasteramtes, möchte ich Ihnen in diesem Kapitel einige Muster aufzeigen, wie die Transformation, vom Staat weg, hin zu einer privatwirtschaftlichen Lösung, aussehen könnte. Ich schreibe „könnte", nicht weil ich mir unsicher bin, ob es in der Praxis klappen würde. Ich schreibe „könnte", weil ich mir absolut sicher bin, dass auch ich die Kreativität, die Kraft und die Geschwindigkeit, mit der diese Umwandlungen vonstatten gehen könnte, unterschätze. Es ist aber eines der großen Probleme der Libertären, dass sie von Etatisten, quasi reflexartig, nach Ersatzlösungen in einer staatsfreien Welt gefragt werden. Der Etatist verlangt vom Libertären sofort Antworten auf alle möglichen Fragen, dabei gibt der Libertäre gar nicht vor, diese Antworten zu haben. Der Libertäre verkauft keine eigene Ideologie, er will lediglich alle Ideologien abschaffen und der Staat gehört konsequenterweise als allererstes in die Tonne. Das ist keine feige Ausrede, aber ich will auch das, an dieser Stelle, einmal gesagt haben. Kein Libertärer gibt vor, die Welt ohne Staat vollkommen voraussagen zu können. Genau darin liegt der freiheitliche Chancen- und Risiko-Charakter des Libertarismus begründet. Larken Rose gibt in einigen seiner YouTube Videos den Ratschlag, auf solche Fragen generell nicht zu antworten, da man einen Abergläubigen ohnehin nicht auf diese Weise überzeugen kann. Oliver Janich zeigt in seinem Buch „Sicher ohne Staat" hingegen konkrete Transformationen zu einer Privatrechtsgesellschaft auf. Die Beispiele, die ich Ihnen hier präsentiere, sind ohne bestimmte Reihenfolge gewählt und einfach nur, von mir persönlich angedachte oder teilweise fremd übernommene, Szenarien.

Bsp.#1 – Das öffentliche Tankstellen-Netz

Dieses erste Beispiel ist ein Gedankenspiel, um Ihnen zunächst einmal die bornierte Grundhaltung eines jeden Etatisten vor Augen zu führen. Ich bin sehr glücklich darüber, dass mir dieses Gedankenspiel eingefallen ist.

Stellen Sie sich vor, die deutsche Regierung hätte sich nach dem 2. Weltkrieg dafür entscheiden dürfen, das deutsche Tankstellennetz in die Hände des Bundes oder der Länder zu geben. Diese Maßnahme wäre nur allzu logisch gewesen, denn das Tankstellennetz gehört zur kritischen Infrastruktur jedes Landes, genau wie das Stromnetz, das Eisenbahnnetz und das Telefonnetz und diese wurde ebenfalls alle in staatliche Hand gelegt. Die Wahrheit, warum das Tankstellennetz nach dem Krieg privatisiert wurde, ist einfach damit zu begründen, dass Deutschland keine eigenen Ölvorkommen hat und das deutsche Geschäft mit Diesel und Benzin an die Konzerne der Siegermächte gehen sollte. Bleiben wir bei der Annahme, es wäre anders gekommen und die Nachkriegs-Tankstellen wären, bis zum heutigen Tag, zu 100 % staatlich. Was meinen Sie, würde das Tankstellennetz in Deutschland heute so aussehen, wie es heute aussieht? Ich möchte, dass Sie sich für diese Antwort ein paar Sekunden oder Minuten Zeit lassen. Denken Sie an andere Bereiche, die der Staat, seit dem Krieg und bis heute in seiner Obhut hat und wie es dort um die Qualität bestellt ist. Glauben Sie ernsthaft, es würde in Deutschland die gleiche Anzahl an Tankstellen geben wie heute (ca. 15.000)? Glauben Sie, es würde in einem staatlichen Szenario an manchen Ortsausfahrten Tankstellen auf beiden Straßenseiten geben? Glauben Sie, es würde in manchen Orten an jeder Ortseinfahrt eine Tankstelle geben? Glauben Sie, Tankstellen wären manchmal mit zehn oder mehr Zapfsäulen ausgestattet und an jeder einzelnen Zapfsäule würden alle Kraftstoffarten angeboten? Glauben Sie, das Innere einer Tankstelle würde dem Inneren eines kleinen Supermarktes und Tabakwarenladens ähneln? Lassen Sie Ihrer Fantasie freien Lauf, genau darum geht es in diesem Gedankenspiel. Vielleicht sind Sie der Meinung, der Staat würde viel mehr Tankstellen bereitstellen, weil das eine gute Möglichkeit zur Arbeitslosenbekämpfung und Vollbeschäftigung wäre. Vielleicht sind Sie der Meinung, an jedem Ortseingang würden auf beiden Seiten Tankstellen stehen, egal wie klein die Ortschaft ist. Vielleicht sind Sie sogar der Meinung, der Staat wäre ebenfalls auf die Verbindung von Kraftstoff und Lebensmitteln gekommen und hätte nach einigen Jahren sogar die Supermärkte verstaatlicht und an die Tankstellen angeschlossen. All das ist möglich und es geht in diesem Gedankenspiel absolut nicht um die Realitätsnähe Ihrer oder meiner Fantasie.

Um was es bei diesem Gedankenspiel geht ist das Folgende: Wäre das Tankstellennetz in Deutschland seit 75 Jahren in der Hand des Staates und ein Libertärer würde Ihnen über den Weg laufen und würde dafür plädieren den Staat abzuschaffen. Wäre Ihre erste Reaktion dann nicht auch: „Und wer soll dann bitte schön die Tankstellen betreiben?". Natürlich wäre das Ihre erste Reaktion darauf. Sie hätten sich in Ihrem Leben niemals auch nur eine Sekunde mit einem möglichen Alternativ-Szenario beschäftigt, warum auch? Wenn Sie im Ausland sind, dann sind Sie meistens im Urlaub oder im Business-Stress und es kümmert Sie nicht, ob Dieses oder Jenes staatlich oder privat betrieben wird und deshalb hinterfragen Sie das auch nicht. Das hätten Sie natürlich auch im Falle des Tankstellennetzes niemals getan und das tun Sie heute auch nicht beim Gesundheitswesen, beim Schulwesen oder bei sonst einem staatlichen Unwesen. Dass das private Tankstellennetz in Deutschland vollkommen einwandfrei funktioniert, das wissen Sie heute nicht nur, das ist für Sie sogar selbstverständlich. Ebenso die Versorgung mit dem Wichtigsten überhaupt, den Lebensmitteln, funktioniert durch das private Filialnetz der Supermarktketten hervorragend. Ein rein privates Schulnetz oder Straßennetz ist für Sie momentan hingegen vollkommen unvorstellbar. Warum denn nur?

Ich wollte mit diesem Gegenbeispiel des Tankstellennetzes zeigen, dass diese vermeintliche Alternativlosigkeit zum Staat, nur auf den ersten Blick existiert. Das liegt daran, weil man sich als Etatist in einer mentalen Komfortzone befindet und keine Notwendigkeit erkennen will, über Alternativen Gedanken zu verschwenden.

Privatisierung geht in Deutschland, ironischerweise, heute zumeist vom Staat selbst aus. Ironisch ist das aber nur aus der Sicht eines Libertären, der sich nämlich wundert, dass ausgerechnet der Parasit freiwillig seine eigene Schrumpfung einleitet. In Wahrheit ist es natürlich so, dass der Staat das nur in den wenigen Fällen tut, in denen er es tun muss. Erst wenn ein staatlicher Bereich dermaßen abgewirtschaftet ist, dass er absolut nicht länger schulden- oder querfinanziert werden kann, dann, erst dann, ruft der Staat nach der rettenden Privatisierung. Diese Rettung rettet aber nicht den staatlichen Betrieb, dessen Mitarbeiter oder gar den Steuerzahler und Endkunden. Der Steuerzahler bekommt ja keine Steuersenkung in Folge einer Privatisierung, wo denken Sie hin? Das Einzige, was gerettet wird, ist das Gesicht des Staates vor der unausweichlichen Komplettblamage. Die Privatisierung eines staatlichen Bereiches kommt erst dann, wenn der Laden unmittelbar vor der Rufschädigung des gesamten Staatsapparates steht.

In Wahrheit bedeutet diese Art der Privatisierung aber keine echte Privatisierung. Meistens geht hier die Transformation eines Staatsmonopols zu einem Privatmonopol oder –Oligopol vonstatten. Und nur als Abschlussbemerkung sei dringend gesagt, dass es sich bei dieser Transformation absolut nicht um einen Vorgang im Sinne des wettbewerbsorientierten Kapitalismus handelt. Dazu später mehr.

Bsp.#2 – Die private Berufs-Feuerwehr

Das kapitalistische Prinzip sagt, dass ein Bedarf, früher oder später, ein Geschäftsmodell ergibt. Im Fall der Feuerwehr ist dieses Prinzip absolut zutreffend, denn jeder Immobilienbesitzer hat den Bedarf seine Immobilie und deren Bewohner vor Feuer zu schützen. Woran man das bereits im Ansatz erkennt, ist die reine Existenz von Feuer- und Brandversicherungen. Bei diesen Versicherungen geht es heute generell eher um das Thema Schadensersatz und nicht um das Thema Brandbekämpfung, das ist schon richtig. Aber warum sollte das nicht einfach, von heute auf morgen, erweiterbar sein?

Der Denkfehler bei der gedanklichen Abschaffung des Staates ist immer wieder derselbe. Der Etatist glaubt, es entstehe eine dauerhafte Lücke, d. h. hier im Beispiel, es würde einfach keine Feuerwehr mehr geben. Häuser, ja ganze Häuserreihen, würden zukünftig bis auf die Grundmauern abbrennen und mit ihnen ihre Bewohner. Aber das ist einfach nur nicht weit genug gedacht. Warum sollte es denn keine Feuerwehr mehr geben? Der Bedarf nach Brandbekämpfung wäre weiterhin da. Das Angebot an Brandbekämpfung in Form von Feuerwehrmännern und deren Werkzeugen wäre auch weiterhin da. Es ist also nur noch eine Frage der Finanzierung und es gibt keinen Grund auf dieser Welt, warum diese Finanzierung ausschließlich über Steuern funktionieren können sollte. Oder fällt Ihnen ein Grund ein?

Auch an dieser Stelle, wie am Beispiel des Katasteramtes, die Antwort auf die Frage: „Warum überhaupt privatisieren, wenn Angebot und Nachfrage doch sowieso da sind?" Erstens, wegen dem fehlenden Wettbewerb der Feuerwehren untereinander und zweitens, wegen der Finanzierung über Zwangsbesteuerung. Warum soll ein doppelverdienendes Ehepaar doppelt soviel Steuern für die Feuerwehr bezahlen, wie ein Single, obwohl sie in einer Wohnung gleicher Größe wohnen? Warum soll in einem 5-Familienhaus jeder Erwerbstätige genauso viel Steuern für die Feuerwehr zahlen, wie eine dreiköpfige Familie, in der nur der Mann arbeitet, in einem Einfamilienhaus? Warum sollen Mieter für die Brandbekämpfung der Immobilie des Vermieters bezahlen? Wäre das nicht eher ein Marketinginstrument für den Vermieter, wenn er seine Mieter mit einem tollen Brandschutz-Service bei einer 5-Sterne Feuerwehr locken könnte? Verstehen Sie, worauf ich hinaus will? Kein Immobilienbesitzer könnte es riskieren, keine Versicherung zur Brandbekämpfung abzuschließen. Selbst wenn er diese Kosten dann doch auf seine Vermieter umlegt, die Finanzierung ergibt sich von ganz allein. Es braucht keinen Zwang durch Besteuerung.

Ebenso greift hier das Wettbewerbsprinzip. Die Feuerwehren würden trainieren bis der Arzt kommt, um beim nächsten Feuer die Ersten am Brandort zu sein. Jeder Feuerwehr-Geschäftsführer möchte am nächsten Tag in der Lokalpresse den Namen seiner Feuerwehr lesen: „Beim gestrigen Hausbrand in der Berlinerstrasse waren die Fire-Heros-24-7 aus Musterhausen ganze 2 Minuten schneller vor Ort als die anderen Feuerwehren…" Solche Schlagzeilen, gepaart mit attraktiven Preisen, bringen Neukunden! Jede Feuerwehr hätte ihre eigenen Ideen der Brandmeldung, z. B. über eine Feuerwehr-App, die einem das Wählen von 112 ersparen und sofort in den Kameramodus umschalten würde, um Bild und Ton vom Brandort zu übertragen, natürlich inkl. sofortiger Standortübermittlung per GPS und weiß der Teufel was noch.

Darüber hinaus würden Feuerwehren noch ganz andere Jobs übernehmen. Warum sollten Berufsfeuerwehrleute nicht noch vollkommen andere Aufgaben wahrnehmen, wenn es ihre Zeit zulässt? Hier kommt die wahre Kraft der kapitalistischen Idee zum Tragen. Warum sollten Feuerwehrleute z. B. nicht gleichzeitig einen Online-Versandhandel für Brandschutzkleidung und Zubehör betreiben? Sobald die Alarmglocke tönt, lassen sie die Maus fallen und rennen zum Fahrzeug. Der Fantasie sind hier keine Grenzen gesetzt und auch hier geht es in erster Linie nicht um Realitätsnähe. Aber glauben Sie, bei der staatlichen Feuerwehr macht sich auch nur ein einziger Mensch ernsthaft solche Gedanken? Wozu denn? Die Steuereinnahmen und Gehälter kommen so oder so. Wettbewerb und schlechte Presse? Fehlanzeige. Ich bin sicher, viele Feuermänner werden das nicht gerne lesen, aber insgeheim werden auch sie sich fragen, ob da nicht mehr geht. Ich sage nicht, dass Feuerwehrmänner nicht genug leisten. Ich sage nur, sie könnten in einem Wettbewerbsumfeld mindestens dasselbe leisten und weniger Kosten verursachen. Damit meine ich gar nicht die Gehälter der aktiven Feuerwehrmänner, sondern den zwangsfinanzierten Wasserkopf drum herum.

Es ist doch vollkommen selbstverständlich, dass die Abwesenheit von Wettbewerb und die garantierten Einnahmen über die steuerliche Zwangsfinanzierung nur zu einem übergroßen Verwaltungsapparat und Ineffizienzen führen können. Dieser Vorwurf geht nicht an die aktiven Feuerwehrmänner und auch an sonst keinem Beamten in einer aktiven Position. Im Gegenteil, die kleinen Beamten werden meistens ausgepresst wie die letzten Zitronen. Dieser Vorwurf geht an den Verwaltungsapparat, angefangen bei den Spitzenpolitikern bis hinunter in die Dienstzimmer der kleinsten Behörden. Eine private Feuerwehr hätte in meinen Augen viele Vorteile. Der größte von allen wäre die erhöhte Qualität der Leistung und die dadurch geretteten Menschenleben. Für Rettungsdienste, Katastrophenschutz, Polizei usw. gilt exakt dasselbe.

Bsp.#3 – Das private Straßen- & Autobahnnetz

Zu allererst eine riesige Überraschung für alle Etatisten da draußen: Der Staat baut in Wahrheit gar keine Straßen. Straßenbauunternehmen bauen Straßen. Dasselbe gilt für Brücken, Hafenanlagen sowie Hoch- und Tiefbau. Der Staat selbst baut nichts davon, das alles tun private Bauunternehmen. Selbst die Planung von Straßen macht der Staat nicht selbst. Das machen Ingenieurbüros, ebenfalls aus der Privatwirtschaft. Was also genau macht der Staat im Bauwesen? Sie haben es erraten, der Staat verteilt Steuergeld, denn das ist eigentlich das Einzige, was er mit seiner löchrigen Gießkanne tun kann.

Aber ich will nicht ablenken, denn die Frage nach den Straßen ist eigentlich immer die erste Frage, wenn es um die „Lücken" geht. Wer soll denn zukünftig die Straßen bauen, wenn es keinen Staat mehr gibt? Ich muss zugeben, ich habe selbst ein paar Minuten für die Antwort gebraucht. Ich möchte auch hier vorausschicken, dass meine Antwort darauf nur eine mögliche Antwort ist. Wahrscheinlich gibt es Dutzende weiterer Möglichkeiten, aber diese Antwort scheint mir die verständlichste. Ich bin nicht sofort auf diese Antwort gekommen, weil wir beim Fortbewegungsmittel „Auto" eine Sondersituation haben. Ich meine damit die komplette finanzielle Trennung von Fahrzeug und Fahrbahn. Das krasse Gegenstück dazu wäre die Deutsche Bahn mit ihren Zügen und ihrem Schienennetz. Übertragen auf das Thema Straßenbau, wäre die folgende Frage bei einer vollständigen Privatisierung der Deutschen Bahn angebracht: „Wer soll denn zukünftig die Schienen verlegen?" Ihre spontane Antwort wäre natürlich: „Das Privatunternehmen, das die Deutsche Bahn übernommen hat und seine Züge auf den Schienen fahren lassen will." Das ist nur logisch, denn das Geschäftsmodell mit dem Zugtransport funktioniert ohne Schienen einfach nicht. Ebenso würde das Transportgeschäft mit Autos, Bussen, Motorrädern und Lastwagen ohne Straßen und Autobahnen nicht mehr funktionieren, richtig? Würde es niemanden mehr geben, der unsere Infrastruktur instand hält und ausbaut, dann würde die Infrastruktur schnell unbrauchbar und das Geschäftsmodell mit dem Individualverkehr und den Brummis würde nach und nach sterben.

Wir haben es schon bei anderen Beispielen gesehen. Immer wenn es einen Bedarf gibt, dann gibt es auch ein Geschäftsmodell und jemanden, der das Geschäft für sich entdeckt. In diesem Fall haben wir sogar Millionen von privaten und tausende von kommerziellen Bedarfsträgern, d. h. es werden sich viele für die Erhaltung unserer Infrastruktur interessieren und bereit sein dafür zu bezahlen. Das größte Interesse dürften allerdings die Kraftfahrzeughersteller an einem funktionierenden Straßen- und Autobahnnetz haben, meinen Sie nicht? Die privaten und kommerziellen Endverbraucher des Straßennetzes können teilweise auf Alternativen ausweichen, z. B. den Luft-, Wasser- und Schienenverkehr. Aber auf welches Medium können die Fahrzeughersteller ausweichen? Aus meiner persönlichen Sicht gibt es absolut keinen Grund, warum Kraftfahrzeuge und Straßennetz nicht genau so zusammengehören sollten, wie Züge und Schienennetz.

Ein denkbares Szenario wäre also, dass sich Fahrzeughersteller eines Landes zusammentun und Straßenkonsortien bilden, d. h. private Unternehmen, die sich um die Instandhaltung, Planung und den Ausbau der Straßen kümmern. Bei diesen Konsortien könnte es sich durchaus um regionale Monopole handeln, aber das muss nicht unbedingt so sein. Es könnte durchaus sein, dass es ein Konsortium der LKW-Hersteller gibt, welches einen größeren Wert auf den Ausbau der Autobahnen und Autobahnraststätten legt, während das Cabrio- und Motorrad-Hersteller Konsortium mehr auf die Landstraßen achtet. Das Elektro-Auto Konsortium ist hingegen in den Innenstätten besonders aktiv und hat enge Kooperationen mit dem Roller- und Fahrrad Konsortium.

Ebenso könnte die Art der Verrechnung mit den Endkunden ein Alleinstellungsmerkmal sein. Während das Autobahn Konsortium nur die deutschlandweite Flatrate-Nutzung anbietet, bietet das City Konsortium Tages- und Wochenendpauschalen für die Großstädte an. Auf manchen Straßen ist es am Wochenende zukünftig teurer mit einem LKW als mit einem Cabrio zu fahren, weil das Überlandstraßen Konsortium am Wochenende weniger LKWs auf seinen schönen Landstraßen sehen will. Gemessen und abgerechnet wird das alles über einen Chip in Ihrem Fahrzeug und wenn Sie das, aus Angst vor Überwachung, nicht wollen, dann verzichten Sie entweder auf ein Auto oder Sie kaufen sich die „ADAC All-Street-Flat" für 1.000 EUR/Jahr und dürfen chipfrei überall fahren wo Sie wollen. Sie finden 1.000 EUR/Jahr teuer? Bitte bedenken Sie, dass Sie keine KFZ-Steuer mehr bezahlen und dass der Liter Benzin nur noch ca. 25 €Cent kostet. Darüber hinaus finanzieren Sie bereits heute die Straßen über Ihre Einkommensteuer, nur dass Sie heute keinen blassen Schimmer haben, wieviel Geld von Ihren Steuern in die Straßen fließt, richtig? Wie komme ich auf 1.000 EUR/Jahr. Naja, Sie können auf der Homepage des Finanzministeriums nachlesen, dass der Bund ca. sieben Milliarden Euro jährlich für den Straßenbau ausgibt. Wenn wir 40 Millionen Haushalte in Deutschland mit einem Auto je Haushalt annehmen, dann kommen wir auf eine Summe von 40 Milliarden Euro jährlich, wenn jeder die Flatrate bucht. Das ist mehr als das Fünffache des Budgets, damit sollte sich in einem effizienten, kapitalistischen System etwas anfangen lassen.

Die hier angeklungene Möglichkeit der Monopolbildung ist tatsächlich nicht von der Hand zu weisen, denn es wird kein zweites Autobahnnetz geben. Aber Monopole sind nicht grundsätzlich schlecht.

Bsp.#4 – Die private Wasserversorgung

Wenn Gutmenschen auf den Kapitalismus einschlagen, dann fällt häufig der Name des Schweizer Großkonzerns NESTLE. Es geht dabei häufig um die Rodung von Waldflächen für den Anbau von Palmölpflanzen und um die weltweite Privatisierung von staatlicher Wasserversorgung. Wenn Sie zukünftig Kapitalismuskritik im Zusammenhang mit der Firma NESTLE hören, dann freuen Sie sich, dass Sie dieses Kapitel gelesen haben und helfen Sie dem armen Gutmenschen aus seinen Verwirrungen. In der Tat ist es so, dass die blanke Unwissenheit über die Wirkungsweise des Sozialismus an keinem Beispiel deutlicher zu Tage tritt, als bei diesem.

Es ist richtig, dass die Firma NESTLE überall auf der Welt Rechte zur Förderung und zum Verkauf von Grundwasser erwirbt. In manchen Ländern und Regionen hat NESTLE damit quasi eine Monopolstellung auf die Wasserversorgung erreicht und kann damit die Preise diktieren. Ob NESTLE das wirklich tut und Wucher betreibt, habe ich jetzt nicht im Einzelnen recherchiert, aber Sie werden gleich erkennen, dass es mir darum gar nicht geht. Nehmen wir aber für den Moment an, dass NESTLE genau das tut und dass NESTLE tatsächlich der teuflische Konzern ist, den die Gutmenschen als solchen ausgemacht haben.

Um was es mir geht ist, dass die Kapitalismuskritik hier vollkommen unangebracht ist. Was der Gutmensch glaubt verstanden zu haben ist, dass Privatisierung mit Kapitalismus gleichzusetzen ist, weil im Kapitalismus der Privatbesitz zu 100 % garantiert ist. Aber diese Schlussfolgerung ist grundverkehrt und die Kapitalismuskritik ist es demzufolge ebenso. Was am Beispiel NESTLE unbedingt erkannt werden muss ist, dass es sich hier lediglich um die Übertragung eines staatlichen Monopols auf eine Firma aus der Privatwirtschaft handelt. Das hat allerdings absolut nichts mit Kapitalismus zu tun, sondern es ist, per Definition, eine staatlich initiierte und somit rein sozialistische Transaktion. Es ist zugegebenermaßen eine eher seltene und wünschenswerte Transaktion, innerhalb des Sozialismus, aber dennoch ist es Sozialismus. Die

Übergabe eines staatlichen Monopols, in nicht staatliche Hände, bedeutet nicht einmal ansatzweise Kapitalismus. Aber der Gutmensch schafft es in seinem ideologisierten Hirn nicht weiter, als bis zu solch einer oberflächlichen Schlussfolgerung. Der Staat hat hier letztlich nur ein Geschäft gemacht und das Monopol verkauft. Sei es, weil er selbst am Rande des Ruins mit diesem Geschäftsmodell stand oder weil er schlicht gierig auf das Geld von NESTLE war. Fakt ist, dass der Staat anschließend immer noch präsent ist. Oder glauben Sie NESTLE ist automatisch von der Besteuerung und der Regulierung befreit? Sicher, NESTLE wird alle rechtlichen Hebel in Bewegung setzen, um diesen sozialistischen Knebelinstrumenten aus dem Weg zu gehen, aber diese „Befreiung" kostet den Konzern jährlich Millionen für Anwälte und Berater. Auch das hat nichts mit Kapitalismus zu tun, auch wenn Offshore Konten und Firmen ebenso beliebte Ziele der Kapitalismuskritiker sind. Hätten wir es mit Kapitalismus zu tun, dann müsste NESTLE keinen einzigen Steueranwalt bezahlen und Offshore Konten und Firmen würden überhaupt nicht existieren. Firmen müssten sich auf diese Weise vor keinem Parasit namens Staat schützen, weil einfach kein Staat existieren würde. Gutmenschen verstehen diese Logik nicht, weil sie die Definition von Kapitalismus und Sozialismus nicht verstehen.

Aber es ist noch besser. Der Schritt zum privaten Monopol ist wünschenswert. Warum? Weil durch diesen Schritt, zumindest in der Theorie, die Grundlage für das wichtigste Element gelegt wird: Wettbewerb. Wenn der Staat das Monopol aufgibt, dann könnte, zumindest theoretisch, ein Wettbewerb zwischen der Firma NESTLE und einer anderen Firma aus der Privatwirtschaft entstehen. Das muss der Staat aber auch zulassen und da haben wir wieder unser Problem im Sozialismus. Wenn NESTLE nämlich die Rechte vom Staat kauft und diese Rechte zeitlich ungebundene Exklusivrechte sind, dann ist es natürlich gleich wieder Essig mit dem Wettbewerb. Wenn NESTLE dann tatsächlich Wucher betreibt und die Bevölkerung abzockt, dann muss man sich nicht wundern, wenn durstige Menschen auf die Straßen gehen und Blut sehen wollen. Worüber man sich allerdings sehr wundern muss, das ist die Kapitalismuskritik. Die Gutmenschen sehen dieselben Fernsehbilder wie Sie und ich. Demonstranten auf den Straßen und vor der lokalen Firmenzentrale von NESTLE. Aber was sieht man noch? Staatlichen Schutz der Firmenzentrale durch Polizei oder gar Militär. Man kann das Gewaltmonopol des sozialistischen Staates, in seiner vollen Hässlichkeit, am Bildschirm beobachten und dennoch sabbert der Gutmensch etwas vom bösen Kapitalismus vor sich hin. Es gibt für mich kein deutlicheres Manifest von Realitätsverweigerung. Es ist „socialism in your face"!

Monopole würden im Kapitalismus auch entstehen. In der Tat ist es so, dass neu entdeckte Geschäftsmodelle immer zunächst in einer Monopolstellung aufwachsen. Das ist überhaupt der Grund, warum neue Geschäftsmodelle entstehen können, denn der Unternehmer, der das Geschäftsmodell entdeckt, macht zunächst unendlich viele Fehler. Seine Monopolstellung beschützt ihn dabei vor dem sofortigen Bankrott. Aber das funktioniert nur für eine Weile. Mit der Zeit optimiert der Monopolist sein Unternehmen und er wird, vollkommen zu Recht, reich. Dieser Reichtum zieht Nachahmer an, denn auch andere wollen reich werden. Wenn es jedoch niemand schafft, dasselbe Produkt zum selben Preis herzustellen, vielleicht weil der Monopolist ein einzigartiges Genie ist, dann kann er sein Monopol behalten. Daran ist auch nichts verwerflich. Wenn er aber doch kein so großes Genie ist und mit Preiswucherei anfängt, dann wird es früher oder später ein Wettbewerber schaffen, gegen sein Produkt anzutreten. Die wahre Kunst eines dauerhaften Monopolisten ist es also, genau den Preis für sein Produkt zu finden, bei dem er den Markteintritt der Konkurrenz verhindern kann. Das ist fairer Kapitalismus und hat mit Wucher nichts zu tun. Zumindest ist das meine Überzeugung.

Dass ausgerechnet die Sozialisten es dem Kapitalismus zum Vorwurf machen, dass es Monopole gibt, ist für mich wieder ein klassisches Beispiel für ein Ablenkungsmanöver. Natürlich haben wir es bei den Gutmenschen häufig mit Unwissenheit zu tun. Aber die Grundlagen des Sozialismus sind nicht zufällig entstanden. Ebenso wenig wurde den Menschen, ganz aus Versehen, soviel Salz in die Augen gestreut. Die Entstehung des Staates auf der Basis des Gewaltmonopols war der Anfang vom Ende. Die Monopole auf die Gesetzgebung und die Rechtsprechung waren dann die Grundlagen für den Eingriff und das Wachstum des Parasiten, tief in die Wirtschaft hinein. Selbst dort hat sich der Staat Monopole ergaunert und gibt diese nur äußerst ungern wieder ab. All das sind keine zufälligen Entwicklungen, sondern sozialistische Werkzeuge der Umverteilung und Machterhaltung.

Die noch seltener ausgesprochene Wahrheit, auf die leider noch immer viel zu selten gestellte Frage: „Warum verhindert der Staat Wettbewerb in seinen Zuständigkeitsbereichen?", lautet: „Weil bereits der allererste private Wettbewerber, die Qualität der staatlich erbrachten Leistungen, offenbaren würde."

Bsp.#5 – Das private Mobilfunknetz

Das Beispiel des Mobilfunknetzes ist eine Mischung aus dem Tankstellen- und dem NESTLE-Beispiel. Ich will es dennoch ausführen, denn es zeigt den parasitären Charakter des Staates perfekt.

Ich habe mir die genaue Recherche zu den Anfängen des Mobilfunks in Deutschland erspart. Irgendwann Mitte der 90er Jahre ging es mit den ersten Handys los und keiner konnte sich gegen diesen Hype wehren. Ich selbst hatte mein erstes Privathandy erst 1998.

Die erste große Auktion der UMTS-Lizenzen in Deutschland war im August 2000 und sie wurde durchgeführt von der Bundesnetzagentur (BNetzA) in Mainz. Wer nichts mit Technik am Hut hat, für den ist es ausreichend zu wissen, dass eine solche Lizenz die notwendige Eintrittskarte in den Mobilfunkwettbewerb darstellte. Anders ausgedrückt heißt das, wer keine Lizenz kaufte, der konnte nicht mitmachen. Erworben haben die Lizenzen am Ende vier private Wettbewerber: T-Mobile (D1), Mannesmann (D2, heute Vodafone), E-Plus und O2. Der deutsche Staat hat bei dieser Versteigerung ca. 34 Milliarden Euro eingenommen, aber wissen Sie, was ich mich frage? Für was eigentlich? Was genau war hier die Leistung des Staates, die den Privatunternehmen jeweils knapp 8,5 Milliarden Euro wert war? Wenn Sie einmal recherchieren, was es mit diesen Lizenzen eigentlich auf sich hat, dann stellen Sie fest, dass der deutsche Staat hier eigentlich nichts weiter gemacht hat, als ein paar Zahlen willkürlich zu gruppieren und zum Verkauf anzubieten. Bei diesen Zahlengruppen handelt es sich um eindeutige Frequenzbereiche, innerhalb derer die einzelnen Wettbewerber funken dürfen. Das ist alles. Der deutsche Staat hat keine Heerscharen von Ingenieuren beschäftigt, die den UMTS Mobilfunkstandard entwickelt hätten. Auch der Ausbau der Infrastruktur wurde den Anbietern überlassen und gesetzlich vorgegeben. Sicher, einige Masten der ehemals staatlichen Telekom durften mitgenutzt werden, aber sicherlich nicht kostenlos. Die Installation der eigentlichen Sender und Empfänger des jeweiligen Anbieters, musste natürlich auf jedem Mast selbst durchgeführt und bezahlt werden. Die Wahrheit hinter der Privatisierung ist natürlich auch hier, dass sich der Staat selbst, eine eigene deutschlandweite Mobilfunknetzabdeckung, einfach nicht zugetraut hat. Der Staat hat sich einfach überlegt, wie er hier maximal Geld schmarotzen kann. Aus diesem Grund ist die BNetzA gegründet worden und auf diese Weise zieht der Staat jährlich Milliarden aus deutschen Konzernen heraus. Der Mobilfunk ist dafür nur das Paradebeispiel. Energieversorger und Transportunternehmen (Schienenverkehr) teilen dasselbe Leid.

Der Staat hält hier also nur seine gierigen Hände auf. Aber wer bezahlt das Ganze? Natürlich, wie immer, Sie und ich. Stellen Sie sich vor, wie günstig der Mobilfunk sein könnte, wenn die o. g. Unternehmen sich nicht bis zur Halskrause für diese Lizenzen hätten verschulden müssen. Man muss sich fragen, warum der Staat die Lizenzen nicht einfach exklusiv an die T-Mobile vergeben hat. Ich denke, das hat mehrere Gründe. Erstens war Mobilfunk zu dieser Zeit ein absoluter Hype und man wollte das Risiko eines Privatmonopols nicht eingehen. Man wusste vielleicht zu genau, wie es um die Telekomtochter bestellt war und wollte nicht alles auf ein Pferd setzen. Darüber hinaus ist es natürlich deutlich profitabler, wenn man mehrere Bieter in einer Auktion hat. Das Mindestgebot für alle Lizenzen zusammen, lag bei der Auktion im Sommer 2000 bei 600 Millionen Euro. Ein einzelner Käufer hätte natürlich keine 34 Milliarden Euro bezahlt. Wie die Mobilfunkbetreiber ihre horrenden Ausgaben wieder hereinholen würden, das war und ist dem Staat natürlich vollkommen egal. Aber was glauben Sie? Wäre es heute billiger oder teurer, wenn der Staat die Lizenzen nicht versteigert hätte und wir nur einen einzigen, ggf. sogar staatlichen, Mobilfunkbetreiber hätten? Oder sind Sie eher meiner Meinung, dass der Staat einfach keine BNetzA hätte gründen und die Aufteilung der Frequenzbereiche einfach dem Markt hätte überlassen sollen? Ob es Privatfirmen wohl auch geschafft hätten, Zahlenbereiche so zu gruppieren, dass keiner dem anderen buchstäblich dazwischenfunkt? Das wäre bestimmt super schwierig geworden, aber ob das Kunststück wirklich 34 Milliarden Euro wert war? Hätte E-Plus für 8,5 Milliarden Euro im Zweifel nicht vielleicht sogar einen eigenen Mobilfunkstandard entwickeln können? War UMTS wirklich so alternativlos, wie es durch die BNetzA-Auktion den Anschein hat? Sie können sich ja selbst gern in das Thema hineingraben, aber ich wette jeden Betrag, dass es da auch noch andere Technologien gab.

Um was es mir auch hier grundsätzlich ging, das ist die Tatsache, dass wir es auch hier mit keinem Kapitalismus zu tun hatten. Wäre der Staat in den 1990er Jahren vom Erdboden verschluckt worden, dann hätten wir heute trotzdem Smartphones und ein Mobilfunknetz, glauben Sie nicht? Wir hätten wahrscheinlich längst 5G oder 10G und unser Internetausbau wäre kein deutscher Schandfleck. Die Tatsache, dass der Staat beim Mobilfunk auf die Wettbewerbskarte gesetzt hat, hat mehrere Gründe. Es erinnert mich etwas an Hitlers ambivalente Einstellung zum Kapitalismus. Wettbewerb ja, aber nur innerhalb der staatlichen Kontrolle und zum staatlichen Zweck. Wer hier mitspielen will, der muss alle zehn Jahre ein ruinöses Eintrittsticket lösen und staatliche Regulierungsanforderungen erfüllen. Ansonsten heißt es einfach: „Kein Anschluss unter dieser Nummer."

Bsp.#6 – Privatisierung von Militär & Zoll

Ich habe diese Themen in einem zusammengefasst, da sie denselben Grundfehler in der Denkweise der Staatsgläubigen aufzeigen. Bei diesem Denkfehler geht es um etwas, das ich schon ganz zu Beginn des Buches einmal angesprochen habe. Es geht darum, dass der Staat vorgibt, alternativlose Lösungen für Probleme zu bieten, die ohne den Staat gar nicht existieren würden.

Fangen wir doch gleich mit dem schlimmsten Thema überhaupt an, dem Krieg. Erinnern Sie sich noch an den letzten Krieg, der nicht von einem Staat gegen einen anderen Staat geführt wurde? Nein? Ich auch nicht. Das liegt einfach daran, dass es so etwas nicht gibt und so etwas würde es auch in einer libertären Welt nicht geben. Es geht wieder um das Thema „no skin in the game". Regierungspolitiker ziehen nicht, mit dem Gewehr auf dem Rücken, in den Krieg und deren Kinder auch nicht. Der Staat ist aber, durch seinen gigantischen Rüstungsetat in der Lage, tausende von Söldnern inkl. Ausrüstung zu finanzieren. Wenn diese Armee erfolgversprechend einzusetzen ist, um irgendwo die eigene wirtschaftspolitische Machtposition zu stärken, dann kommt eine besondere Art des Moral Hazard zum Tragen. Eine Regierung geht bei einem Krieg hohe Risiken ein, aber es sind die Leben und das Geld der eigenen Bürger, die die Regierung riskiert. Im Fall des Sieges, spricht man von Erfolg und notwendigen Kollateralschäden. Im Fall der Niederlage, spricht man von Misserfolg und bedauerlichen Opfern. In jedem Fall aber spricht man von alternativloser Verteidigung der Demokratie und sei es am Arsch der Welt, wo sich noch nie jemand für diese Demokratie interessiert hat. Es ist ganz simpel: Kein Staat, kein Krieg. In einer libertären Gesellschaft wären es private Menschen, die ihr privates Eigentum und ihr eigenes Leben in einem Krieg riskieren würden. Es würde kein Moral Hazard existieren, denn jeder hätte seine eigene Haut im Spiel. Die Gewaltbereitschaft der Sicherheitsdienste wäre zu 100 % auf Verteidigung ausgelegt und niemals auf Aggression. Niemand würde einen aggressiven Sicherheitsdienst beauftragen und d. h. dieses Geschäftsmodell wäre nicht tragfähig. Würde eines Tages doch mal ein Aggressor auftauchen, sicherlich würde dieser aus Russland kommen (Witz), dann würden sich sämtliche Sicherheitsdienste zu einem gigantischen Verteidigungsbollwerk zusammenschließen und es gäbe den kürzesten Krieg aller Zeiten.

Das bringt mich zum Thema Grenzschutz. Es ist eine ziemlich komplexe Frage, ob man Grenzen im globalen Libertarismus überhaupt noch bräuchte. Ich persönlich bin der Meinung, dass Migrationsanreize heute grundsätzlich politisch ausgelöst werden. Nehmen wir aber für einen Moment an, es würde weiterhin Grenzen und Grenzschutz geben, d. h. dafür wäre ein Bedarf da. Sofort kommt auch hier wieder das Prinzip zum Tragen, dass sich daraus ein Geschäftsmodell ergeben würde und die privaten Sicherheitsunternehmen könnten Zäune bauen und die Grenzübergänge kontrollieren. Warum sollten aber Fremde zu uns kommen, wenn wir keinen Wohlfahrtsstaat mehr hätten, d. h., wenn es in unserem Land nichts mehr geschenkt geben würde? Die Antwort lautet, wegen Asyl, d. h. Schutz. Vor wem suchen die Menschen heute aber Schutz? Nun, da fallen mir folgende Gründe ein: 1. In ihrem Land herrscht Krieg, 2. Sie werden politisch oder religiös verfolgt. Vor wem fliehen die Menschen also in einen fremden Staat? Sie fliehen vor ihrem eigenen Staat. Den gibt es aber im globalen Libertarismus nicht mehr und somit muss niemand mehr Schutz in Deutschland oder sonst wo suchen. Das Problem löst sich von ganz allein.

Die Argumente Schutz und Almosen entfallen also im Libertarismus. Als Einreisegründe bleiben also der Tourismus und eine berufliche Beschäftigung. Benötigt man hierfür aber ernsthaft einen Grenzschutz? Nun, ich hätte dagegen nichts einzuwenden. Wenn ein Land oder eine Region gern wissen möchte, wer ich bin, dann sage ich es eben bei der Einreise. Wenn man für meine Aussage einen Beweis will, dann liegt es an mir, ob ich diesen Beweis erbringen will oder nicht. Ist mir das zu aufwändig, dann trete ich die Reise in dieses Land gar nicht erst an. Liegt in diesem Land meine berufliche Zukunft, dann werde ich sicher bereit sein mehr

Auflagen zu erfüllen, als wenn es sich nur um einen Sommerkurztrip handelt. Aber egal wie, es wäre immer meine Entscheidung. Dasselbe gilt für meinen Wohnort. Wenn ich in einer Grenzgegend wohnen würde und ich wäre nicht damit einverstanden, dass es hier nur sehr lockere Ausweispflichten gäbe, dann müsste ich eben umziehen. Vielleicht würde ich aber auch eine Bürgerinitiative starten und mein Anliegen begründen.

Last but not least zum Thema Zollschutz und Freihandel. Eigentlich könnte man sich das Thema leicht machen und einfach sagen: Kein Staat, kein Zoll. Aber ich will etwas ganz Bestimmtes erklären. Zölle sind absolut nichts anderes als Steuern, das wissen vielleicht noch einige Menschen. Aber Freihandelsabkommen sind genau das Gegenteil von freiem Handel und das weiß fast niemand.

Wenn ein Land Zölle erhebt, dann gibt es hier zwei unterschiedliche Arten und zwar Export- und Import-Zölle. Wenn die deutsche Regierung nicht will, dass H&K Waffen nach Syrien liefert, dann kann die Regierung einen Export-Zoll auf diese Waffen erheben, sagen wir z. B. 20 %. Das ist für H&K dann exakt wie eine abzuführende Umsatzsteuer, d. h. von ihrem Umsatz muss H&K 20 % an das Zollamt abdrücken. Wichtiger ist aber das Thema Import-Zoll, denn das trifft Sie und mich. Wenn die deutsche Regierung nämlich Import-Zoll auf bestimmte ausländische Waren erhebt, dann bezahlt das nicht der Exporteur oder das importierende Unternehmen, sondern der Endkunde, d. h. Sie und ich. Die deutsche Regierung kann nämlich kein Geld von ausländischen Firmen fordern, also zumindest nicht ernsthaft. Trump erzählt ja ständig „China pays the tariffs", aber das ist einfach nur Quatsch. Was Trump meint ist, dass die amerikanischen Endverbraucher weniger chinesische Waren kaufen, weil er (Trump) diese durch hohe Zölle so sehr verteuert, dass sich die Amerikaner nach alternativen Produkten umsehen. Die Chinesen bezahlen diese Zölle also nicht direkt mit Geld, so als wäre Zauberer Trump in der Lage, von Washington aus, Export-Zölle auf chinesische Unternehmen in Peking zu erheben. Trump meint damit, er wäre in der Lage die chinesischen Unternehmen zu zwingen, die Preise ihrer Waren so stark zu senken, dass die Amerikaner diese, trotz der Import-Zölle, dennoch kaufen könnten. Ganz unbegründet ist diese Annahme auch nicht, immerhin ist der Amerikaner der weltweit größte Konsument chinesischer Waren. Was Trump aber nicht sagt ist, dass der amerikanische Staat diese Zölle einsackt und dass es der US-Konsument ist, der diese Zölle bezahlt. Der Import-Zoll ist also definitiv eine Steuer, die der Endkunde bezahlt. Wenn ein Unternehmen zollpflichtige Waren importiert, dann zahlt zwar zunächst das Unternehmen diese Importsteuer. Aber wir haben ja bereits gesehen, dass ein Unternehmen nur eine Einnahmequelle hat und zwar den Endverbraucher. Es ist mit dem Import-Zoll also wie mit allen Steuern. Am Ende zahlt sie der Endverbraucher.

Was bedeutet in diesem Zusammenhang nun Freihandel? Es ist vielleicht nicht auf den ersten Blick für jeden ersichtlich, aber der Begriff „Freihandel" bedeutet genau das Gegenteil von dem, was man zunächst meinen könnte. Der Begriff bedeutet, dass die Unterzeichner der entsprechenden Freihandelsabkommen, ab dem Moment der Unterzeichnung, absolut alle Freiheiten bzgl. ihrer Handelsaktivitäten verloren haben. Es wird nach außen zwar so dargestellt, als wären mit dem unterzeichneten Abkommen alle früheren Barrieren zwischen den Vertragspartnern überwunden. Dass diese Barrieren zuvor jedoch durch staatliche Sanktionen und Zölle künstlich aufgebaut wurden, dass wird dabei höflich verschwiegen. Ebenso verschwiegen wird, dass man sich gegenseitig der Freiheit beraubt, mit anderen Ländern Waren zu handeln. Wovon der Freihandel nämlich tatsächlich befreien soll, das ist internationaler Wettbewerb. Ein Freihandelsabkommen klingt also, dem reinen Wortlaut nach zu urteilen, nach freiem Handel und freiem Markt. In Wahrheit jedoch wird in diesen Abkommen genauestens reguliert, wer welches Produkt in welcher Qualität und zu welchem Preis zu liefern hat und wer dieses Produkt in welcher Menge abzunehmen hat. Frei ist hier absolut überhaupt nichts. Freihandelsabkommen sind nichts weiter als Verträge zur internationalen, sozialistischen Planwirtschaft.

Natürlich würde es Lieferverträge mit Mindestabsatzmengen und Preisabsprachen auch in einer kapitalistischen Gesellschaft geben, aber hier hätte der Staat keinen Einfluss. D. h. diese Verträge kämen freiwillig zwischen zwei oder mehr Unternehmen zustande. Es würde nicht erst staatlich durchgesetzte Sanktionen und Zölle hageln, bis die Regierung des anderen Landes ausreichenden Druck auf deren Unternehmen ausübt. Ich könnte hier jetzt noch weiter ausholen und über Staatsputsche zur Erpressung fremder Regierungen erzählen. Es soll an dieser Stelle aber genug sein.

Bsp.#7 – Die privaten Kindertagesstätten

Als hoffentlich zukünftigem Großvater, ist dieses Thema auch für mich persönlich interessant. Vor wenigen Tagen hatte ich ein Gespräch mit einer bekannten Jungmutter. Sie erzählte von den etwas komplexen Vorgängen bzgl. der Zuteilung eines Platzes in einer Kita. An irgendeiner Stelle fragte ich, ob es denn auch private Kitas geben würde. Sie meinte ja, aber diese wären noch teurer als die öffentlichen. An dieser Stelle merkte ich, wie vergesslich und naiv ich geworden bin. Ich hatte doch tatsächlich vergessen, dass der öffentliche Kindergartenplatz meines Sohnes damals extra Geld gekostet hat. Zu Beginn des Gespräches mit der Bekannten, war ich tatsächlich der Meinung, öffentliche Kitas und Kindergärten müssten nicht extra bezahlt werden. Wozu bezahlt man eigentlich Steuern? Warum sind öffentliche Schulen durch Steuern abgedeckt und Kitas und Kindergärten nicht?

Ich sagte dann, dass ich mir auch schon mal überlegt hätte, einen privaten Kindergarten oder eine Kita zu eröffnen. Warum auch nicht? Dass es eine Knappheit an Plätzen gibt, das hört man ja an jeder Ecke. Warum also nicht eine luxuriöse Kita eröffnen und schauen, wo die Schmerzgrenze für Eltern im freien Markt liegt. Von dieser Idee wurde ich aber gleich wieder geheilt, denn ich musste schmerzlich erfahren, dass auch bei privaten Kitas die maximalen Preise für ein Kind staatlich geregelt und nach Alter und Betreuungszeiten gestaffelt sind. Ich frage Sie, was ist daran bitte privat?

Ich habe dann meine Variante vorgestellt. Ich würde eine Kita eröffnen und mein Einstiegspreis wäre 5.000 €/Monat für jedes Kind. Würden mir die Eltern die Tür einrennen, wäre der Preis 6.000 €/Kind im Folgejahr usw., bis ich keine Neukunden mehr gewinnen könnte. Ich wäre im Handumdrehen reich oder ich hätte von Anfang an keine Kunden. Dann würde ich in 500 €-Schritten die Preisschraube lösen. Alles wäre von Anfang an mein persönliches Risiko und meine persönliche Chance. Wäre ich erfolgreich, dann würden das eine Menge Leute mitbekommen. Die Väter und Mütter in meiner Kita, meine Freunde und meine Ex-Kollegen. Ich hätte meinen 911er längst jedem Verwandten und Bekannten unter die Nase gerieben. Es würde nicht lange dauern, da würde einer von diesen Damen oder Herren seine eigene Kita aufmachen und der private Wettbewerb wäre eröffnet. Die Preise würden purzeln und ein neuer Preis würde sich etablieren. Dann käme der nächste Wettbewerber und dann der nächste und irgendwann, nach einigen Jahren wäre der Markt gesättigt.

Der Staat wäre raus aus dem Spiel und zwangssubventionierte Kitas über Steuergelder wären Geschichte. Die Qualität der Plätze wäre deutlich besser, denn der Kampf um die Kinder wäre gnadenlos. Genau das wäre auch der Grund, warum die Preise ins Bodenlose gefallen wären. Keiner der Neugründer würde mehr einen Porsche fahren können. Das hätte leider nur ich als Frontrunner geschafft.

Sie halten das für ein Märchen? Wenn Sie alt genug sind, dann erinnern Sie sich sicher noch an die Zeit, bevor die Post und die Telekom getrennt wurden. Ein Telefonanschluss kostete 1990 eine monatliche Grundgebühr von ca. 25 D-Mark. Eine Einheit kostete für Ortsgespräche 23 Pfennig. Ferngespräche ab 100 km Entfernung, d. h. wenn Sie z. B. von München nach Hamburg telefoniert haben, kosteten zur Hauptzeit 92 Pfennig/Minute. Unabhängig davon, was das heute in Euro bedeutet, kostet telefonieren faktisch nichts mehr und das, obwohl es die BNetzA gibt und die Telefon- und Internetanbieter extrem schikaniert und reguliert werden. Es ist gar nicht auszudenken, welche Leistungen und Preise wir bezahlen würden, wenn der freie Markt wirklich wirken würde, wie er wirken könnte.

Bsp.#8 – Private Kranken- & Arbeitslosenversicherung

Da es bereits heute schon private Kranken-, Arbeitslosen- und Berufsunfähigkeitsversicherungen gibt, werde ich Sie hier nicht erneut mit dem Prinzip von Angebot und Nachfrage langweilen. Ich bin sicher, wer bis hierhin gelesen hat, der hat das Prinzip verstanden.

Es geht mir hier um einen anderen Vorwurf, dem ich mich, als Staatskritiker, immer wieder ausgesetzt sehe. Es geht um die Menschen in Notsituationen. Einer der zentralen Vorwürfe der Gutmenschen ist, dass der Kapitalismus und der Sozialdarwinismus vollkommen rücksichtlos wären. Es würden, in diesen unmenschlichen Systemen, immer nur die Starken überleben und die Schwachen würden jämmerlich verrecken. Ich könnte es mir an dieser Stelle leichtmachen und einfach darauf verweisen, dass das niemand wirklich beweisen könne, denn nirgendwo auf der Welt existiert Kapitalismus. Ich könnte auch einfach darauf verweisen, dass Hungersnöte und Massensterben vor allem in sozialistischen Ländern vorgekommen sind und nicht unbedingt im frühen Amerika. Aber das wären Ausflüchte und ich könnte mein Argument nicht vorstellen, von daher, nein. Ebenso nein zu der Schlussfolgerung, der Darwinismus existiere ja in vielen Bereichen der grausamen Tierwelt und daran könne man einfach ableiten, was aus uns Menschen werden würde. Ich lehne diesen Vergleich ab, denn dass Menschen zu Tieren werden, weil der Staat nicht mehr existiert, das wurde bislang nicht bewiesen, oder?

Wie gesagt, mein Punkt ist ein anderer. Erstens behaupte ich, dass die Menschen im Kapitalismus in einer vollkommen anderen Lage wären Ersparnisse aufzubauen. Ohne den Parasit Staat, würden die Menschen Brutto für Netto verdienen und ohne Probleme eine private Kriegskasse für schlechte Zeiten aufbauen können. Die Arbeitslosenquote würde, meiner Meinung nach, bei 0,0x % liegen und das läge vor allem daran, weil jeder Mensch motiviert wäre, seine Arbeitskraft auch einzusetzen. Das ist auch verständlich, denn niemand bekommt im Kapitalismus über 50 % seines Gehalts vom

Staat geraubt. Jeder dürfte sein verdientes Gehalt behalten und es für sich arbeiten lassen. Es würde sich wieder absolut lohnen zu arbeiten und zu investieren. Eine alternative zur Arbeit wäre ja auch nicht mehr vorhanden. Der Wohlfahrtsstaat wäre ja längst Geschichte. Die sozialdemokratischen Gutmenschen behaupten, dieses kapitalistische Szenario sei ein herbeifantasiertes, utopisches Märchen. Aber kennen Sie noch die alten, amerikanischen schwarzweiß Filme aus den 1960er Jahren, mit Doris Day? Die klassische Familie hatte damals ein eigenes Haus, zwei bis drei Kinder, einen Hund und ein Auto. Nur der Vater ging zur Arbeit und jedes Haus hatte einen Hintereingang. Der Hintereingang war aber nicht für den Besuch, sondern für die Nanny und für die Haushälterin. Zeigen Sie mir diese Mittelklassefamilie in Amerika im Jahr 2020. Ja, richtig, auch in den 1960er Jahren war Amerika bereits sozialistisch, aber die Tachonadel stand weit näher an der 0 als heute. Ich wiederhole mich daher erneut. Niemand, auch ich nicht, kann sich auch nur im Entferntesten den Wohlstand vorstellen, den wir in einem herrschaftsfreien, kapitalistischen System hätten.

Aber was wäre nun mit denjenigen, die auch im kapitalistischen System zu einem Notfall würden? Ich behaupte natürlich nicht, dass es diese nicht geben würde. Es würde sie geben, definitiv. Ihre Anzahl wäre unendlich viel geringer, denn der Hauptverursacher für die Verhinderung von Wohlstand, ist natürlich der steuerraubende Staat höchstpersönlich. Würde dieser nicht mehr existieren, wären die Probleme von Millionen von Menschen gelöst. Aber was wäre, wenn einem Menschen so viel Pech widerfahren würde, dass er einfach alle seine Ersparnisse aufgebraucht hätte und aus unveränderbaren Gründen, keinen Fuß mehr auf den Boden bringen würde? Wäre dieser Mensch nun nicht ein Fall für die Straße und müsste er nicht auf Almosen seiner Mitmenschen hoffen? Er kann ja nun nicht mehr beim Wohlfahrtsstaat um Hilfe bitten, da hier keine Hilfe mehr zu erwarten ist.

Was man bei diesem Szenario bedenken muss ist, dass die Gesellschaftsstruktur im Kapitalismus eine vollkommen andere wäre. Die Unterschicht wäre in etwa so vermögend wie heute die Mittelschicht. Die Mittelschicht wäre in etwa in dem Bereich, in dem sich heute die Kleinmillionäre bewegen und die Oberschicht hätte gigantische Vermögen. Es würde also eine winzig kleine Gruppe von Notfällen existieren, OK. Dieser würde aber, vollkommen anders zu heute, eine unverhältnismäßig größere, ja riesige Gruppe von Vermögenden und Supervermögenden gegenüberstehen. Der wichtigste Aspekt dabei aber ist, dass der Hauptfeind dieser riesigen Reichengesellschaft, keine Gefahr mehr darstellen würde. Der Staat wäre tot, vergessen Sie das nicht. Es wäre also eine vollkommen andere Ausgangssituation und es würde ein ganz anderes Verhältnis zwischen arm und reich existieren.

Reiche müssen heute ständig Ängste, wegen staatlicher Enteignung zum Zwecke der Umverteilung, aushalten. Quasi täglich hört man den Ruf nach der Reichensteuer. Die heute existierende Armut erscheint den Reichen in unserem Land natürlich wie ein Wohlfahrts-Fass ohne Boden. Ist es nicht vollkommen logisch, dass man als Millionär nicht die Hälfte seines Vermögens spendet oder in Stiftungen überführt, wenn man ständig damit rechnen muss, dass einem die andere Hälfte vom Staat geraubt wird?

In einer kapitalistischen Gesellschaft, mit einem sehr überschaubaren Anteil an notbedürftigen Menschen, würde es mehr Stiftungen als Notfälle geben. Das ist meine feste Überzeugung. Jeder Multimillionär und jeder Milliardär würde seine eigene Stiftung für wohltätige Zwecke eröffnen. Natürlich wäre das kein Wohlfahrtsstaat 2.0. Ganz im Gegenteil, denn hier müsste sich der Notfall qualifizieren. Nur echte Notfälle würden Geld bekommen und Menschen, die ihr gesamtes Leben lang, absichtlich und bewusst, nur Mist gebaut hätten, würden nichts bekommen. Erinnern Sie sich an den Menschen ohne Autoversicherung, der es aus purem Geiz riskieren wollte, ohne KFZ- und ohne Rechtsschutzversicherung, durch die Gegend zu fahren? So ein Genie würde natürlich in die Röhre schauen. Aber ein echter Notfall, den eine schlimme Krankheit arbeitsunfähig gemacht hat, dem würde selbstverständlich geholfen. Nicht nur mit Geld. Es würde alles versucht, ihn wieder in den Wirtschaftskreislauf einzugliedern und sei es nur, um ihn moralisch zu unterstützen und nicht als Schmarotzer dastehen zu lassen. Die dazu notwendigen finanziellen Mittel wären wahrscheinlich gar kein Diskussionsgegenstand. Ganz abgesehen davon, dass wir medizinisch zu ganz anderen Dingen in der Lage wären, würde der Staat nicht so unglaublich innovationsfeindlich sein.

Es wird immer behauptet, im Kapitalismus gewinnen nur die Superreichen. Das ist eine der größten Lügen und dümmsten Behauptungen der Gutmenschen überhaupt. Der Kapitalismus besiegt die Armut, das ist die libertäre Wahrheit. Armut ist aber das, was der Sozialismus unbedingt braucht und deshalb verhindert er ihre Niederlage. Aus der Armut heraus kommen die Wählerstimmen für die Sozialisten. Das war immer so und das wird immer so sein. Glauben Sie diesen Lügen nicht mehr.

Bsp.#9 – Der Handwerker, Uli Hoeneß & Jeff Bezos

Die wichtigste Transformation, auf dem Weg vom Sozialismus hin zum Kapitalismus, muss im Kopf eines jeden Einzelnen stattfinden. Eine große Blockade stellt hierbei der, uns allen innewohnende Neid dar. Sozialisten geben sich gerne gönnerhaft und reden von der „sozialen Gerechtigkeit", ohne je zu definieren, was das genau sein soll. Sie beschimpfen den Kapitalisten für dessen ausbeuterische Gier, ohne je dessen schöpferische Kreativität anzuerkennen. Eine der hässlichsten Eigenschaften dieses Neides ist seine Destruktivität. Neid ist nicht, wenn Sie gern dasselbe Auto fahren würden wie Ihr Nachbar. Das ist einfach nur ein Wunsch und vielleicht ein gewisser Drang nach Anerkennung. Wenn Sie sich anstrengen und Geld sparen, um dieses Auto eines Tages zu besitzen, dann hat das mit Neid überhaupt nichts zu tun. Neid funktioniert nicht, indem Sie sich nach oben arbeiten. Neid funktioniert andersherum. Neid zielt immer darauf ab, andere Menschen nach unten zu ziehen, sei es durch Sabotage oder durch verbale Diffamierung. In Wahrheit bedeutet der Begriff der sozialen Gerechtigkeit nicht, das Leben der Menschen zu verbessern. Er bedeutet, das Leben der Reichen zu zerstören und sie auf ein niederes Wohlstandslevel herunter zu ziehen. So funktioniert der sozialistische Klassenneid und nur darum geht es bei der Umverteilung.

Nehmen wir an, Sie haben einen Nachbarn, der einen kleinen Handwerksbetrieb mit ein paar Mitarbeitern führt. Sie kennen den Chef des Unternehmens und dessen Familie persönlich, haben ihm schon kleine Aufträge gegeben und man trifft sich ab und zu beim Bäcker. Eines Tages erfahren Sie, dass das Finanzamt den Laden komplett auf den Kopf stellt, weil bei der Steuerprüfung eine Unregelmäßigkeit aufgetreten ist. Wie wäre Ihre spontane Reaktion? Würden Sie den Handwerker gern in Handschellen abgeführt sehen? Würden Sie dem Handwerker Zuchthaus wünschen? Ich denke nicht. Ich denke, die meisten Menschen würden sich mit dem Handwerker solidarisch zeigen. Nicht nur das. Man würde sogar das gemeinsame Feindbild mit dem Handwerker aufbauen.

Man würde sich seiner eigenen Abneigung bzgl. der Steuergier des Staates bewusst werden und das nimmersatte Monster beklagen. Beim Bäcker würde man sich über das Verhalten des Finanzamtes beschweren und seine Solidarität mit dem Handwerker bekunden. All das wäre eine vollkommen spontane und verständliche Reaktion und diese würde sicher nicht nur ein Libertärer zeigen, sondern einfach jeder der ein Herz hat.

Aber jetzt kommt Uli Hoeneß. Über die Person und den Fall Hoeneß, will ich gar nicht viel sagen. Jeder kennt diese Story aus der Presse und was davon wahr ist und was nicht, muss jeder für sich selbst entscheiden. Um was es mir geht, das ist Ihre individuelle Einstellung dazu. Hatten Sie eine spontane Solidaritätsempfindung gegenüber Herrn Hoeneß? Wenn ja, dann Glückwunsch. Wenn nein, dann haben Sie es Herrn Hoeneß wahrscheinlich gegönnt, was ihm passiert ist. Der Grund dafür dürfte Neid gewesen sein und da ich viele Menschen kenne, die so empfunden haben, möchte ich das näher beleuchten. Nehmen Sie dabei auch gern Bezug auf den Fall Ihres Nachbarn, den Nachbarn, Handwerker und Vater. Der grundsätzliche „Delikt" war derselbe – Steuerhinterziehung. Aber Ihr Nachbar war eben nicht der erfolgreiche Multimillionär und Manager des FC Bayern, sondern ein einfacher Mensch wie Sie und ich. Sie mögen sich selbst hinter der Ausrede verstecken, dass Sie Uli Hoeneß noch nie mochten usw., aber das macht die Ausrede nur noch schlimmer. Sympathie darf in einer fairen Gesellschaft nichts mit dem Strafmaß zu tun haben. Bedenken Sie, dass es eines Tages Sie treffen könnte. Wollten Sie dann der Sympathieempfindung anderer ausgeliefert sein? Sicher nicht.

Den folgenden Satz habe ich häufig im Zusammenhang mit der Verhaftung von Herrn Hoeneß gehört: „Wenn ich, als kleiner Bürger, meine Steuern bezahlen muss, dann muss der stinkreiche Hoeneß seine Steuern erst Recht bezahlen." Dieser einfache Satz offenbart perfekt die Tiefe, in welche die sozialistische Indoktrination in uns Menschen eingedrungen ist. Hier kommt nämlich nicht nur der Neid zum Vorschein. Hier wird auch klar, dass ein Multimillionär ein noch größeres Feindbild darstellt, als der Staat. Während man bei dem Handwerker noch ein gemeinsames Feindbild aufmachen konnte, geht das bei Herrn Hoeneß offenbar nicht mehr. Das ist nur möglich, weil man dem Bashing des Kapitalismus längst auf den Leim gegangen ist.

Anstatt zu erkennen, dass man selbst gern in der Lage wäre, die gehassten Steuern zu vermeiden und folglich vollstes Verständnis für Uli Hoeneß zu haben, gönnt man ihm den Untergang. Als Libertärer sehe ich es vollkommen anders. Für mich sind Menschen wie Uli Hoeneß einfach an einem Punkt angekommen, an dem sie sagen: „Es reicht." Herr Hoeneß hat in seinem Leben schon so viele Millionen an Steuern bezahlt und er zahlt weiterhin mehr Steuern, als die meisten seiner Mitbürger. Die Mitarbeiter von Herrn Hoeneß Fabrik bezahlen Steuern und das Unternehmen selbst auch. Aufgrund der erfolgreichen Arbeit von Herrn Hoeneß beim FC Bayern sind so viele hunderte von Millionen an weltweiten Umsätzen generiert worden, dass kein Mensch der Welt aufsummieren kann, wieviel Geld Herr Hoeneß in dieses Steuersystem einbezahlt hat, direkt oder indirekt. Dass dem Staat das egal ist, das ist klar. Aber, dass uns Bürgern das nicht bewusst ist und wir uns auf Menschen wie Hoeneß einschießen, das ist pervers. Es ist der kranke Beweis dafür, dass die marxistische Zweiklassenlüge immer noch funktioniert. Nicht der Staat ist der Feind, nein. Der Kapitalist Hoeneß ist der Feind. Wenn mein Nachbar Steuern hinterzieht, dann ist das etwas anderes, denn mein Nachbar ist in meiner Klasse. Aber Hoeneß ist nicht in meiner Klasse und deshalb soll er gefälligst in den Knast. Wer so denkt, der ist im Herz ein Marxist.

Übertroffen wird diese kranke Einstellung nur noch, wenn es um Milliardäre wie Jeff Bezos geht. Wenn Menschen von dem unfassbaren Reichtum eines Jeff Bezos erfahren, dann gehen komplett die Gäule mit ihnen durch. Es kommen folgende Aussagen: „Kein Mensch braucht soviel Geld", „Das kann er doch niemals ausgeben", „Das hat er sicher nicht legal verdient", „Was man mit soviel Geld alles machen könnte". Etwas später kommt dann das

Expertenwissen: „Die Firmenzentrale ist in Luxemburg, da muss man keine Steuern bezahlen" und dann ist man beim Hoeneß Satz: „Wenn ich, als kleiner Bürger, meine Steuern bezahlen muss, dann muss der stinkreiche Bezos seine Steuern erst Recht bezahlen." Sehen Sie das Muster?

Dabei ist den Menschen gar nicht bewusst, wie offensichtlich sie ihren Neid und den marxistischen Umverteilungsgedanken offenbaren. Schlimmer ist, dass sie die Leistung eines Jeff Bezos mit Füßen treten und sich dabei anmaßen, sie könnten bewerten, dass diese Leistung den Reichtum nicht rechtfertigen würde. Es kommen solche idiotischen Sätze wie: „Also ein Messi und ein Ronaldo, die verdienen ja schon viel zu viel, aber Bezos, das ist ja vollkommen pervers." Wer solche Sätze sagt, der ist an Arroganz nicht mehr zu überbieten. Ja, diese Menschen bekommen sehr viel Geld für das, was sie tun. Aber wer sind diese linken Genies, dass sie beurteilen könnten, dass es zuviel Geld ist. Zuviel Geld im Vergleich zu was? Zuviel im Vergleich zu ihrem eigenen Gehalt? Bringen diese Genies etwa eine annähernd vergleichbare Leistung? Natürlich nicht, aber das ist genau das, was dem bösen Kapitalismus vorgeworfen werden soll. „Irgendwann muss ja auch mal gut sein", das ist auch einer meiner Lieblingssätze. Wer soll denn definieren, wann es gut ist und auf welcher Grundlage? Nehmen wir an, bei einem Einkommen von zehn Millionen Euro/Monat wäre Ende. Warum soll ein Jeff Bezos sein Unternehmen weiter ausbauen, wenn er nicht mehr verdienen könnte? Will man seine Firma tatsächlich daran hindern, mehr Verteilzentren und Serverfarmen aufzubauen, wegen seines Einkommens? Erwartet man ernsthaft, Jeff Bezos könne die Motivation für weiteres Wachstum einfach aus seinem allmorgendlichen Frühstücksei extrahieren? Glaubt irgendwer, Jeff Bezos arbeitet noch für Geld?

Die Wahrheit ist, Jeff Bezos arbeitet wegen Wachstum, Macht und Einfluss. Das kann man mögen oder man kann es lassen, aber solange er niemanden bedroht, körperlich verletzt oder beraubt, ist das für mich in Ordnung. Dass es bei AMAZON rau zugeht, das ist bekannt. Dennoch habe ich noch nicht gehört, dass irgendwer dazu gezwungen wurde, bei AMAZON zu arbeiten. Dass Menschen in der Notsituation sind, bei AMAZON arbeiten zu müssen, weil es sonst keinen Arbeitgeber gibt und dass AMAZON diese Notsituation ausnutzt, das ist bedauerlich. Dennoch gehen die Menschen jeden Morgen zur Arbeit, denn die Arbeit bei AMAZON ist besser, als keine Arbeit zu haben und sie ist offenbar sogar besser, als die Option der Auswanderung. Ich frage mich immer wieder, woher die Gutmenschen das Recht nehmen zu behaupten, sie würden besser beurteilen können, wieviel die Arbeit eines Mitarbeiters wirklich wert sei.

Wissen Sie, wie man messen kann, was der tatsächliche Marktpreis für Arbeit ist? Durch Entlassungswellen im Zuge der Mindestlohnerhöhung. Erhöhen sie den Mindestlohn nur weit genug, wird der Arbeitgeber irgendwann entweder pleitegehen oder automatisieren. Die Menschen werden arbeitslos, entweder weil die Firma verschwindet oder weil der Arbeitsplatz von einem Roboter besetzt wurde. McDonalds mit seinen Bestellautomaten ist hierfür das Paradebeispiel. In dem Moment, in dem der Mitarbeiter den entsprechenden Brief in der Post findet, in dem Moment hat der Mindestlohn den wahren Marktwert der Arbeit überschritten. Diese einfache Logik will der Sozialist einfach nicht verstehen.

Bsp.#10 – Überbevölkerung & unendliches Wachstum

Zum Abschluss der Beispielserie möchte ich noch auf zwei große Sorgen der antikapitalistischen Szene eingehen. Zum einen wird immer wieder auf die Überbevölkerung hingewiesen und auf die Befürchtung, dass in einer Welt ohne Staat, niemand mehr für die Ernährung der Menschen sorgen würde. Zum anderen wird dem kapitalistischen Ansatz entgegnet, dass es keine ausreichende Menge von Rohstoffen auf der Erde gibt, um allen Menschen denselben Lebensstandard zu ermöglichen. Die Sorge gilt also auf der einen Seite der Angst, wir seien zu viele Menschen auf der Erde und auf der anderen Seite der Angst, uns gehen die Rohstoffe für die Erhaltung des Wohlstands aus. Bei diesen Ängsten kommen gleich mehrere Missverständnisse zusammen und ich möchte versuchen diese im Einzelnen aufzuklären.

Beginnen wir mit der Überbevölkerung. Zunächst ist es einmal richtig, dass die Anzahl der Menschen auf der Erde in den vergangenen Jahrhunderten exponentiell gewachsen ist. Es ist ebenfalls richtig, dass exponentielles Wachstum grundsätzlich ungesund ist und nicht ewig weitergehen kann. Ewiges, exponentielles Bevölkerungswachstum hat aber auch niemand behauptet oder gar gefordert. Aber genau das wird gern unterstellt. Wenn man die Entwicklung der Bevölkerung auf einer Grafik anschaut, dann kommt man zu der Schlussfolgerung, dass die steil ansteigende Kurve demnächst in den Himmel schießen wird. Aber wer sagt, dass sich der Verlauf der Kurve nicht verändern könnte, ohne dass diese Kurve gleich steil abfällt, was den Tod von Milliarden von Menschen bedeuten würde? Wer sagt, dass die Kurve nicht einfach nach rechts dreht, bis sie sich in eine Horizontale bei z. B. zehn Milliarden abflacht? Warum soll sich diese Kurve nicht einer natürlichen Sättigung annähern und sich dort, mit gewissen Schwankungen, einpendeln? Ist die natürliche Obergrenze der menschlichen Population vielleicht einfach noch nicht erreicht?

Auf diese Frage gibt es heute keine Antwort. Aber das bedeutet nicht, dass es faktisch nicht so kommen könnte. Es bedeutet viel eher, dass die Medien hier ein Narrativ schaffen wollen. Das Narrativ der Überbevölkerung. Aber wo ist denn der Beweis dafür, dass die Erde überbevölkert ist? Wie wird das heute „bewiesen"? Im Wesentlichen durch zwei Bilder. Das erste Bild zeigt überbevölkerte Städte wie Tokio, Rio, New York. Das berühmteste Bild für diese Propaganda ist ein Schwimmbad in Tokio, in dem die Menschen sich kaum mehr aus dem Pool heraus bewegen können. Sie kennen dieses Bild sicher. Das zweite Bild zeigt riesige Slums oder Flüchtlingslager. Mit diesem zweiten Bild wird suggeriert, dass die Menschen so zahlreich sind, das sie überall auf der Welt nach Essen suchen müssten. Sehen Sie, wie mächtig die Deutungshoheit hier wirkt? Vom Überfluss in New York kommen Sie ins afrikanische Flüchtlingslager in nur wenigen Sekunden. Transportmittel: Ihr Angst-Narrativ zum Thema Überbevölkerung.

Aber entsprechen diese beiden Bilder wirklich unserer Erde und ihrer Bevölkerung? Sind diese Bilder wirklich repräsentativ für den Zustand der breiten Bevölkerung. Ich behaupte nein. Zum einen wird hier erneut die Schwäche unseres Gehirns ausgenutzt. Weder haben wir eine mental verwendbare Vorstellung von der aktuellen Bevölkerungszahl 7.000.000.000 noch haben wir eine räumliche Vorstellung von der Größe der Erde. Die Bilder von überfüllten Stadtzentren in Megacitys bauen also ein Narrativ in unseren Köpfen auf, dem wir nichts entgegen zu setzen haben. Dass es auf der Erde Regionen gibt, in denen man tagelang laufen kann, ohne auch nur einem einzigen Menschen zu begegnen, das hilft uns nicht. Dort wolle ja auch niemand leben, heißt es stets. Es wird einfach behauptet, dass dort niemand wohnen würde, weil dort auch nichts wachsen würde. Dass der Mensch dafür sorgen könnte, dass dort etwas wächst, das wird einfach nicht in Betracht gezogen. Ebenso findet man in diesem Zusammenhang keine Erwähnung derzeitiger Überproduktion mancher Lebensmittel. An manchen Stellen wird dann doch mal eingeräumt, es würde durchaus ausreichend Lebensmittel geben, um die gesamte Weltbevölkerung zu ernähren. Sofort hinterher kommt dann aber, dass der böse Kapitalismus diese „gerechte Verteilung" verhindern würde und dass die Kapitalisten das wertvolle Essen lieber zerstörten, als es den Hungernden zu geben. Aber ist das wirklich wahr? Sind das wirklich die privaten Lebensmittelproduzenten und Kapitalisten? Oder sind das eher Agrarkonzerne, Erfüllungsgehilfen der staatlichen Regulierungsbehörden und Partner von Freihandelsabkommen?

Ich überlasse die Überprüfung Ihnen, denn eines ist auch so bewiesen: Die Erde ist absolut in der Lage, sieben Milliarden Menschen zu ernähren. Will wirklich irgendwer bewiesen haben, dass die Menschheit jeden Quadratmeter Erde und jede denkbare Technologie ausgenutzt und erfunden hat? Sind wir wirklich schon an dieser Stelle angekommen? Ich bezweifle das stark. Ebenso bezweifle ich, dass das Wasser auf der Erde knapp wird. Ist die Entsalzung und Aufbereitung von Meerwasser wirklich so schwierig? Ist es so undenkbar, dass wir Meerwasser an alle Stellen der Erde leiten, dort aufbereiten und dann zur Wasserversorgung von Pflanzen, Tieren und Menschen nutzen? Warum soll denn ausgerechnet Wasser das knappste Gut der Erde sein? Weil es im Meer durch Salz „verseucht" ist? Das ist das, was Sie denken sollen, aber es ist eine Lüge. Suchen Sie im Internet nach dem Begriff „Meerwasserentsalzung" oder „Umkehrosmose". Sie werden schnell erfahren, dass z. B. Saudi-Arabien bereits heute 60 % seines Süßwassers durch Entsalzungsanlagen, z. B. von Hitachi, gewinnt.

Kommen wir nun zu dem zweiten Aspekt, dem ewigen Wachstum von kapitalistischem Wohlstand, dem die begrenzten Rohstoffe der Erde gegenüberstehen. Bei diesem Argument zeigt sich leider erneut, wie flach die Denkweise der Gutmenschen tatsächlich ist. Die Denke der Gutmenschen geht in etwa so: Wenn alle Menschen in Asien und Afrika ein Auto fahren wollten, so wie die Menschen in Europa und den USA, dann gäbe es dafür nicht genügend Rohstoffe auf der Erde. Abgesehen davon, dass ich bezweifle, dass ein Gutmensch diese Behauptung jemals verifiziert hat, bin ich geneigt zuzustimmen. Gehen wir von den Autos weg und übertragen das auf den gesamten westlichen Lebensstandard, dann bin ich einverstanden mit der Behauptung. Das Problem ist hier nämlich nicht die Behauptung, sondern die Unterstellung, die dieser Behauptung zu Grunde liegt. Um genau zu sein, es sind zwei Unterstellungen. Erstens, dass es der westliche Lebensstandard ist, zu dem alle anderen Menschen des Planeten aufschließen müssten. Zweitens, dass dieses Aufschließen zum amerikanischen und europäischen Lebensstandard mit einer linearen Zunahme des Ressourcenverbrauches einhergehen müsse.

Beide Unterstellungen sind, meiner Meinung nach, unzulässig. Warum sollte sich der globallibertäre Lebensstandard nicht unterhalb des westlichen Lebensstandards einpendeln? Hoppla! Kommt da vielleicht die wahre Ursache für das Überbevölkerungs-Narrativ zum Vorschein? Will der Gutmensch vielleicht nichts abgeben? Steuern die westlichen Regierungen ihre MSM vielleicht deshalb in das Narrativ der Überbevölkerung? Weil man seinen eigenen Bürgern nicht mitteilen will, dass die Zeit für den engeren Gürtel gekommen ist? Wo steht denn geschrieben, dass jeder Amerikaner ein 250 qm Haus mit Ölheizung besitzen muss? Steht das vielleicht in der göttlichen, amerikanischen Verfassung? Vielleicht sollte man es dort schnell als Zusatzartikel aufnehmen, sozusagen als vorbereitende Rechtfertigung für den kommenden Rohstoff-„Verteidigungs"-Krieg.

Wichtiger ist aber die zweite Unterstellung und zwar die lineare Fortschreibung des Rohstoffbedarfs. Gutmenschen setzen Wachstum mit steigendem Verbrauch gleich. Das darf nicht überraschen, denn Gutmenschen entspringen dem innovationsfeindlichen Sozialismus und daher bedeutet Wachstum für sie nichts anderes als parasitäre Wucherung und Schmarotzertum. Das Prinzip „Höher, Schneller, Weiter" übersetzen Gutmenschen mit nur einem einzigen Wort: „Mehr". Kapitalistisches Wachstum bedeutet für sie, mehr konsumierende Menschen. Mehr Menschen bedeuten mehr Häuser, mehr Autos, mehr Rohstoffe. Das kann unsere überlastete

Erde nicht leisten, also ist kapitalistisches Wirtschaftswachstum der Ruin unserer bemitleidenswerten Erde.

Aber auch diese Unterstellung ist natürlich weit gefehlt. Der Libertäre übersetzt „Höher, Schneller, Weiter“ mit „Innovation, Effizienz, Produktivität“. Smartphones sind hier das beste Beispiel. Nicht nur, dass diese Geräte unser Leben bereichert und Millionen von Bäumen, die zu Büchern und Zeitschriften geworden wären, das Leben gerettet haben. Ich beziehe mich auf die Evolution der Geräte selbst. Gehen Sie die Funktionalitäten Ihres Smartphones einmal durch und überlegen Sie, welche Geräte und Gegenstände durch Ihr Smartphone obsolet wurden. Taschenrechner, Taschenlampe, Digitalkamera, Videokamera, Fotoalbum, Fernsehzeitschrift, Duden, Lexikon, Übersetzungshilfe, Wegweiser, Atlas, Navigationssystem, Kochbuch, Festnetztelefon, Banküberweisungsträger, Zeitung, Walkman, Stereoanlage, Videorekorder. Das sind die Dinge, die mir jetzt spontan, in zwei Minuten, eingefallen sind. Sicher, diese Dinge gibt es alle noch, aber bei weitem nicht mehr jeder schafft sie sich an, da er mit der Handyfunktion zufrieden ist. Dieses Wachstum ist nicht nur schonend für Ressourcen im Sinne von Umweltschutz. Diese Innovation führt auch zu einer globalen Wohlstandsverbesserung. Schauen Sie mal, hunderte Millionen Menschen in der dritten Welt haben heute ein Smartphone oder zumindest den temporären Zugang zu einem solchen Gerät. D. h. gleichzeitig, dass eben diese Menschen, all die von mir aufgezählten Dinge, heute haben. Die Erfindung des Smartphones hat nicht nur unser Leben bereichert. Es hat unendlich viele technische Errungenschaften, quasi per Handstreich, in die dritte Welt gebracht. Ob diese dort jemals angekommen wären, hätten die dazu benötigten Geräte tatsächlich physisch hergestellt werden müssen? Gehen Sie bitte einen Moment in sich und vergegenwärtigen Sie sich diese fantastische Wirkung der effizienten Digitalisierung.

Ebenso wie die Leistungen eines Jeff Bezos nicht anerkannt werden, werden auch solche Entwicklungen nicht kreativ weitergedacht. Eine freie, kapitalistisch orientierte Welt, passt nicht in das notwendige Angstszenario der sozialistischen Herrscherklasse. Die Kreativität von Ausnahmetalenten wird in Milliardär-Bashing umgemünzt. Der Ruf nach mehr Wachstum durch Innovation, wird umgemünzt in Umweltverschmutzung und Rohstoffverschwendung. Bitte fallen Sie auf diese Gehirnwäsche nicht herein. Versuchen Sie lieber selbst kreativ und innovativ zu sein. Gehen Sie Ihren eigenen Haushalt durch und schauen Sie nach Dingen, die Sie z. B. substituieren können. Laden Sie sich eine TV-Zeitschriften App herunter und sparen Sie sich das Papier. Lassen Sie das Navi beim nächsten Autokauf weg und nutzen Sie eine App dafür. Substituieren anstatt konsumieren.

Ein kurzes Statement zu Öl und Schulden. Neben der Wachstumskurve der Bevölkerung, gehen zwei weitere Kurven exponentiell nach oben. Der globale Ölverbrauch und die globale Verschuldung. Falls Sie es nicht schon längst getan haben, dann befassen Sie sich unbedingt mit diesen Themen. Es gibt sehr viel gute Literatur dazu. Gerade das Thema Öl ist unglaublich spannend. Es steht die Frage im Raum, ob Öl eine endliche Ressource ist oder ob man das nur glauben soll, um den hohen Preis zu rechtfertigen und die Angst vor einer Ölknappheit zu erzeugen. Fakt ist, selbst heute weiß niemand, wie Rohöl entsteht und warum alle Hochrechnungen bzgl. der Vorräte bislang falsch waren.

Kapitel 5 – Die Vierte Gewalt

Häufig werden die Medien als „Vierte Gewalt" im System der demokratischen Gewaltenteilung bezeichnet. Während viele Menschen das als Übertreibung sehen, würde ich es eher als grobe Untertreibung bezeichnen. Die Menschen im 21. Jahrhundert sind sich der Wirkungsweise und der Macht der Medien nicht im Geringsten bewusst und ich merke das Tag für Tag. Auch bei uns daheim läuft der Fernseher eigentlich rund um die Uhr. Auch wenn wir uns innerhalb der Familie unterhalten oder telefonieren, der Fernseher ist immer dabei und sorgt für Querbeschallung. Natürlich ist dabei wichtig, was im Fernseher läuft, aber zu allererst will ich darauf hinaus, dass der Fernseher überhaupt läuft und zwar immer, pausenlos. Der Fernseher ist zu einer Art Familienmitglied geworden. Wenn er nicht an ist, dann scheint etwas zu fehlen, so als würde ein Haustier fehlen. Ein ausgeschalteter Fernseher, d. h. ein schwarzer, tonloser Bildschirm, stört die gesamte Familienatmosphäre. Das allein ist schon verrückt und sollte dringend zu denken geben.

Was da so täglich im Fernsehen gezeigt wird, nennt sich Programm. Dieser Begriff ist wirklich sehr zutreffend und vielsagend. Ein Computerprogramm soll dem Computergerät beibringen, was es tun soll. Das Fernsehprogramm hingegen, soll nicht dem Fernsehgerät beibringen, was es tun soll, ein Fernsehgerät kann nämlich fast nichts. Fernsehgeräte, in ihrer nativen Funktion als reine Wiedergabegeräte von Fernsehprogrammen, sind relativ dumm. Nein, das Fernsehprogramm soll dem Fernseher als Person, also dem fernsehenden Menschen, beibringen, was er tun soll. Das TV-Gerät ist also das Medium, das Hirnklavier, mit dem wir Menschen programmiert werden. Der Programmier-Code sind die Bilder und die Sprache und die Programmierer sind die Fernsehsender. Die Medien, vor diesem Hintergrund als „Vierte Gewalt" zu bezeichnen, ist also eher die Untertreibung des letzten Jahrhunderts. Meiner Meinung nach sind die Medien die erste und mit Abstand mächtigste Gewalt in unserer Welt. Sie sind in unseren Wohnzimmern und wir beschäftigen uns täglich stundenlang mit ihnen. Wer die Sender kontrolliert, der kontrolliert die Programmierung der Menschen und kann somit bestimmen, was die Menschen tun und denken.

Dass die Sender über die Politik gesteuert werden, bringt uns wieder zu der Kernaussage, dass es in unserer heiligen Demokratie überhaupt keine Gewaltenteilung gibt. Dass die Politik, wissentlich und willentlich, von Lobbyisten gesteuert wird, haben wir auch hinlänglich behandelt. In der Einleitung zu diesem Kapitel geht es mir darum, die unvorstellbare Macht der Medien hervor zu heben. Die Medien haben mehr Macht, als Legislative, Judikative und Exekutive zusammen. Wer die Menschen nämlich bereits in deren Wohnzimmern programmieren kann, der macht den restlichen Staatsapparat überflüssig. Wenn die Menschen bereits daheim hörig gemacht wurden, muss man sie außerhalb nicht mehr durch Gesetze, Verbotsschilder und Polizei hörig machen. Nur der kleine Anteil der Bevölkerung, der der Medienprogrammierung entkommt, der muss noch durch die anderen drei „Gewalten" eingefangen werden. Daher muss die mediale Programmierung maximal erfolgreich sein, denn das erspart die Arbeit auf den anderen Ebenen.

Neben der Werbung und dem ganzen Schwachsinn aus der Unterhaltungsbranche, hat natürlich gerade auch die politische Propagandamaschine das Fernsehen sehr früh für sich entdeckt. Ideologisierung und Medienprogrammierung sind im politischen Kontext also zwei gleichzusetzende Begriffe. Sie stehen auf derselben Ebene wie die Begriffe Staatspropaganda, Indoktrination und Volksverdummung und die dahinterstehenden Institutionen heißen Bildungssystem, Rundfunk, Fernsehen und Presse.

5.1 Die Matrix

Wenn ich mich mit Menschen unterhalte, dann kann ich heute innerhalb von Minuten sagen, welche Art von Medien diese Menschen konsumieren. Es ist genau wie in dem Film „Die Matrix". Diejenigen, die von der Existenz der Matrix wissen, die sogenannten Truther, wissen, was gespielt wird und kennen das System. Die Truther wissen, dass die Menschen um sie herum nur Computersimulationen in einer fiktiven Welt sind und dass die echte Welt vollkommen anders, von Maschinen erschaffen und beherrscht, ist. Ich empfehle diesen Film wirklich jedem, allerdings reicht der erste Teil vollkommen. Menschen, die sich ausschließlich über die traditionellen Massenmedien (MSM = Main Stream Medien) und hier insbesondere die öffentlich-rechtlichen Medien informieren, haben absolut keine Chance, die Matrix von sich aus zu erkennen. Man begeht aber einen schweren Fehler, wenn man diese Tatsache leichtfertig abtut, indem man diese Menschen als „dumm" bezeichnet. Einen ebenso gravierenden Fehler begeht man, wenn man die MSM einfach als Lügenpresse bezeichnet und den plumpen Ratschlag erteilt, die Kiste einfach aus dem Fenster zu werfen. So einfach ist das leider alles nicht und wenn man den Menschen wirklich helfen will, die Matrix zu erkennen, dann muss man tiefer in die Psyche der Menschen und der MSM-Taktik einsteigen.

Was man als allererstes anerkennen muss, das sind zwei Dinge. Erstens, dass die MSM nicht einfach flach heraus lügen und zweitens, dass die MSM sehr clever vorgehen. Bitte bedenken Sie, dass die MSM nicht das Ziel haben, Menschen zu belügen. Das Lügen ist nur ein Werkzeug und ein gefährliches noch dazu. Lügen können auffliegen und die Lügner, d. h. die MSM, schadeten sich somit nur selbst. Die MSM sind also eher darauf aus, nicht zu lügen und sie tun es daher nur in dem Maß, in welchem es die Ideologie erforderlich macht. Darüber hinaus haben die MSM das „Lügen ohne zu lügen" in einer beispiellosen Weise perfektioniert. Das Lügen durch Auslassungen oder das Umdeuten von Begriffen, ist heute die hohe Kunst der Medienschule. Es wurde darüber schon sehr viel geschrieben, ich empfehle an dieser Stelle das Buch „Gekaufte Journalisten“ von dem 2017 verstorbenen Autor, Udo Ulfkotte.

Ich möchte an dieser Stelle darauf hinweisen, dass man keinen Menschen von der Lügenpresse überzeugen kann, indem man diese einfach nur so bezeichnet. Das ist vom Ansatz her einfach zu flach. Menschen, die seit Jahrzehnten ihre Informationen aus den MSM bekommen, haben diesen zu vertrauen gelernt. Das kann man nicht einfach so umschalten. Diese Pille aus dem Matrixfilm, sie existiert leider nicht. Im Gegenteil, wer so frontal auf einen Menschen zugeht, der macht die Tür zu der Psyche dieses Menschen eher zu als auf. Es gibt Menschen, die leben mit den MSM seit 50 Jahren und mehr und sie haben für sich bislang keinen Grund gesehen, diesen Medien zu misstrauen. Warum sollten sie es jetzt tun, nur weil ein paar dahergelaufene Truther es ihnen sagen? Das funktioniert so nicht.

Der Grund, warum es nicht funktioniert ist, weil die MSM für diese Menschen weiterhin die alternativlose Informationsquelle sind und deshalb weiterhin die Deutungshoheit besitzen. Der Begriff der „Deutungshoheit“ ist der Schlüssel zu dem gesamten Medienkomplex und muss daher erläutert werden. Er bedeutet, stark vereinfacht ausgedrückt, dass diejenigen Medien gewinnen, welche als erstes beim Zuschauer im Wohnzimmer ankommen. Es ist nicht so wichtig, wer einem Menschen was, über welche Sache, im Nachhinein, also korrektiv, erzählt. Das allerwichtigste bei einer Information ist, wer sie ihnen in welcher Version als allererstes, also narrativ, übermittelt. Das Medium, welches bei Ihnen als allererstes ankommt, pflanzt in Ihr Gehirn die Erstinformation ein, das sogenannte Narrativ. Alles was danach kommt, kann dieses Narrativ nur noch korrigieren und nur mit extremem Aufwand ins Gegenteil umformen. Das initiale Narrativ zu setzen, bedarf hingegen überhaupt keinen Aufwand, denn das Narrativ kämpft gegen kein bereits vorhandenes Narrativ an. Die MSM nutzen diesen Vorteil, den sie heute noch bei vielen älteren Zuschauern haben, geschickt aus. Sie können es sich durch die tägliche Präsenz im Wohnzimmer nämlich erlauben, den Zuschauern nicht nur eine bestimmte Initialversion der Wahrheit zu übermitteln. Darüber hinaus können sich die MSM auch erlauben, den Zuschauern eine beliebige Interpretation, d. h. eine Deutung zu dieser Wahrheit, mitzugeben. Das alles kann man aber nur tun, wenn man diese Wahrheit als allererstes übermittelt. D. h. die Setzung des Narrativs und die begleitende Überlieferung einer Interpretation dazu, das zusammen ergibt den Begriff der Deutungshoheit.

Wenn also z. B. ein Flugzeug in der Ukraine abstürzt und in den Abendnachrichten wird darüber berichtet, dann kann der Nachrichtensprecher diese Information einfach und neutral berichten. Er kann aber zusätzlich noch die Bemerkung einfließen lassen, dass die Absturzstelle nahe einem Gebiet liegt, aus welchem wenige Tage zuvor starke Bewegungen der russischen Armee gemeldet wurden. Sehen Sie die plötzlich auftretende Deutung? Der Nachrichtensprecher kann dann noch hinzufügen, dass es sich um ein Flugzeug mit vielen europäischen Fluggästen handelte. In der Schlussbemerkung macht er dann noch den beiläufigen Kommentar, dass es bislang keine Hinweise gibt, die auf Zusammenhänge zwischen dem Flugzeugabsturz und den neuerlichen Spannungen zwischen der EU und Putin hindeuten. Zufällig kommt dann direkt im Anschluss eine Übersicht über die internationalen Verteidigungsetats der einzelnen Länder. Hier wird, natürlich ganz aus Versehen, vom Verteidigungshaushalt des Weißen Hauses und vom Rüstungsetat des Kremlregimes gesprochen. Das Bild im Kopf des MSM-Konsumenten ist fertig: Flugzeug, Tote, Putin war's.

Was Sie und vor allem jeder MSM-Konsument, jetzt unbedingt verstehen müssen ist, dass der Nachrichtensprecher keine einzige Lüge erzählt hat! Der Nachrichtensprecher hat nicht einmal eine Schuldzuweisung ausgesprochen. Im Gegenteil, das kann sogar alles die absolute Wahrheit sein. Darum geht es in Wahrheit aber gar nicht. Es geht darum, dass der Nachricht über den Absturz eine Interpretation mit auf den Weg gegeben wurde und dass die Information, zusammen mit dieser Deutung, das Rennen um das

Narrativ gewonnen hat. Im Kopf des Zuschauers hat sich auf diese Weise eine fakten- und wahrheitsbasierte Meinung, ja sogar eine Überzeugung gebildet. Diese im Nachhinein, durch Korrektive zu widerlegen, ist fast unmöglich. Allein den Zugang zu diesem Thema noch einmal herzustellen, ist beinahe aussichtslos. Das dargestellte Narrativ sitzt. Die MSM können sich all das aber nur aufgrund der Erstdarstellung erlauben und genau an dieser Stelle müssen die alternativen Medien ansetzen. „Lügenpresse", „Schlafschaf" usw. Das sind stumpfe Begriffe, begleitende Korrektive. Das hilft alles nichts!

In der Matrix hilft das Schlucken einer Pille, um die Menschen aus dem Schlaf zu wecken und in das echte Leben zu holen. Die Truther und die alternativen Medien brauchen das Gegenstück dazu. Wir müssen den Weg in die heimischen Wohnzimmer finden, wenn wir die älteren Generationen nicht komplett aufgeben wollen. Man könnte natürlich sagen, dass man nur abwarten muss, denn die Generation X und die Millennials sehen sich die MSM eh schon nicht mehr an. Aber das ist keine Option. Der Schaden durch die vier Gewalten wird täglich größer und eben die jungen Generationen dürfen nicht für unser Versagen bezahlen. Ich finde es schwach, ja sogar asozial, wenn wir uns hinter der Indoktrination durch die MSM verstecken und die älteren Generationen sich selbst überlassen. Wir brauchen dringend deren Hilfe, also warum sollten wir das tun? Ich sehe dafür keinen Grund.

5.2 Die alternativen Medien

Bevor ich auf einige Mitglieder der alternativen Szene eingehe, möchte ich etwas vorab schicken. Was ist eigentlich „alternativ" an den alternativen Medien? Absolut wünschenswert wäre doch, wenn sich das Wort „alternativ" zu 100 % auf den Inhalt der gezeigten Sendungen beziehen würde, aber so ist es leider nicht. Sie werden gleich verstehen, wie ich das meine.

Wirklich alternativ ist bei den neuen Medien leider nur das Medium, d. h. das Internet. Mit diesem Medium einher geht die Abokultur, d. h. man wird nicht mehr genötigt, um eine bestimmte Uhrzeit den Fernseher einzuschalten, wenn man eine bestimmte Sendung anschauen will. Man kann seine Sendungen jederzeit starten, stoppen und weitersehen, wann und wo immer man möchte. Das ist wirklich revolutionär und toll, aber das ist überhaupt nicht das, wofür das Wort „alternativ" stehen sollte.

Das Wort sollte, meiner Meinung nach, für alternative Lösungen stehen. Analog dem grünen Kampfbegriff der „alternativen Energien", sollten die politischen Kanäle der alternativen Szene auch alternative politische Lösungen bieten. Aber leider Fehlanzeige. Leider orientieren sich die allermeisten alternativen Kanäle nur zu genau an der grünen Pseudomentalität. Genau wie die Grünen es bis heute nicht geschafft haben, eine echte Alternative für die Energiegewinnung zu schaffen, so haben es die alternativen Medien nicht geschafft, eine alternative politische Philosophie zu schaffen.

Wie begründe ich das? Ich begründe das mit meiner Wahrnehmung. In der alternativen Szene wird täglich auf das Heftigste auf die aktuelle Politik eingeschlagen. Das ist auch vollkommen gerechtfertigt und richtig so. Aber wo ist der alternative Lösungsansatz? Zu über 90 % kommen, nachdem der Frust draußen ist, an irgendeiner Stelle die Kritik am Kapitalismus und der Ruf nach dem dringenden Erhalt der Demokratie. Wo ist hier bitte die Alternative zu den MSM? Zugegeben, die alternativen Kanäle gehen mit der Regierungspolitik, dem Korporatismus und den Politikern deutlich härter ins Gericht. Sie legen den Finger in Wunden, die die MSM nicht ansprechen dürfen. Dafür möchte ich an dieser Stelle auch allen Truthern und YouTubern aufrichtig danken: „DANKE!!!" Aber wie ich bereits an einer anderen Stelle sagte, das Kritisieren ist der ungleich leichtere Teil in der Politik. Das Aufzeigen von echten alternativen Lösungen, das ist die wahre Kunst und hier versagen über 90 % der alternativen Kanäle.

Meine nackte Hoffnung ruht auf der naiven Annahme, dass es diesen YouTubern einfach nur genauso geht, wie den allermeisten anderen Menschen da draußen auch. Nämlich, dass sie die sozialistische Indoktrination einfach noch nicht vollkommen überwunden haben und dass dieses Buch eine, vielleicht sogar die entscheidende, Hilfestellung dabei leistet. Glauben Sie bitte nicht, ich wüsste nicht wie unendlich naiv das ist. Aber als Libertärer erlaube ich mir Vorurteile ebenso selbstverständlich, wie ich mir Hoffnung und Idealismus erlaube.

Bsp.#1 – Gerd-Lothar Reschke (GLR)

Herr Reschke ist die philosophische Speerspitze Deutschlands. Er ist der Masse der Bevölkerung in seinen Gedanken so weit voraus, dass ihn über 99 % der Menschen für einen esoterischen Spinner halten dürften. Das belegt seine niedrige Anzahl von YouTube Abonnenten. Die Anzahl von Abonnenten des GLR-Kanals, ist der einzig wahre Offenbarungseid und Messpegel, bzgl. des bedauernswerten Geisteszustandes der deutschen Bevölkerung. Die Wahrheit ist natürlich, dass GLR kein Spinner ist. Die traurige Wahrheit ist, dass die Menschen dem GLR-Kanal intellektuell nicht folgen können und sich zusätzlich von seiner relativ tristen Videokulisse abschrecken lassen.

Neben dem Content, liegt die Leistung von Herrn Reschke in seinem unglaublichen Mut. Es ist nicht nur so, dass GLR Dinge sagt, die sonst keiner sagt. Es ist vor allem so, dass er diese Dinge sagt, lange bevor sich irgendein anderer traut, diese Dinge überhaupt zu denken. Ich weiß nicht, wie oft ich schon vor dem Bildschirm saß und dachte: „Woher weiß der Mann, was ich eigentlich wirklich denke, wenn ich es bis eben selbst noch nie gedacht habe?" Die Ursache liegt in seiner Natürlichkeit. Er sagt genau, was er denkt und da es häufig logisch und demnach für ihn offensichtlich ist, passt es einfach zusammen. Wer GLR intellektuell folgen kann, der kann ihm eigentlich kaum wahrhaftig widersprechen. Aber an seiner Natürlichkeit ist nichts einfach, im Gegenteil. Die meisten Menschen wollen irgendwie „gut rüberkommen" oder ein beeindruckendes Statement machen. GLR will sich einfach nur auskotzen und das kommt an, „in your face" sozusagen.

Ich habe Herrn Reschke in der Vergangenheit ein paar wenige E-Mails geschrieben und er hat mir auch ab und an geantwortet. Mit dem Libertarismus hat er sich offiziell leider niemals so richtig angefreundet, zumindest nicht dass ich wüsste. Ich glaube, er hält den Libertarismus einfach für die nächste ideologische Falle bzw. für eine reine Utopie, welche es sich nicht zu verfolgen lohnt. Ich respektiere das und ich finde es auch nicht schlimm. GLR denkt und handelt zu 100 % libertär und wenn er sich dennoch nicht offiziell dazu bekennen möchte ein Libertärer zu sein, so what?

Lieber Herr Reschke, das ist meine Art „Danke!“ zu sagen.

Bsp.#2 – Oliver Janich

Herrn Janich muss ich wahrscheinlich niemandem vorstellen. Man kann kein Buch über Ideologien schreiben, ohne Karl Marx zu erwähnen. Ebenso kann man kein Buch über Libertarismus und die alternative Medienszene schreiben, ohne Oliver Janich zu erwähnen. Es wäre einfach eine unverzeihliche Unterlassungssünde. Janich ist die Speerspitze des Libertarismus in der alternativen Medienszene. Das ist er auch schon sehr lange. Seine Bücher sind meiner Meinung nach deutlich besser lesbar, als seine Videos anschaubar sind. Ich kenne Herrn Janich nicht persönlich, aber ich würde sagen, in ihm wohnt ein liebenswerter, libertärer Chaot. Das macht ihn mir sehr sympathisch, aber seine Videos sind leider häufig sehr unstrukturiert und seinen Sprachfluss zerstört er dadurch leider oft selbst.

Herr Janich ist vielleicht der einzige YouTuber, der alle Eigenschaften verbindet, die es zum Durchbruch der libertären Szene braucht. Er hat den Libertarimus und die Österreichische Schule verstanden und er hat eine große Reichweite im Netz. Er weiß, wie der Hase in der Medienwelt läuft und er gibt sich immer gesprächsbereit. Es ist extrem schade, dass er im Exil ist, denn eine echte Gesprächsrunde ist einfach das bessere Format für den Zuschauer. Ebenso dürfte es ihm deutlich schwerer fallen, neue Kontakte zu knüpfen und aufrecht zu erhalten. Es wäre sehr zu begrüßen, wenn man ihn zusammen mit Naidoo, Krall, Bengen (Schwert der Wahrheit) usw. in einem Raum sehen könnte.

Oliver Janich müsste, meiner Meinung nach, in jeder deutschen Talkshow sitzen. Nicht nur, weil er ein routinierter Gesprächspartner ist, sondern weil er die volle Breite der Themen abdeckt. Janich ist ein Vollzeit-Truther und er ist in so ziemlich jeden Fuchsbau hinabgestiegen, den es da draußen gibt. Kein Politiker oder Experte dürfte in der Lage sein, Janich auf dem falschen Fuß zu erwischen. Egal ob Migration, Klimalüge, Corona, Pädophilie, Geldsystem, Satanismus, wo auch immer ein Moderator hin wollen würde, Janich war schon längst dort. Leider scheint genau das aber manchmal auch sein Problem zu sein. Er redet über Gedanke A, dann fällt ihm aber die Variante A' ein, die wiederum Gedanken B auslöst usw. Das lässt ihn leider oft chaotisch wirken, aber so ist es eben manchmal, wenn der Kopf frei reden darf.

Was ich an Herrn Janich nicht so sehr mag ist, dass er sich auch über unseriöse Themen auslässt, wie z. B. die Numerologie. Diese Sachen mögen ja tatsächlich irgendwo einen realen Hintergrund haben, aber sich damit zu beschäftigen ist Zeitverschwendung. Es gab bereits acht Millionen Hinweise, keiner hat je zu etwas geführt. Satanismus, Logen, Freimaurer, Jesuiten. Diese Themen sind alle berechtigt und haben ihren Platz im sozialistischen Netzwerk. Aber man sollte diese Themen nur bringen, wenn es auch etwas Substantielles dazu gibt. Wenn man während der Epstein-Story auf Satanismus und Pizzagate etc. eingeht, dann ist das absolut richtig und wichtig. Wenn man dann aber Numerologie ins Spiel bringt, dann bringt man, unnötigerweise, Unseriösität ins Spiel. Das halte ich für destruktiv.

Lieber Herr Janich, das ist meine Art „Danke!" zu sagen.

Bsp.#3 – Ken Jebsen (KenFM)

Auch Herrn Jebsen muss man nicht vorstellen. Abgesehen davon, dass ich sehr viel Gutes über Herrn Jebsen zu sagen habe, sind ein paar Worte über KenFM, mit knapp 500.000 Abonnenten, einfach obligatorisch. Ich denke, es ist nicht übertrieben, wenn man Ken Jebsen als die Galionsfigur der alternativen Medienszene in Deutschland bezeichnet. Trotz seines Erfolges und seines guten Aussehens, kommt mir Herr Jebsen in seinen Videos nie wirklich arrogant rüber. Er ist selbstbewusst und ausdrucksstark, aber er ist vor allem oft eines, nämlich sauer. Genau diese Emotionen sind für mich der sympathische Aspekt an ihm.

KenFM hat sich diesen Erfolg redlich verdient. Ich habe die Arbeit dieser Redaktion über Jahre verfolgt und die vielen unterschiedlichen Formate sind Beweis genug, dass hier, mit wahrer Leidenschaft, professioneller Journalismus betrieben und Geld verdient wird. Die absolute Stärke von KenFM ist dabei der Journalismus für den Frieden. Die Combo Jebsen-Ganser hat unzähligen Menschen in Deutschland die Augen geöffnet. Auch ich habe, erst durch KenFM, das wahre Gesicht unserer imperialen Freunde kennengelernt. Wie die Geopolitik der letzten 150 Jahre auf dieser Erde zusammenhängt, das habe ich im Wesentlichen von KenFM gelernt. Das liegt beinahe zehn Jahre zurück.

Dazu hat Jebsen, auch dank seines Bekanntheitsgrades, unendlich viele prominente Interviews zu politischen und wirtschaftspolitischen Themen geführt. Dabei hat auch er viel Mut bewiesen und kein Blatt vor den Mund genommen. Ein Schlüsselmoment für mich war eine Rede, die Herr Jebsen bei einer Veranstaltung von Jürgen Elsässer (Compact) gehalten hat. Diese Rede dürfte mindestens 8 Jahre alt sein. Jebsen ist auf dem Podest beinahe ausgerastet und hat ins Publikum geschrien: „Warum geht ihr überhaupt noch wählen? Warum tut ihr das denn noch? Seid doch nicht blöd!“ (sinngemäß). Das war groß.

Wer das KenFM Format Me, Myself and Media kennt und wer die Videos von Oliver Janich kennt, der weiß, worin der Unterschied der beiden Präsentationsformen liegt. Die Videos von KenFM sind um so viele Welten besser, dass ein Vergleich eigentlich illegal ist. Wer welche Mittel hat, ist dabei irrelevant. Es ist das Ergebnis, das am Ende den Zuschauer erreicht und zählt. Kurzum, wenn ich mir einen Frontmann für meine libertäre Band aussuchen dürfte, dann wäre es Herr Jebsen. Der Mann ist einfach gut in dem, was er tut.

Leider ist Herr Jebsen ein Etatist. Bewiesen hat er das gerade vor wenigen Tagen. In diesem Video ging es um die grotesken Corona-Maßnahmen der Regierung und was hat Herr Jebsen in die Kamera gehalten? Das Grundgesetz. Natürlich wollte Herr Jebsen damit auf die Rechte der Bevölkerung hinweisen. Aber wer das mit dem Grundgesetz in der Hand tut, der manifestiert damit seinen starken Aberglauben an den Staat. Es hat eigentlich nur noch die Bibel in der anderen Hand und eine Nikolausmütze gefehlt. Das Grundgesetz ist der geschriebene Beweis, dass wir Menschen keine Rechte haben. Rechte, die uns der Staat per Dokument zubilligt, sind keine Rechte, sondern Privilegien. Privilegien, die uns der Staat jederzeit beschneiden oder ganz entziehen kann. Genau diesen Entzug beklagt Herr Jebsen in diesem Video. Was man aber tatsächlich und zu allererst beklagen bzw. verhindern muss, das ist der Umstand, dass der Staat überhaupt erst die Möglichkeit zu einem solchen Entzug bekommt. Wer beklagt, dass der Staat das Grundgesetz beschneidet, der beklagt sich, dass der Parasit wächst und dass der Söldner seine Waffe benutzt.

Auch ist Herr Jebsen ein heftiger Kapitalismuskritiker. Charles Krüger hat auf YouTube mehrfach gezeigt, dass Herr Jebsen den Begriff nicht richtig verstanden hat. Herr Jebsen sagt Kapitalismus und meint Korporatismus. Dieses Buch könnte helfen, denn Herr Jebsen selbst ist nicht nur kapitalistisch, Herr Jebsen ist sogar Kapitalist. Zumindest nehme ich an, dass KenFM weitestgehend sein Laden ist. Leider ist Herr Jebsen bis heute nicht über seinen Schatten gesprungen und hat das Missverständnis eingeräumt. Ich frage mich seit langer Zeit warum.

Lieber Herr Jebsen, das ist meine Art „Danke!“ zu sagen.

Reschke, Janich, Jebsen, Krüger, Schrang, Bengen, Krall, Naidoo, Stelter, Friedrich&Weik, Schulte, Wisnewski, Tichy uvm. Wir haben in Deutschland alles, was es braucht, um dem Kapitalismus und dem Libertarismus eine Lobby zu geben und es mit dem Propagandaapparat der MSM aufzunehmen. Hoffentlich erleben wir das noch.

Wechseln wir kurz den Kontinent…

Bsp.#4 – Peter Schiff

Peter Schiff ist ein amerikanischer Jude und Finanzmarktexperte mit dem Schwerpunkt Edelmetalle, d. h. Gold und Silber. Darüber hinaus ist er libertär und in den USA relativ bekannt. Er war einer der ganz wenigen, die den Crash im Jahr 2009 öffentlich vorausgesagt haben und im Internet gibt es dazu das sehenswerte Video „Peter Schiff was right“ mit Millionen von Klicks. Seit dieser Zeit wird Schiff in den amerikanischen MSM nicht mehr zu Interviews eingeladen. Das zweite „Peter Schiff was right“ Video, muss offensichtlich unbedingt verhindert werden.

Wenn Sie der englischen Sprache einigermaßen mächtig sind, dann kommen Sie an Peter Schiff nicht vorbei. Wenn ich ein deutsches Pendant nennen müsste, dann wären es, mit bestimmten Abstrichen, Friedrich&Weik sowie Markus Fugmann (finanzmarktwelt.de). Peter Schiffs Marktanalysen und politische Kommentare sind immer brandaktuell und auf den Punkt. Ein typisches Schiff Video geht ca. 45 Minuten. Es beginnt mit aktuellen Marktzahlen, geht dann über zur Einschätzung der globalen wirtschaftspolitischen Lage und endet meist mit einem tagesaktuellen Thema, abseits der Wirtschaft. Sie lernen durch seine Videos gleich mehrere Dinge auf einmal. Erstens, was geht ab in den USA? Zweitens, wie sieht ein libertärer Finanzmarktexperte die aktuellen Entwicklungen in der Welt? Drittens, wie kann ich mich finanziell auf die Zukunft vorbereiten?

Sie dürfen mit glauben, wenn ich Ihnen sage, dass ich nicht nur die deutsche, sondern auch die amerikanische alternative YouTube-Szene kenne. Ich habe hunderte von Larken Rose, Gregory Mannarino, Bill Still, Mike Dice, Greg Hunter (USA Watchdog), uvm. Videos gesehen. Es gibt keinen konsistenteren Marktberichterstatter als Peter Schiff.

Hinzu kommt, dass Schiff auch einen großartigen Humor hat und ein Familienmensch ist. Sein Vater, Irwin Schiff, ist im Gefängnis an Krebs gestorben, weil der amerikanische Staat ihn als Staatsfeind betrachtete und ihn selbst todkrank und im hohen Alter, nicht entlassen wollte. Das Buch „The Federal Mafia“ von

Irwin Schiff, ist eines von nur zwei Büchern in der gesamten amerikanischen Geschichte, das vom Staat verboten wurde. Es wird auf AMAZON für hohe Dollarbeträge gehandelt. Peter Schiff ist selbst mehrfacher Autor. Sein Buch „Wie eine Volkswirtschaft wächst und wie sie abstürzt“ ist absolut zu empfehlen. Es ist für Kinder ab 15 Jahren geeignet und erklärt die Grundzusammenhänge der Ökonomie. Auch für Erwachsene ist dieses Buch super geeignet. Niemand in der alternativen Medienwelt hat mich mehr beeinflusst als Peter Schiff.

Dear Mr. Schiff, this is my way to say „Thank you!“

Bsp.#5 – James Corbett

James Corbett hat ein YouTube-Format namens CorbettReport. Ich weiß nicht genau, ob Corbett US Amerikaner oder Kanadier ist, auf jeden Fall wohnt er im japanischen Exil. Corbett könnte man ein wenig als englischsprachiges Pendant zu Oliver Janich bezeichnen. Er ist in wirklich jedem Rabbit Hole zuhause und kommt immer wieder mit faszinierenden neuen Berichten um die Ecke. Diese sind allerdings sensationell gut aufbereitet und an dieser Stelle hinkt der Vergleich mit Janich. Auch Corbett ist libertär und hat auch schon Interviews mit Larken Rose gemacht, dem vielleicht kompromisslosesten Libertären in der US-Szene.

Der Libertarismus ist aber nicht das zentrale Thema des CorbettReport. Hier geht es mehr um die Hintergründe der Weltgeschichte. Gutmenschen würden James Corbett definitiv als einen Verschwörungstheoretiker bezeichnen und Corbett wehrt sich auch nicht gegen diesen Begriff. Im Gegenteil, Corbett vertritt die Meinung, dass man heute immer ganz besonders aufmerksam hinschauen muss, wenn der Mainstream jemanden mit dem V-Wort zum Schweigen bringen will. Das kann ich nur bestätigen.

Die Dokumentationen zu „Big Oil" sind herausragende Werke von Corbett. Aber man kann eigentlich alle seine Videos ungesehen empfehlen. Hier lernt man etwas über Geschichte, Satanismus, Eugenik, Wirtschaftspolitik, Technik, eigentlich alles. Das ist libertärer Qualitätsjournalismus im Jebsen Format, einfach genial.

Dear Mr. Corbett, this is my way to say „Thank you!"

Bsp.#6 – Mike Maloney

Zu guter Letzt noch zu dem Mann, der mir das Geldsystem erklärt hat. Mike Maloney hat, meiner Meinung nach, die beste aller Videoreihen zum Thema Geldsystem gemacht. Sie besteht aus zehn Episoden und heißt „Hidden Secrets of Money". Die beste Episode ist Episode vier. Sie ist nun ca. sechs Jahre online und wurde über acht Millionen Mal gesehen. Das ist eine unfassbare Zahl für ein Aufklärungsvideo.

Maloney ist aber nicht nur Filmemacher. Auch er ist, genau wie Peter Schiff, ein Finanzmarktexperte und spezialisiert auf Gold und Silber. Genau wie Schiff, verdient Maloney in diesem Bereich sein Geld und es gibt auch einige Videos von diesen beiden Goldbugs zusammen. Wenn Sie sich fragen, ob es in den USA einen Zusammenhang zwischen Libertären, Finanzmarktexperten und Edelmetallen gibt, dann lautet die Antwort definitiv: „Ja, aber nicht nur in Amerika."

Maloneys Videos sind im pädagogischen Sinne nicht zu übertreffen. Wenn Sie einen Lehrer suchen, der Ihnen erklärt, wie Geld funktioniert, dann ist Mike Maloney Ihr Mann. Sein Englisch ist glasklar und die Videos sind höchst professionell. Es ist in den vergangenen Jahren leider nicht mehr viel Neues von Maloney herausgekommen. Ich denke, man muss zum Geldsystem auch nicht mehr viele neue Videos machen. Es ist alles da, man muss es sich nur anschauen. Ich wollte Maloney dennoch erwähnt haben, denn es gibt sicher noch viele Menschen, die am Anfang des Lernprozesses stehen. Ganz allgemein muss man leider sagen, dass die amerikanische Szene im alternativen Politikspektrum deutlichen Vorsprung gegenüber der deutschen hat.

Dear Mr. Maloney, this is my way to say „Thank you!"

5.3 Die rote Pille

Ich bin nun seit knapp zehn Jahren in den alternativen Medien unterwegs. In jüngster Zeit wollen einige Vertreter der alternativen Medien nicht mehr, dass man „alternative" Medien sagt. Aus irgendwelchen Gründen soll man jetzt „freie" Medien sagen. Die Begründung dafür habe ich jetzt nicht parat und ich kann mich leider auch nicht erinnern, ob ich die Begründung damals gut oder schlecht fand. Es ist auch egal. An was ich mich jedenfalls noch gut erinnere ist, dass ich sofort den Gedanken hatte, dass es wirklich Wichtigeres in der alternativen Szene gibt bzw. geben müsste. Dazu stehe ich heute mehr als damals. Auch bei den alternativen Medien gibt es nämlich den berühmten Elefanten im Raum.

Die alternativen Medien haben nahezu exakt dasselbe Problem, das unsere gesamte Gesellschaft auch hat und auch sie merken es nicht. Sie sind entlang derselben ideologischen Linien geteilt und so an der Zusammenlegung ihrer Kräfte gehindert. Es ist für mich eigentlich unfassbar und absolut unverständlich, wie das passieren konnte. Anstatt erst einmal ganz grundsätzlich zu erkennen und vor allem gegenseitig anzuerkennen, dass man gemeinsam auf der guten Seite der Macht steht, bekämpft man sich. Man bekriegt sich und verschwendet seine Energie für irgendwelche Revierkämpfe um Abonnentenzahlen und Klicks. Dabei bemerkt man nicht, dass man bereits selbst dem „Teile und Herrsche" auf den Leim gegangen ist und wertvolle Teile seiner Energie zu Blindleistung macht.

Beinahe noch schlimmer ist der Trend in den vergangenen Jahren, dass man sich gegenseitig ignoriert. Es scheint in der alternativen Medienszene zu einem allgemeinen Nichtangriffspakt gekommen zu sein. Die Devise scheint zu heißen: „Wir reden nicht miteinander, also lasst uns auch nicht übereinander reden." Was für eine verdammte Scheiße läuft hier eigentlich? Merken die Alternativen denn nicht, dass sie der Herrscherklasse gar keinen größeren Gefallen tun könnten, als diese gegenseitige Ablehnung und Ignoranz?

Ich habe dafür nur eine Erklärung und das sind Existenzängste. Wenn das der Hintergrund ist, dann nehme ich meine Aussage hier teilweise zurück, denn ich stecke diesbezüglich nicht in deren Schuhen. Aber wenn es das nicht ist, dann habe ich kein Verständnis für dieses Verhalten und ich werde es auch nicht mitmachen.

Die alternative Szene ist im Wesentlichen entlang der folgenden beiden Linien gespalten. Die erste Linie ist die zwischen den staatskritischen Etatisten und den Libertären und die zweite ist die zwischen den staatskritischen Gutmenschen und den Kapitalisten. Staatskritische Etatisten habe ich bereits als Menschen beschrieben, die bei jeder sich bietenden Gelegenheit auf den Staat einhämmern, dann aber in der Einbahnstraße auf Kurs bleiben und noch mehr Staat fordern. Ihnen gegenüber stehen vermeintlich die staatsablehnenden Libertären und auf diese hämmern sie dann auch gleich mit ein. Staatskritische Gutmenschen sind wiederum solche, die den Staat richtigerweise als Ursache für die massenhaften Flüchtlinge verantwortlich machen, z. B. Deutschland wegen Ramstein und den amerikanischen Staat wegen dessen Bombardements im arabischen Raum. Ihnen gegenüber stehen vermeintlich die Kapitalisten, weil der Kapitalismus, in deren sozialistischen Augen, hinter diesen Bombardements steckt.

Was hier nicht erkannt wird ist, dass sie alle erst einmal zwei große Gemeinsamkeiten haben, die sie vereinen sollten. Diese Gemeinsamkeiten sind die Kritik am bestehenden politischen System und darüber hinaus noch der gemeinsame „Klassenfeind", wenn man so möchte, die Mainstream Medien. Müsste das denn nicht erst einmal reichen, um zusammen zu halten? Ich bitte euch inständig. Seht ihr denn nicht das gemeinsame Ziel? Vorsicht, ich rufe nicht zum Kollektivismus auf! Keiner soll seine Individualität und seine politische Meinung für eine gemeinsame Sache aufgeben. Aber könnt ihr denn nicht bitte wieder anfangen übereinander und miteinander zu reden, eure Gemeinsamkeiten in den Vordergrund zu rücken und die Kräfte dort zu bündeln? Man kann sich immer darauf einigen an manchen Stellen uneinig zu bleiben (agree to disagree), aber man muss doch in der Lage sein, auf den zentralen Gemeinsamkeiten aufzubauen. Ganz besonders in dieser absoluten Krisensituation!

Die rote Pille ist also vielmehr eine rote Kugel und mit dieser Kugel muss der Elefant im Raum erschossen werden. Die alternativen Kanäle müssen unbedingt zusammenkommen. Nicht zu einem großen Einheitskanal mit einer einheitlichen Message, das meine ich absolut nicht. Aber zu einer alternativen Community aus Individuen. Das Ziel dahinter ist, eine Größe und eine Reichweite zu erreichen, sodass die MSM die alternativen Medien nicht länger ignorieren können. Wie wäre es, nur als Gedankenspiel, mit einem richtigen privaten Fernsehkanal, der bis in die Wohnzimmer der breiten Bevölkerung gelangt? Heute ist das undenkbar, weil niemand das finanzielle Risiko übernehmen will. Was aber, wenn die alternativen Medien eine Bereitschaft zur Zusammenarbeit signalisieren würden? Ist es so unvorstellbar, dass man per Crowdfunding auch ein paar Millionäre findet, die mithelfen einen alternativen TV-Kanal zu finanzieren? Natürlich würde man dafür heute kaum eine Senderlizenz bzw. einen Sendeplatz bekommen, aber auch das ist nur eine Frage der Reichweite. Wenn alle Abonnenten aller alternativen Kanäle eine Protestwelle gegen ein Senderverbot lostreten würden, dann wäre da eine Menge öffentlichen Drucks. Meinen Sie nicht?

Die alternativen Medien kämpfen heute alle einsam an der Medienfront. Solange sich das nicht ändert, werden die MSM die Deutungshoheit bewahren und das bedeutet, sie werden mittelfristig die Oberhand behalten. Wären die MSM tot, würde ich dieses Plädoyer für eine Kräftebündelung nicht halten, aber so ist es nun mal nicht. Ich sagte es bereits, ich glaube nicht daran, dass man eine gemeinsame politische Partei gründen sollte. Ich habe das bereits am Beispiel der Lucke-AFD ausgeführt. Sobald man eine Partei gründet, ist man im System gefangen und man wird Teil des Systems. Genau das ist die Falle beim Parteiensystem, sie müssen im Rahmen einer Parteigründung ein Programm veröffentlichen.

Kaum haben sie das getan, bieten sie eine Angriffsfläche und werden von allen Seiten attackiert und zerrissen. Bei der Bündelung der alternativen Medien habe ich eine andere Ausrichtung im Sinn. Bei den alternativen Medien sollte es nicht darum gehen, Menschen für ein Programm zu begeistern. Die alternativen Medien sollen kein eigenes Programm erarbeiten und somit auch keine Angriffsfläche bieten. Das Thema der alternativen Medien sollte zu 100 % der Angriff auf das bestehende System sein und zwar ohne ein ideologisches Programm zu bieten. Wie schon mehrfach gesagt, der ideologiefreie Mensch braucht kein Programm. Sein „Programm" ist die Freiheit von allen Programmen.

Den Vorschlag, einen eigenen TV-Sender für das heimische Wohnzimmer zu etablieren, wird vielen Truthern rückwärtsgewandt vorkommen. Ich möchte vorab klarstellen, dass dieser Vorschlag nur eine Idee skizzieren soll. Ich sage nicht, dass das der einzige und alles heilende Weg ist. Ich bin für jede bessere Alternative dankbar. Mir ist ebenfalls vollkommen bewusst, dass wir im medialen Abo-Zeitalter angekommen sind und dass es die Schwäche der MSM ist, dass sie immer noch vorgefertigte Sendezeiten und Kanäle anbieten. Ich bitte die alternative Medienwelt aber weiter zu denken. Nehmen wir einfach mal an, die alternative Szene hätte einen Sendekanal. Könnte man dann nicht auch viel Gutes damit tun?

Eine der zentralen Aufgaben der Medien sollte doch z. B. der Verbraucherschutz sein. Es kam hier immer mal wieder der kritische Aspekt von Großkonzernen und Monopolen zu Sprache und ich habe bislang die Rolle der Medien zu diesem Thema ausgelassen. Die Medien spielen in diesem Zusammenhang aber eine zentrale Rolle und hier wäre ein alternativer TV-Kanal tatsächlich wichtig. Wenn ein Konzern nämlich seine Kunden betrügt, dann sollten das nicht nur die betroffenen Kunden wissen, d. h. die, die bereits einen Schaden haben. Es sollten auch die wissen, die vielleicht vor einer Kaufentscheidung zu dem entsprechenden Produkt stehen. Würden die TV-Sender nicht mit der Politik verbunden sein, dann könnten Lobbyisten auch keinen Einfluss über die Politik auf die TV-Sender nehmen. Ohne den Staat wäre investigativer Journalismus, auch im traditionellen TV-Format, wieder wertvoll. Man könnte nicht nur Werbung für die schnellsten Feuerwehrleute Deutschlands machen. Man könnte auch die tatsächlichen Werte bzgl. der CO2-Bilanz eines Elektroautos veröffentlichen. Man könnte eine ergebnisoffene Diskussion über die Vor- und Nachteile der Atomkraft, gegenüber den anderen Energiegewinnungsarten, führen. Man könnte einen Boykottaufruf gegen die Firma NESTLE starten, wenn sich herausstellen würde, dass diese tatsächlich Wucher betreibt. Kein Monopol und kein Konzern könnten sich mehr sicher fühlen, dass sie nicht morgen schon in einen handfesten Skandal verwickelt sind und dass dieser Skandal im heimischen Wohnzimmer vermittelt wird.

Man würde den aktuellen Wissenstand über Themen wie Ernährung, Sport, Medizin, Wissenschaft usw. ohne politische Einflussnahme vermitteln können. Der Medienkonsument müsste nach den bahnbrechendsten Neuerungen nicht erst im Internet suchen, sondern er würde diese auf dem alternativen TV-Kanal ungefragt vorgestellt bekommen.

Es ist schon richtig, wenn man sagt, jeder kann sich im Internet über alles Wichtige informieren. Es gibt die Ausrede schon lange nicht mehr, dass die Informationen nicht zugänglich gewesen seien. Das Problem ist aber heute noch, dass die Menschen überhaupt nicht wissen, was das Richtige und Wichtige ist. Die meisten Menschen leben in einem Puppenhaus, wir erinnern uns. Es ist wie mit diesem Buch. Wer bereits libertär ist, der muss dieses Buch nicht unbedingt lesen. Wer aber überzeugter Etatist ist, der sieht erst gar keinen Sinn darin, sich überhaupt mit Libertarismus auseinander zu setzen. Es wäre also, zumindest für die Zeit der Transformation, absolut hilfreich, in das TV-Gerät der älteren Generationen Einzug zu finden. Es geht darum, die Deutungshoheit der MSM zu zerstören und dazu muss der alternativen Szene jedes Mittel Recht sein.

Kapitel 6 – Corona – Willkommen bei der Masken-SS

In der heutigen Geschichtsschreibung ist man sich weitestgehend einig, dass Hitler bei der Machtergreifung viele Helfer hatte. Die beiden größten Helfer waren dabei der Erste Weltkrieg und der Versailler Vertrag. Anders gesagt, die Not und die Krise, die Deutschland nach dem Ende des Ersten Weltkriegs erlebt hat, haben Hitler den Weg zur Machtergreifung geebnet. Unter dem Vertrag von Versailles, war die Weimarer Republik der perfekte Nährboden für einen Diktator wie Hitler. Der nun folgende Vergleich, zur aktuellen Situation in Deutschland, hinkt an einer entscheidenden Stelle. Diese möchte ich deshalb vorab benennen. Die Menschen in Deutschland, in den 1920er Jahren, litten tatsächlich unter einer realen Krise. Es war nicht so, dass sich die deutsche Bevölkerung, vollkommen ohne Not, einem Diktator zu Füßen geworfen hätte. Noch lange nach dem Ende des Ersten Weltkriegs, wurde in Deutschland wegen Kälte, Armut und Hunger gestorben. Als dann noch die Hyperinflation und die Weltwirtschaftskrise kamen, befand sich die deutsche Bevölkerung in einer vollkommen aussichtslosen Katastrophe. Die Situation in Deutschland ist heute, 100 Jahre später, eine vollkommen andere. Kaum jemand stirbt in Deutschland wegen Kälte, Armut und Hunger. Es liegt kein Krieg hinter uns und wir werden nicht, durch einen Knebelvertrag, am Wiederaufbau unserer zerstörten Wirtschaft und Fabriken gehindert. Das Wohlstandslevel von Deutschland damals, verglichen mit dem von heute, hat absolut nichts miteinander zu tun. Ich schicke das vorab, denn ich möchte das ganze Ausmaß des

Versagens unserer heutigen Gesellschaft, ins richtige Licht gestellt wissen. Es sind die 20er, ja, aber nicht die 1920er!

Was für Hitler damals der Versailler Vertrag war, ist für sämtliche Staatsoberhäupter der Welt heute das Corona Virus, der Steigbügel in den Diktatursattel. Hitlers Nationalsozialismus wird aktuell zum weltumspannenden Globalsozialismus und das kann man sehr leicht daran erkennen, dass alle großen Nationen mitmachen. Dass China hierbei anders taktiert wie die USA und diese wieder anders als Europa, das ist unwichtig bzw. gehört zum politischen Puppentheater. Wichtig ist, dass alle Regierungen dem Motto folgen: „Lasse keine Krise ungenutzt!"

Wo und wie das Virus entstanden ist, wer dafür verantwortlich ist, ob es Absicht war oder ein Unfall – all das ist im Endeffekt uninteressant und dient nur dem Säbelrasseln, zur Ablenkung von der tatsächlich wichtigen Frage. Diese lautet natürlich: „Wozu wird das Virus verwendet?" Bitte erlauben Sie mir an dieser Stelle einen kleinen Einschub. Wozu würde ein Virus in einer libertären Gesellschaft verwendet werden? Die Antwort lautet: „Zum Geld verdienen durch ein Heilmittel oder einen Impfstoff." Genau das wäre auch richtig so, wenn es dafür medizinisch bewiesene Notwendigkeiten geben würde. Es wäre also ein rein wirtschaftsmedizinisches Thema. Aber sehen Sie sich an, was tatsächlich aus Corona geworden ist. Es ist ein globales Thema der Politik und das erkennen Sie daran, dass in Talkshows beinahe ausschließlich Politiker und keine unabhängigen Mediziner zu sehen sind. In einer libertären Gesellschaft könnte Corona nicht für die Politik instrumentalisiert werden, es wäre einfach nicht möglich. Dazu gleich mehr.

Was wir derzeit weltweit, aber eben auch in Deutschland erleben, ist absolut einmalig. Es ist realer Faschismus. Aber die Menschen verstehen es leider nicht in vollem Ausmaß. Ich erkenne das daran, dass viele Menschen die Regierung zwar für die grotesken Maßnahmen kritisieren, dann aber von Staatsversagen sprechen. Nichts könnte weiter von der Wahrheit entfernt sein. Was wir hier gerade erleben, ist genau das Gegenteil von Staatsversagen. Würde der Staat versagen, dann würde er an seiner eigenen Corona-Politik zerbrechen, aber das tut er nicht. Was die Menschen nicht erkennen ist, dass der Staat auf der ganzen Linie triumphiert. Der Staat hat die Menschen komplett im Griff und verbietet ihnen Dinge, die noch vor wenigen Monaten unvorstellbar und unantastbar waren. Der Staat hat einen globalen Lockdown erzwungen, ohne auch nur eine einzige Kugel abfeuern zu müssen. Ganze Wirtschaftszweige wurden vom Staat komplett zerstört und die Menschen tragen Masken unter akzeptierter Strafandrohung. Der bereitwillig getragene Mund- und Nasenschutz ist dabei das Compliance-Symbol der neuen, globalsozialistischen Masken-SS. Wo, um Alles in der Welt, wollen Sie da ein Staatsversagen sehen? Das Gegenteil ist das, was ich sehe.

Nie war der Staat so mächtig und derart erfolgreich mit seinem Angst- und Drohprinzip. Sehen Sie das anders? Sie mögen der Meinung sein, dass Merkel & Co. derzeit (Ende Mai 2020) mächtig ins Schwitzen kommen, weil nicht mehr alle Länder und alle Ministerpräsidenten an einem Strang ziehen. Ich wiederhole mich auch hier nochmal. Es geht nicht um die Berliner Regierung und die Ministerpräsidenten. Diese sind nur die kleine Spitze des gigantischen Machtapparates. Wenn ein Politiker umfällt, dann kommt der nächste nach. Darum geht es nicht. Es geht um den gesamten parasitären Staatskomplex und dessen Machtstrukturen. Selbst wenn die Maßnahmen nun zurückgefahren werden, die Erfahrungen bleiben dem Gedächtnis des Parasiten erhalten. Das Wissen, eine Gesellschaft mittels Angst vor einem Virus einsperren zu können, das bleibt. Die Gewissheit, man kann Menschen isolieren, sie unter Strafandrohung zwingen, ihre Verwandten und Bekannten nicht länger zu treffen, die bleibt. Das Herrschaftsinstrument „Pandemie" ist gekommen, um zu bleiben, auch wenn Covid-19 und Merkel längst weg sind. Niemand wird mehr von diesem durchschlagenden Erfolgsrezept überrascht sein, wenn es bei der Welle 2 oder sonst irgendwann, erneut zur Anwendung kommt.

Ebenso ist immer wieder die Rede vom Medienversagen. Auch das ist absolut unzutreffend. Die Funktionsweise der Deutungshoheit durch die MSM, konnte man bei der Berichterstattung zu Corona sogar doppelt beobachten. Zuerst war Corona nur eine isolierte Gefahr für China. Eine Bedrohung in Europa und Amerika wurde kategorisch abgelehnt. Man müsse nur Fledermäuse von der Speisekarte streichen und schon sei man sicher. Wer Angst wegen Corona verbreitete, war automatisch ein Verschwörungstheoretiker. Das Tragen von Masken wurde lange Zeit als absolut unsinnig abgetan. Die erste Deutung von Corona in den MSM war, dass man sich nicht beunruhigen lassen solle und dass Menschen, die in Deutschland eine Corona-Krise vorhersagen würden, nur Angst und Panik heraufbeschwören wollten.

Dann aber kam die zweite Deutungswelle. Am Beispiel von Norditalien wurde Corona zur „Megakatastrophe, direkt vor der eigenen Haustür" erklärt. Beinahe über Nacht wurde Covid-19 zur Pandemie deklariert und es wurde, auf allen TV- und Radiosendern, vor weltweiten Leichenbergen gewarnt. Dieselben Menschen, die Ende Februar 2020 noch Aluhutträger und Verschwörungstheoretiker waren, waren im März der neue Mainstream. Die medizinische Notwendigkeit von Masken wurde schlagartig relativiert. Plötzlich waren bestimmte Schutzklassen von Masken doch hilfreich. Aber wie war dieser Richtungswechsel um 180 Grad vermittelbar? Ganz einfach, durch dramatische Bilder und Sprache in den Wohnzimmern der breiten Bevölkerung. Frei Haus, unbestellt und unwidersprochen geliefert, für Ihr Erstes und Ihr Zweites Auge, von den Mainstream Medien.

Was wir hier gesehen haben und heute (Mai 2020) noch sehen, ist die absolute Niederlage der alternativen Medien in der Schlacht um die Deutungshoheit um Corona. Die alternativen Medien müssen sich leider eingestehen, dass der Mainstream immer noch die alleinige Deutungshoheit für die Masse besitzt. Sicher, es gibt hunderttausende, vielleicht Millionen von Maskenträgern, die die Maske nur tragen, um den Strafen für das opferlose Verbrechen aus dem Weg zu gehen. Aber es gibt mehr Menschen, die die Maske freiwillig, aus medizinischer Überzeugung, tragen und sich als Denunzianten und Masken-SS Sympathisanten hervortun. Wir sehen die Menschen in den Einkaufsläden maskiert und es wird sich freiwillig in den Biergärten registriert. Wir sehen noch immer kein Medienversagen, auch wenn die alternative Szene massiv an Zulauf gewinnt. Das ist die traurige Wahrheit.

Ebenso sehen wir (noch) kein Systemversagen. Am Beispiel der Teilverstaatlichung der Lufthansa, kann man das wunderbar festmachen. Der Staat leiht sich über die Zentralbank Geld und rettet die Lufthansa vor der Insolvenz. Der Korporatismus, das sozialistische Zusammenspiel von Staat und Konzern, funktioniert einwandfrei. Das Prinzip des Moral Hazard ist in vollem Gange. Der Staat dehnt seine Machtbefugnisse in alle Richtungen aus, hat jetzt z. B. Plätze im Aufsichtsrat der Lufthansa. Das notwendige Geld leiht er sich, auf dem Rücken der Bürger, bei der EZB. In unzähligen Talkshows wird zwar immer mal wieder eingeräumt, dass der Bürger und die zukünftigen Generationen das Geld zurückzahlen müssten. Aber das bleibt eine alternativlose Notwendigkeit, eine Randnotiz im Zuge der Corona-Krise. Dass die Gastronomie und der Tourismus nahezu komplett ausgelöscht werden, muss den Staat nicht interessieren. Diese Branchen sind reines Privatvergnügen und daher nicht systemrelevant. Das System aus Staat, Zentralbank und Konzernen funktioniert in der Corona-Krise besser, als man es sich hätte erträumen lassen. Die Staatsverschuldung ist explodiert. Die Bilanz der EZB ebenso. Die Quittung bekommt der Bürger, also von daher kein systemisches Problem. Der Staat hat sich damit zwei Dinge schmarotzt. Erstens, noch mehr Einfluss auf die Konzerne per Regulierung und Mitspracherecht im Aufsichtsrat. Zweitens, eine wunderbare Begründung für die Einführung neuer Steuern und Gesetze. Kein Bürger wird behaupten können, der Staat habe nicht Unsummen von Geld in die Hand genommen. Natürlich um zu helfen.

Staatsversagen, Medienversagen, Systemversagen, alles Fehlanzeige! Der Parasit ist durch das Virus mächtig gewachsen. Viele Menschen erwarten seinen baldigen Kollaps, aber ich bin da skeptisch. Immer wieder lese ich, Covid-19 sei der Schwarze Schwan für die Weltwirtschaft. Wer das behauptet, der hat sich blenden lassen. Nicht das Virus ist der Schwarze Schwan. Die globalen Reaktionen der Regierungen, das ist der Schwarze Schwan. Was man hoffen kann ist, dass der Putsch der Faschisten misslingt. Vielleicht war das der entscheidende Schritt zu viel und das System bricht nun unter seiner eigenen Schuldenlast zusammen. Die Zeit dafür wäre überreif und der Zorn in der Bevölkerung ist es auch. Ob es nun aber in einem Monat oder in einem Jahr zum totalen Zusammenbruch kommt, darüber sollen Andere spekulieren. Man darf gespannt sein, wer dann als der nächste Rattenfänger von Hameln auftritt? Warten wir es ab.

Was wir aktuell beobachten, ist in Wahrheit ein Gesellschaftsversagen. Die politischen Maßnahmen, im Rahmen der sogenannten Corona-Krise, hätten sofort zu einer Massenbewegung auf der Straße führen müssen. Weite Teile unserer Gesellschaft fragen sich heute immer noch, wie die Deutschen 1933 die NSDAP wählen konnten. Unter den damaligen Bedingungen und der damals vorherrschenden Verzweiflung, sind die damaligen Handlungen und Entscheidungen der Deutschen, heute schwer nachzuempfinden. Zumindest ich traue mir dazu kein Urteil zu. Aber was sagt uns das aktuelle Verhalten der deutschen Bevölkerung, über den Geisteszustand der heutigen Gesellschaft? Ich glaube, damals wie heute, ist die Bevölkerung demselben Aberglauben aufgesessen. Damals ging es der Bevölkerung unendlich schlecht und sie erhoffte sich Besserung durch den „Führer". Heute geht es der breiten Bevölkerung deutlich besser und sie will Sicherheit durch die Regierung. Die Einen waren am Boden und wollten wieder hoch kommen. Die Anderen sind oben und wollen nicht fallen. In beiden Fällen ist der Aberglaube an eine Herrschaftsstruktur der fatale Fehler am Ausgangspunkt. Der gravierende Unterschied ist jedoch die Frage nach dem jeweiligen Risiko. 1920 hat der reale Tod an jeder Ecke gelauert. 2020 wurde lediglich die Angst vor dem Corona-Tod an die Wand gemalt. Offensichtlich scheint das aber zur Untertänigkeit gereicht zu haben. Der zweite Unterschied ist, dass es heute die alternativen Medien gibt. Viel mehr Menschen hätten sich die Informationen von Prof. Bhakdi und Dr. Schiffmann besorgen können. Nicht genug, dass das nicht getan wurde. Menschen, die das taten und darüber sprachen, wurden dafür auch noch öffentlich verunglimpft, genau wie diese beiden mutigen Akademiker selbst.

Nein, das Versagen der heutigen Gesellschaft kann mit dem, der 1920er Jahre, nicht verglichen werden. Es war in beiden Fällen eine Motivation für die Unterstützung des Faschismus gegeben, aber heute müsste die Gesellschaft einen deutlich größeren Widerstand leisten als sie es tut. Das muss man leider so konstatieren. Ich bin davon überzeugt, dass die Menschen auch 2021 wieder zur Bundestagswahl gehen werden. Politik und Medien haben noch über ein Jahr Zeit, das deutsche Corona-Narrativ zu formen. Es wird heißen, dass Deutschland besser durch die Krise gekommen ist, als alle anderen Länder. Schweden wird ein unerklärliches Ausnahmephänomen sein, ein eher abschreckendes Beispiel für verantwortungsloses Handeln. Es wird heißen, Schweden sei nochmal mit einem blauen Auge davongekommen. Der Lockdown wird die Erfolgsstory Nr. 1 sein, denn er wird als Grund für die wenigen Corona-Toten in Deutschland dargestellt werden. Das RKI wird, für seine vorbildhafte Arbeit und Kommunikation, einen Orden bekommen, usw. usw. Die deutsche Bevölkerung wird all das glauben, denn die Deutungshoheit werden dann immer noch die MSM haben. Dass die Bürgerrechte mit Füßen getreten wurden, egal und vergessen. Dass die Wirtschaft, auch in Deutschland, in den Abgrund gefahren wurde, egal und vergessen. Dass die Verschuldung des deutschen Staates es für zukünftige Generationen deutlich schwerer macht, egal und vergessen. Die Deutschen werden all das vergessen haben und wieder zur Wahl gehen. Die anderen

Regierungen dieser Welt werden währenddessen wahrscheinlich längst die Reaktion auf die kommende Pandemie planen, soviel Verschwörungstheorie erlaube ich mir an dieser Stelle.

Wie wäre Corona in einer libertären Gesellschaft abgelaufen? Ich sage es Ihnen, genau wie in Schweden, nur ohne Regierung. Die Regierung in Schweden hat im Prinzip nur folgendes zu Corona gesagt: „Achtung, da ist ein Virus, passt auf euch auf und setzt euren gesunden Menschenverstand ein." „Achtung", hätte in einer libertären Welt auch jemand gesagt, aber eben nicht die Regierung, sondern eine private, medizinische Organisation. Die Aussage dieser Organisation wäre hundertfach von anderen privaten Organisationen überprüft worden. Horden kritischer Journalisten hätten die Aussagen dieser Organisationen auf Herz und Nieren geprüft und dieses „Achtung", hätte eine vollkommen andere Aussagekraft gehabt, als z. B. diese wirren Aussagen des RKI oder sonst irgendwelchen sogenannten Spezialisten. Die Bevölkerung wäre jeden Tag mit Fakten versorgt worden und nicht nur mit intransparentem Zahlenmaterial, Angstszenarien und Horrorbildern aus italienischen Krankhäusern. Vor allem aber, hätte es nicht nur ein zentrales Narrativ der MSM in den Wohnzimmern der Menschen gegeben. Die Menschen wären, wahrscheinlich nur für eine sehr kurze Zeit, mit einer Menge an Informationen überflutet worden. Sie wären also gezwungen gewesen, sich selbst ein eigenes Bild zu machen, entsprechend zu handeln oder Corona komplett zu ignorieren. Evtl. hätten manche Versicherungen eine Information an jeden Risikohaushalt geschickt, wie man sich zu verhalten habe, wenn man seinen Versicherungsschutz nicht riskieren möchte. Dass die Versicherung das im Pandemiefall darf, hätte natürlich vorab in den AGB gestanden. Es wäre vieles denkbar, aber was nicht denkbar wäre, dass wäre das, was hier im Jahr 2020 tatsächlich abgelaufen ist und immer noch abläuft.

„Es gibt kein gutmütigeres, aber auch kein leichtgläubigeres Volk als das Deutsche. Keine Lüge kann grob genug ersonnen werden, die Deutschen glauben sie. Um eine Parole, die man ihnen gab, verfolgen sie ihre Landsleute mit größerer Erbitterung, als ihre wirklichen Feinde". – Napoleon Bonaparte.

Das Kapitel Corona, damit meine ich sowohl dieses Buchkapitel, als auch das echte Leben, ist ein schwerer Rückschlag für die libertäre Szene. Ebengleiches kann man für die alternative Medienszene sagen. Was auch immer man dachte, wie weit man gekommen wäre, der Staat und die MSM sind immer noch am Drücker. Umso mehr müssen wir unsere Kräfte zusammenbringen, wie ich im vorigen Kapitel beschrieben habe. Im Schlusswort liste ich die konkreten Schritte, hin zum Libertarismus, für jeden einzelnen Mitbürger noch einmal auf. Für die Mitglieder der alternativen Medien, kommt deren persönliche Aufgabe aber noch hinzu. Sprecht übereinander, sprecht miteinander, kommt zusammen und hört auf euch gegenseitig zu ignorieren. Wir brauchen heute einander, um irgendwann niemanden mehr zu brauchen.

Schlusswort

Ich habe zu Beginn des Buches beschrieben, dass der Libertäre kein Blut sehen will. Dass mein Verständnis von Anarchie nichts mit „The Walking Dead" zu tun hat. Wenn ich ehrlich bin, das war nicht ganz aufrichtig. Die Wahrheit ist, ich lebe heute beinahe in „The Walking Dead". Wenn ich die Menschen um mich herum betrachte, dann sind diese bereits zu 99,9 % wie diese Zombies für mich. Sie reden, sie atmen, sie gehen ihrer Beschäftigung nach, aber sie leben nicht. Es ist mehr ein ferngesteuertes Funktionieren im Sinne eines Robotersklaven in Menschenform. Freiheit ist ihnen ein abstrakter Begriff von rein physischer Natur. Glück und Freude scheinen im Wesentlichen auf einer materiellen Ebene statt zu finden. Die letzten menschlichen Reste, die ich bei ihnen erkennen kann, sind Familie, Freunde und Liebe. Aber auch diese verkümmern leider mehr und mehr. Mitten unter ihnen bin ich, der einsame und unverstandene Libertäre. Der Grund, warum die Zombies mich nicht angreifen ist, weil sie mich auch für einen Zombie halten. Sie haben für meine Art zu leben, für Freiheit, kein Wahrnehmungsorgan mehr. Es wurde durch Indoktrination und Ideologisierung zerstört. Vielleicht hilft dieses Buch, das Organ wieder zu beleben. Ein kleiner Rest von Hoffnung besteht in mir, sonst wäre dieses Buch sinnlos.

Vollkommen ohne Hoffnung muss man aber sein, wenn man sich den Politikern und deren Umfeld zuwendet. Das liegt darin begründet, dass Politiker von ihrem Wesen her, dem parasitären Staat gleichgesetzt werden müssen. Man muss das Wesen, die Natur eines Parasiten verstehen, wenn man Politiker und deren Handlungsweise verstehen will.

Parasiten, Schmarotzer und Krebsgeschwüre existieren ausschließlich auf Kosten der Gesundheit anderer. Sie tun dies nicht, weil sie es wollen oder können, sondern weil sie diese Eigenschaft überhaupt erst zu dem macht, was sie sind. Ein Parasit ist kein Parasit, weil er sich irgendwann dazu entschieden hätte ein Parasit zu sein. Ein Parasit ist ein Parasit, weil er die DNA eines Parasiten in sich trägt. Wenn er es auch noch so wollen würde, er könnte niemals etwas anderes sein als ein saugender Schmarotzer, der auf Kosten der Vitalität einer anderen Lebensform wächst.

Der Parasit ist dabei nicht dumm. Er wächst immer nur so weit, dass sein sogenannter Wirt nicht an ihm stirbt. Das wäre sein eigener Tod. Was der Parasit aber ebenfalls nie tun wird, er wird niemals dabei helfen, den Wirt von sich zu heilen. Es ist absolut zweifelhaft, dass der Parasit überhaupt so etwas wie ein Bewusstsein, von seinem krankhaften Einfluss auf den Wirt, hat. Der Parasit will leben und wachsen. Den Wirt zu töten wäre, existentiell betrachtet, irrational für ihn selbst. Zu schrumpfen oder sich gar selbst zu töten, natürlich ebenso.

Der Staatsapparat, d. h. Politiker und Beamte, sind so ein Parasit. In der Tat ist der Staat ein gigantisches Krebsgeschwür, das in der Größe eines halben Medizinballs aus Ihrer rechten Oberkörpermitte herausragt. Sie leiden wie ein Schwein, können gegen diesen Krebs aber leider nicht aggressiv vorgehen, denn der Parasit ist tückisch. Die DNA ist zwar seine eigene, aber sein Zellgewebe, das ist das Ihre. Wenn Sie dem Krebs also mit einem scharfen Messer zu Leibe rücken, dann schneiden Sie sich in Ihr eigenes Fleisch und töten sich selbst. So geht es leider nicht. Also wie geht es?

Lassen wir diese äußerst zutreffende und schaurige Analogie an dieser Stelle enden. Wichtig ist mir aber, dass Sie verstehen, warum Politiker so handeln, wie sie handeln. Sie dürfen die Handlungsweise von Politikern nicht mit Ihrer eigenen Motivation oder Mentalität vergleichen. Sie müssen versuchen die Mentalität eines Parasiten anzunehmen. Eines Organismus, der an Ihrer Gesundheit, an der Gesundheit der Volkswirtschaft, nur insofern

Interesse hat, als dass Sie gerade so noch am Leben bleiben. Das wahre Interesse gilt ausschließlich seinem eigenen Wachstum. Der Ausweitung seiner Größe, seines Einflussbereiches und seiner Macht. Die Gesundheit seines Wirts, der Volkswirtschaft, der Bevölkerung, das alles ist von untergeordnetem Interesse. Wer das nicht verstanden hat, der wird die Entscheidungen von Politikern niemals verstehen können. Diese Schmarotzer sind absolut nicht dumm oder gefühllos. Im Gegenteil, sie wissen ganz genau, wie weit sie bei Ihnen gehen können, bevor Sie umfallen. Sie wissen im Vorfeld ganz genau, welche ihrer kräftezehrenden Handlungen gerade noch verträglich sind und welche nicht. Wenn sie dann doch mal danebenliegen, dann rudern sie ganz schnell zurück, bevor Sie, der Wirt dieser Parasiten, den finalen Kollaps erleiden. Sie dürfen weder den vollkommen skrupellosen Egoismus, noch die Einfühlsamkeit, noch die Intelligenz von diesen Schmarotzern jemals unterschätzen.

Und auch wenn ich mich erneut wiederhole, Sie dürfen auch die Sinnlosigkeit von Wahlen nicht unterschätzen. Jede politische Partei ist Teil des Systems. Teil des Systems zu sein bedeutet leider, Teil des Geschwürs zu sein. Die AFD Politiker sind Parasiten. Ob diese es wissen oder nicht. Sie haben sich infiziert und tragen alle die Schmarotzer DNA in sich. Von der AFD ist absolut nichts mehr zu erwarten, denn ein Parasit tötet sich nicht selbst. Würde er das tun, dann wäre er kein Parasit! Vielleicht gibt es noch den ein oder anderen Idealisten in der AFD Parteiführung. Aber dieser wird keine Chance haben, auch wenn er eines Tages Bundeskanzler wäre. Der riesige Staatsapparat würde niemals eine Schrumpfung seiner selbst zulassen. „Drain the swamp" kann, genau aus diesem Grund, nicht von einem Politiker durchgeführt werden. Daher auch mein dringender Appell an Bodo Schiffmann: „Brechen Sie die Parteigründung ab!" Sie werden Teil des parasitären Systems, noch bevor Sie merken, was da gespielt wird. Das ist der Trick des Systems. Wenn es merkt, dass Sie ein ernstzunehmender Gegner sind, dann werden Sie zwangsrekrutiert und sind dann Teil des

Regimes. Genau das ist der Lucke-AFD passiert. Aus Ökonomen wurden Parasiten.

An dieser Stelle der letztmalige Boykottaufruf an die Staatsgläubigen da draußen. Wahlen sind Futter für den Parasit Staat. Alle vier Jahre stellt der Parasit Staat das Wachstum kurz ein. Er verhält sich für ein paar Monate ganz ruhig und lässt Ihr Gewebe ruhen, sodass Sie kaum Schmerzen verspüren. Danach geht es dafür aber im Turbowachstum weiter, so wie momentan im Corona-Exzess.

Wenn es also mit einer aggressiven Revolution nicht funktioniert, eine Schrumpfung und Abschaffung per Wahl utopisch ist und der Parasit sicherlich keinen Selbstmord begehen wird, was ist dann der richtige Weg? Die Antwort kommt in vier Schritten daher.

Schritt 1: Werden Sie libertär! Dieser erste Schritt ist ebenso einfach wie notwendig. Lesen Sie Schritt 2 erst, wenn Sie libertär sind. Stehen Sie jetzt auf, gehen Sie zum nächstgelegenen Spiegel und sehen Sie sich an. Sagen Sie zu sich: „Ich bin ein Libertärer!" Fertig, mehr ist es nicht. Es ist wie mit dem Rauchen. Wenn Sie die letzte Zigarette ausgemacht haben und in den Spiegel sagen: „Ich bin ein Nichtraucher!", dann sind Sie es. Das Problem ist, Nichtraucher zu bleiben und genauso ist es auch mit dem Libertarismus. Es fühlt sich anfangs komisch an, aber mit der Zeit wird es immer besser. Die Nikotinsucht los zu werden, ist dem Entsagen des Staatsaberglaubens wirklich sehr ähnlich. Ich weiß wovon ich spreche, glauben Sie mir.

Schritt 2: Nehmen Sie niemals mehr an einer politischen Wahl teil. Als Libertärer sollten Sie mit jeder Art von Wahl und Demokratie kritisch umgehen. Denken Sie daran, das Prinzip der Demokratie ist die Unterdrückung von Minderheiten. Der Libertäre will die unbedingte Beibehaltung der Individualität schützen. Dazu gehört der Respekt der individuellen Meinung und des individuellen Willens. Wenn drei Freunde abstimmen, in welche Kneipe sie gehen wollen und zwei überstimmen den einen, dann ist das keine Unterdrückung. Wenn der eine Freund trotzdem in die Kneipe mitgeht, dann hat er das freiwillig so entschieden, denn die Gemeinschaft war ihm wichtiger. In einer Demokratie entscheiden Sie aber Vieles nicht freiwillig. Sie werden vom Staat durch tausende Gesetze gezwungen.

Schritt 3: Zeigen Sie passiven Widerstand. Dieser Schritt ist der schwerste, denn Sie haben wenige Möglichkeiten ihn auszuüben. Der Parasit Staat ist bereits so mächtig, dass jede Form von Widerstand schnell geahndet werden kann. Dennoch ist passiver Widerstand wirkungsvoll. Boykottieren Sie jedes steuerfinanzierte Unternehmen. Öffentliche Freibäder sind ein Beispiel. Lassen Sie das Freibad guten Gewissens pleitegehen. Der Staat wird dieses Fass ohne Boden eines Tages schließen bzw. privatisieren. Wenn es ein Geschäftsmodell gibt, wird es ein Privatmann versuchen. So wird aus krankem Krebsgeschwür wieder gesundes Menschengewebe. Schritt für Schritt muss der Parasit, von innen heraus, ausgetrocknet und transformiert werden. „Drain the swamp" kann nur von außerhalb der Politik kommen.

Schritt 4: Helfen Sie bei der Transformation. Eines Tages wird der Staat am passiven Widerstand hoffentlich zusammenbrechen. Die dann durchzuführende Transformation, vom Sozialismus in eine Privatgesellschaft, wird für Libertäre ein Kinderspiel sein. Aber eben nur für diese. Alle Staatsgläubigen werden in einen Angstzustand geraten. Hier müssen wir mit Rat und Tat zur Seite stehen und die alternativen Medien werden hierbei die Hauptrolle spielen. Die Transformation der Wirtschaft ist, meiner Meinung nach, in wenigen Monaten erledigt. Jeder Beamte, der in der Privatwirtschaft mitmachen will und etwas kann, wird seinen Platz finden und Teil dazu beitragen können. Was aus den Berufspolitikern werden wird, das kann man schwer sagen. Für Schmarotzer wird es im Kapitalismus keinen gemütlichen Platz mehr geben.

Bevor ich mit einem Zitat abschließe, möchte ich ein letztes Mal auf etwas aufmerksam machen: Der mit weitem Abstand wichtigste Mensch in Ihrem Leben sind Sie selbst. Verwechseln Sie Wichtigkeit nicht mit Liebe. Natürlich würden auch Sie Ihr Leben für das Ihres Kindes opfern, aber dieses Extrem darf Sie nicht täuschen. Sie verbringen 100 % Ihrer Lebenszeit in Ihrem Körper und somit auch mit sich selbst. Sie reden mit niemandem auch nur annähernd soviel, wie mit sich selbst. Sie mögen, was Sie tun und Sie hassen manchmal, was Sie tun. In jedem Fall aber bewerten Sie selbst alles, was Sie tun. Werden Sie sich bitte unbedingt der Priorität Ihrer Einstellungen und Handlungen selbst bewusst.

Werden Sie selbstbewusst!

Niemand ist wichtiger für Sie, als Sie selbst. Das gilt für Ihre Gesundheit, Ihre Laune, Ihr Vermögen, einfach alles.

Ich betone das deshalb so stark, weil wir im sozialistischen Kollektivismus kleingemacht werden. Wir sollen uns nichtig und hilflos fühlen. Vater Staat will uns glauben machen, dass wir nur unter seinen Fittichen überleben können. Menschen, die diese abergläubische Abhängigkeit ablehnen und selbstbewusst durchs Leben gehen, sind dem Staat deshalb ein Dorn im Auge. Diese Menschen sind frei von Ideologie. Sie glauben an sich selbst und schenken der Verfolgung ihrer eigenen Ziele die volle Aufmerksamkeit.

Begraben Sie jetzt also endlich den Gedanken, dass Sie als Individuum nichts ausrichten könnten. Dieser ganze Film namens Leben geht nur um Sie. Nicht die Menschen um Sie herum sind wichtig und können etwas bewegen. Sie entscheiden, was für Sie wichtig ist und Sie bewegen alles. Also entscheiden Sie sich bitte, libertär zu werden.

„Ich bin erschrocken, wie übermächtig der Ruf nach kollektiver Sicherheit im sozialen Bereich erschallte. Falls diese Sucht weiter um sich greift, schlittern wir in eine gesellschaftliche Ordnung, in der jeder die Hand in der Tasche des anderen hat.

Das Prinzip heißt dann: Ich sorge für die anderen und die anderen sorgen für mich.

Das mir vorschwebende Ideal beruht auf der Stärke, dass der Einzelne sagen kann: Ich will mich aus eigener Kraft bewähren, ich will das Risiko des Lebens selber tragen, will für mein Schicksal selbst verantwortlich sein."

– Rundfunkansprache von Ludwig Erhard, 1958 –